病的な自己愛者を身近にもつ人のために

あなたを困らせるナルシシストとのつき合い方

ウェンディ・ビヘイリー／著
伊藤絵美・吉村由未／監訳

誠信書房

DISARMING THE NARCISSIST, Second Edition
Surviving & Thriving with the Self-Absorbed
by
Wendy T. Behary

監訳者まえがき

本書は、ウェンディ・ビヘイリー（Wendy T. Behary）著 *Disarming the Narcissist: Surviving & Thriving with the Self-Absorbed*（New Harbinger Publications, 2013）の全訳です。不健全な自己愛をもつ人（ここでは「ナルシシスト」と呼びます）をどう理解し、ナルシシストとの関係をどのように改善していくか、というのが本書のメインテーマです。

不健全な自己愛（ここでは「ナルシシズム」と呼びます）に対する私の関心はかなり前にさかのぼります。私のセラピストとしてのキャリアは、精神科のクリニックから始まりました。クリニックには、病んでいる人、苦しんでいる人、傷ついている人が、「患者さん」（ここでは「クライアント」と呼びます）として姿を現します。もちろん私はセラピストとして、それらのクライアントに対して心理療法を提供するわけですが、その過程において、クライアントの人生や生活の中でクライアントを傷つける（あるいはかつて傷つけた）人の存在が浮上してくることが少なくありませんでした。具体的には、家族、親類、パートナー、上司といった存在です。

それらの人々は、私が話を聞く限り、ことごとく病的に自己愛的な人たち、すなわちナルシシストであるように思われました。現象としては、DV（ドメスティック・バイオレンス）、モラルハラスメント、いじめといったことがそこには起きていました。その際、明らかに法に触れるような被害に遭っている場合には、治療ではなく、司法の場に助けを求めることがもちろん必要ですが、そこまで明確にすることのできない、だからこそかえって複雑化かつ遷延化した人間関係における「加害‐被害」のもつれが、クライアントとの話し合いの中で浮上してくることが少なくなかったのです。その場合、治療の場に現れるクライアント自身の傷つきを癒すだけでなく、その背景にあるナルシシストとの関係や、ナルシシストの言動自体に変化が起きなければ、いくら一時的にクライアントの傷つきが癒されても、同じことが繰り返され、結局クライアントが真の意味で回復することが難しくなってしまいます。

私は個人療法が専門でしたが、前述のようなケースの場合は、クライアントに大きな影響を与えているナルシシスト（配偶者、親、きょうだい、上司など）を面接室にお招きして、関係性にまで踏み込む介入を極力試みるようにしていました。時にはそれが奏効することもありましたが、多くの場合、介入には苦慮しました。もちろんその要因には、私自身の知識とスキルの不足があったことは否めませんが、一方で、治療の場に現れるナルシシストは非常に手ごわいという実感がありました。いや、現れてくれるだけまだましというものです。こちらがどんなに要請や依頼をしても、姿を現してくれないナルシシストも少なくありませんでした。これらの経験を通じて、クライアントの身近にクライアントを傷つけるナルシシストがいる場合、治療的にどのように対応すればよいのか、というのは私の長年の課題になりました。

一〇年ほど精神科に勤めた後、私は産業臨床の場に身を置くことになりました。具体的には、民間企業において、職場で生じるメンタルヘルスやその他のさまざまな問題に対して、一般職や管理職の方々を支援するという仕事です。今でいうＥＡＰ（従業員支援プログラム）のようなものです。この臨床現場では、スーパーバイザーの考えもあって、個人臨床より、個人を取り巻く人間関係を調整することが重視されていました。そこで遭遇したのが、「ナルシシストである上司によるモラルハラスメントによって傷つく部下が少なくない」という現象でした。相談の場に訪れるのは傷ついた部下たちです。それらの部下を回復に導いたり、あるいはそれらの部下を取り巻く人間関係を調整したりするには、やはりナルシシストである上司の協力が不可欠です。もちろん配置転換などの環境調整によって、部下が当該の上司から離れることで、問題が解消されることはありましたが、すべてのケースにそれが適用できるわけではありません。やはりここでもクリニックと同様に、傷ついた当事者の背景に存在するナルシストにアプローチする必要性が痛感される一方で、なかなかそこに踏み込めないことにもどかしさを、私は感じていたのでした。そこで私は同様の問題意識をもつ仲間を募って、職場におけるナルシシズムやモラルハラスメントの問題について調査や研究を開始し、学会などでも多少発表をしたりもしたのですが、残念ながら、それらの調査や研究を、実を結ぶところまでもっていくことができないまま、私は産業臨床から離れ、自身のカウンセリングルームを開くことになったのです。

それから数年がたち、ナルシシズムやナルシシストとはまったく関係のない流れの中で、私はスキーマ療法に出会いました。二〇〇三年に出版された、その後スキーマ療法の世界では「バイブル」と呼ばれるテキスト『スキーマ療法』を翻訳・監訳する機会に恵まれたのです。筆頭著者はスキーマ療法の提唱者である、米国のジェフリー・ヤング先生でした。スキーマ療法は、日本語版の副題に「パーソナリティの問題に対する統合的認知行動療法アプローチ」とあるように、パーソナリティの問題、より具体的に言えばパーソナリティ障害に焦点を当てて構築された心理療法の新たなアプローチです。中でも特に治療のターゲットとしたのが、境界性パーソナリティ障害（BPD）でした。BPDの特徴としては、たとえば、見捨てられ不安をもち、気分や感情が非常に不安定で、感情が爆発したり、自傷行為などの行動化をしたり、対人関係が安定しなかったり、ということが挙げられます。スキーマ療法では、そのような現象の背景に、幼少期の傷つき体験を通じて形成された「早期不適応的スキーマ」を想定し、スキーマという概念からクライアントの傷つきを理解し、満たされなかった中核的感情欲求を治療の中で満たしていくことで、その回復を図ります。

スキーマ療法は、BPDに対する治療法として、ほどなく世界的に注目されるようになりました。というのも、非常によくできた臨床研究によってそのエビデンスが確かめられたからです。私自身も、『スキーマ療法』の翻訳・監訳作業を通じて、スキーマ療法を徐々に学び、当初はやはりBPDのクライアントを中心に少しずつ臨床適用を開始し、その効果を確認していきました。そしてスキーマ療法が、深く傷ついたBPDのクライアントを、表層的にではなく、その深い傷つきの部分を含め、いかに癒すことができる治療法であるか、ということを実感するに至りました。「これは素晴らしい治療法に出会えた！」と、その当時は感心するどころか、感動してしまったのです。

しかし私がスキーマ療法に出会って感動したのはそれだけではありません。私たちが翻訳・監訳した『スキーマ療法』の最終章（第10章）のタイトルは、「自己愛性パーソナリティ障害のスキーマ療法」というものでした。つまり私自身が長年課題としてきたナルシシズムの問題に対して、スキーマ療法がそれをどうとらえるか、そしてそれにどうアプローチするか、ということが、このバイブルの最終章にたっぷりと書かれてあったのです。私は『スキーマ療法』を翻訳・監訳することを通して、かねがね疑問に思っていた「周囲の人を傷つける、不健全な自己愛の持ち主（ナルシシスト）」について、ようやく具体的なイメージを描くことができました。ここでの一番の発見は、「人を傷つける人は、実は傷ついた人でもある」ということでした。

ヤング先生のテキストのおかげで、私は、ナルシシストはBPDの人たちとはまた別の傷つき体験をもち（重なる部分もありますが）、それが早期不適応的スキーマの形成にいかにつながり、結果的に周囲を傷つける言動にいかにつながるか、ということが、そしてそのことでナルシシストがかえって周囲の人といかに感情的につながれなくなってしまい、いかに彼／彼女たち自身もさらに傷つくのか、そしてその傷つき自体を当事者が実感できないせいでいかにこの悪循環が続くのか、ということが、よーくわかったのです（ナルシシストのスキーマのメカニズムの詳細については本書をお読みください）。どうやらナルシシストは、ＢＰＤの人よりも、もっとずっと「こじれた人」のようなのです。ナルシシストが仮にハラスメントの「加害者」であったとしても、どこかでその人を「傷ついた人」として扱う必要性があることが、スキーマ療法によって私は明確に理解できるようになりました。

この翻訳・監訳仕事をきっかけに，私たちはすっかりスキーマ療法にはまり，その魅力にとりつかれてしまいました。そこで，より本格的な訓練を受けることを決意し，二〇一五年には，国際スキーマ療法協会（ＩＳＳＴ）という機関が主催する研修を受けるため，二回渡米し，短期の集中的なワークショップに参加しました。その際のメイン講師が本書の著者であるウェンディ・ビヘイリー先生でした。

本書をお読みいただければわかるように，ウェンディは実にユーモアあふれる魅力的な人物で，それがそっくりそのまま彼女の臨床，講義，そして著書に表れているように思います。私たちがネイティブの英語にまみれながら二回のワークショップを何とか乗り切れたのも（本当にかなりきつい研修でした），ウェンディのユーモアと思いやりのおかげだったと今でも感謝しています。その二回のワークショップのうち，一回目の主なテーマがＢＰＤ，二回目の主なテーマがナルシシズム（自己愛性パーソナリティ障害）でした。ここで私たちは，ヤング先生のテキストで勉強したナルシシズムに対するスキーマ療法を，より実践的に学ぶ機会を得たのです。

ウェンディは，ワークショップを通じて，それまでに出会った自己愛的なクライアントとのさまざまなやりとりを，目の前で何度もデモンストレーションして，詳細に解説してくれました。それによって，このようなクライアントが自らの遮断された感情にアクセスするのがいかに難しいか，このようなクライアントが自らの感情にアクセスすることを恐れるがゆえにいかに「オレ様」的な態度に出るのか，このようなクライアントが自らの脆弱な部分に触れることをいかに拒否するか，といったことが，それまでよりも，よりありありと理解できるようになったのでした。同時に，簡単ではないけれども，スキーマ療法のさまざまな技法を駆使することによって，不健全な自己愛に凝り固まったこのようなクライアントが，自分の脆弱さや傷ついた感情に少しずつ触れられるようになり，最終的には回復できること，そして他者とつながれるようになることも，より実感を伴って学ぶことができたのでした。私たちはもっと自己愛の問題に対するスキーマ療法について知りたくなりました。そこでウェンディに紹介してもらったのが本書だったのです。私たちはすぐに本書の翻訳を決意しました。

お読みいただければすぐにおわかりになると思いますが、本書は実にユニークです。ナルシシストのクライアントへの治療に役立つのはもちろん、一方で、身近なナルシシストによって苦しめられている人に役立つようにも書かれています。というより、タイトルを鑑みれば、むしろ本書の主眼は後者（身近なナルシシストに苦しめられている人のための本）かもしれません。本書には、家庭や職場など身近な場にナルシシストがいて、その人の言動によって苦しめられている人が、その苦しみをどのように理解し、どのように乗り越えていくことができるか、といったことが非常に具体的に描かれています。もちろん本書は、ナルシシスト本人が、どうしてそのつもりがないのに自分は他人を傷つけてしまうのか、ということを理解し、新たな人との関わり方を学ぶためにも大いに役立つでしょう。つまりナルシシストのセルフヘルプ本にもなりうるのです。したがって本書は、ナルシシストに関わるすべての人にとって有益な本、ということになります。

本書が、不健全な自己愛の問題に悩むすべての人々への助けになることを、監訳者として心から願っております。最後になりますが、本書の翻訳・監訳チームの皆さんすべてにねぎらいの言葉を、そして本書の翻訳・監訳にあたって多大なサポートと助言を下さった誠信書房の布施谷友美さん、小寺美都子さんにお礼の言葉を言わせてください。お疲れ様でした！　そして大変ありがとうございました！

二〇一八年六月　吉日

監訳者　伊藤　絵美

目次

ジェフリー・ヤング博士による序文

近年、クライアントがセラピーに頻繁に持ち込む問題（主訴）のひとつに、ナルシシスト（不健康な自己愛者）であるパートナーの問題がある。クライアントは自らのパートナーがナルシシストであることを訴え、その自己中心的で利己的な行動にどう対応すればよいか、とセラピストに訊いてくる。このようなクライアントは、パートナーが思いやりや共感性をまったくもたずして自らの欲求や感情をぶつけてくることに対し、不満や怒り、情けなさや無力感を抱いている。自身のパートナーがいかに自己中心的か、そして自分がそれにいかに耐えているか、といったことをクライアントが語るのを聞き続けていると、セラピストである私自身が、そのようなナルシシストのパートナーに対して不信感でいっぱいになることも少なくない。このようなクライアントの多くが、過去には恋愛対象でもあったナルシシストのパートナーに対し、立ち向かうことも立ち去ることもできないようである。

私は、私の親しい友人かつ仕事仲間であるウェンディ・ビヘイリーが、このようなナルシシストにどのように対応するとよいか、という問いに答える決定的な本（本書のことである！）を著したことに非常に興奮している。本書『あなたを困らせるナルシシストとの付き合い方（*Disarming the Narcissist*）』は、先述のクライアントのように、日常的にナルシシストと接し、ナルシシストと何とかうまくやっていこうと奮闘している多くの人たちの助けとなるだろう。この問題については数冊のセルフヘルプ本がすでに出版されているが、本書はそれらに比べてはるかに洗練され、奥が深く、思いやりに満ちている。また変化のための非常に効果的な戦略を提案している。ウェンディは長年、ナルシシストとそのパートナーに対する臨床実践に自らを捧げてきた。ナルシシズムをめぐる困難な問題について本を書くとしたら、彼女ほどその著者として適している人はいない。

ウェンディは本書において、読者がナルシシストをよりよく理解し、より上手に付き合うのを手助けするために、科学と治療の領域から二つのテーマを取り上げている。それは「スキーマ療法（schema therapy）」と「対人神経生物学（interpersonal neurobiology）」である。スキーマ療法とは、私たちが二〇年以上にもわたって発展させ続けてきている心理療法のアプローチである。スキーマ療法は、セラピストや当事者、およびその関係者が、より深い感情レベルのテーマ、すなわちスキーマをよりよく理解するための手助けとなる。スキーマとは、その人の中に幼少期に形成され、大人になってからも繰り返される自己破壊的な人生パターンのことを言う。『人生を生き直そう（*Reinventing Your Life*）』は、私がスキーマ療法について一般の読者向けに初めて書いた本である。

本書では、そのようなスキーマ療法の概念が、ナルシシズム（不健全な自己愛）の問題に向けて拡張されて用いられている。そこには、本書を読むまでは私にはまったく思いつかなった新鮮な視点やアイディアに満ちている。著者のウェンディは、「欠陥スキーマ」や「感情抑制スキーマ」といったスキーマが、人々の人生にいかに大きな影響を与えるか、ということについて素晴らしい説明を与えてくれる。ナルシシズムについてのウェンディならではの貢献のおかげで、われわれは日常で出会うナルシシストをより深く理解できるようになる。そしてナルシシストに対するわれわれの内なる「デーモン（訳注：スキーマのこと）」を克服するきっかけを与えてもらえる。そのような「デーモン」のせいで、われわれはナルシシスティックなパートナーや親、友人、同僚とうまく付き合うことができずにいるのである。

私が非常に嬉しく思うのは、ウェンディのアドバイスが、ナルシシズムをテーマとした他の多くの本による単純で決まりきった助言をはるかに超えている、ということである。ナルシシズムに変化をもたらすにあたって、シンプルなアドバイスや技法などは何ひとつない。読者は本書を掘り下げながら読み、本書のエッセンスを真に理解するよう努める必要があるが、その努力は十分に報われることになるだろう。読者は本書を通じて、ナルシシストにもいくつかの異なるタイプがあること，ナルシシストが巧みな対人スキルをもっていること（例：相手の警戒心を取り除く，ナルシシストの不満は相手に責任があると相手に思わせる）を知り，「共感的直面化」という技法が，ナルシシストとの関係を持ちこたえ，ナルシシストと上手に付き合っていくための方法としてきわめて有用であることを学ぶだろう。ウェンディはさらに，ナルシシストに対する思いやりを育て維持する方法や，ナルシシスト自身に変化をうながすための強力なやり方についても提案している。本書には具体的な事例が多く提示されており，それらは読者にとってウェンディの提案をさらに実行しやすいものとしてくれるだろう。

ウェンディによる洞察に満ちた解説をしっかりと理解したり，彼女の提言するやり方を実行に移したりするためには，それなりの時間とエネルギーが必要となる。しかしながら，それだけの時間とエネルギーをかけさえすれば，読者は，ナルシシストとの困難な対人関係において，自分の願いを実現させるためのツールを初めて手に入れることができる。ナルシシストのパートナーによって人前で恥をかかせられたとき，あるいはナルシシストのパートナーに「僕のやり方が最高であることがわからないのなら，君は最悪の馬鹿に違いないね」と言われたとき，どのように対応すればよいのかということが，読者は本書を通じてはっきりと理解できるようになるだろう。

私は，ウェンディが本書で繰り返し述べている点（それはスキーマ療法のポイントでもあるのだが）を強調して，この序文をしめくくりたい。それは，他のパーソナリティの問題を抱える人々に対するのと同様に，われわれはナルシシストやその家族に対しても，思いやりに満ちた態度で接する必要がある。ナルシシストのほとんどは，彼／彼女らがたとえどんなふうに振る舞おうとも，本当の意味で悪意や悪気に満ちているわけではない。もし読者の皆さんが，ナルシシストに対してあなた自身の正当な権利を主張することを学び，ナルシシストの内なる中核的な部分に彼／彼女らの脆弱で心細い要素を見出すことができるようになれば，あなた自身が，ナルシシストに潜在する「相手を愛し，大切にする能力」を引き出すことが可能になる。

思いやりに満ちた関係をナルシストと築く、というとてつもない変化を成し遂げるためにわれわれにできる最善のことは、とにかく本書を読むことである。ウェンディ自身が「セルフヘルプの旅は、孤独かつ困難なものとなるだろう」と述べているとおり、それは決して簡単な道のりではない。しかし、あなたとナルシストをめぐる関係性は、あなたの努力をはるかに超えた良好なものとなるだろう。

私はこの素晴らしい本書を、ナルシストと共に生活する人、ナルシストと共に働く人、そしてナルシストの治療や援助にあたる人すべて（すなわちナルシストのパートナーや家族、職場の同僚、セラピストのすべて）に薦めたい。

ジェフリー・ヤング博士
ニューヨーク認知療法センター＆スキーマ療法研究所所長
コロンビア大学精神医学部教授
国際スキーマ療法協会創設者

ダニエル・シーゲル博士による序文

もしあなたがナルシシスティックな特徴を示す人（ナルシシスト）と何らかの関わりをもっているのであれば、迷うことなく本書を紐解いてもらいたい。本書において著者のウェンディ・ビヘイリーは、心を通じ合わせることの難しいナルシシストに対し、われわれがどのように寄り添っていけるかということについて知るための（これはわれわれにとって非常に大きな挑戦である）、具体的な方法を提示してくれている。

その意味では本書は非常によくできたハウツーもののサバイバルガイドで、さまざまな有用な情報に満ちているが、それらは二つの科学領域に基づいている。ひとつは、人の心はどのようにスキーマ化されるのかという認知科学に関するものであり、もうひとつは、私自身が専門とする対人神経生物学と呼ばれる科学領域である。スキーマとは、一般化されたフィルターのようなものであり、私たちの知覚や思考を変容させる。著者のウェンディは二〇年もの間、スキーマ療法に没頭し、ナルシシズムの治療にあたってきた。スキーマ療法の理論と彼女自身の臨床経験を統合することによって書かれた本書は、ナルシシストの心の働きをわれわれにも理解できるかたちで示してくれる。本書を通じてわれわれは、スキーマがナルシシストのものの見方にどのような影響を与えているのか、その結果、なぜナルシシストが他者に対する関心を欠いているように見えるのか、といったことが理解できるようになる。

私が専門とする対人神経生物学は、対人関係と心と脳の関係を探る科学領域である。ウェンディはナルシシストと上手な対人関係を作るスペシャリストとして、長年、私たちの研究に加わってくれている。そしてわれわれの研究成果を彼女自身の臨床にうまく還元し、共感に欠けているように見える人たち、すなわちナルシシストとの付き合い方の腕をさらにめきめきと上げている。われわれの仮説は、一般の人々は他者の内的な主観的体験（それが「心」ということになるが）を容易にイメージできるような脳の回路をもっているとして、ナルシストにはそのような回路がうまく構築されていないか、そのような回路に容易にアクセスできなくなってしまっている、というものである。「マインドサイト（mindsight）」とは、自分自身や他者の心を見る能力のことだが、ナルシシストにはそれが十分に発達していない可能性がある。だからこそわれわれはナルシシストと関わると、その関わりが一方的なものであると感じやすいのだろう。ナルシシストとの関わりや会話では、ナルシシスト本人（「私（I）」）しか登場せず、相手（「あなた（you）」）については一切考慮されることがない。「われわれ（we）」という代名詞も出てこない。

対人関係におけるこのような共感性の欠如は、脳の社会的回路に影響を与える。脳の社会的回路とは、統合的なバランス感覚と幸福感に寄与する回路である。この社会的回路が不均衡な人は孤立感や孤独感を抱きやすい。また心が乱れやすく、生きる活力が奪われやすい。このような状態に対する反応は、その人の気質次第で変化する。ある人は怒りっぽくなったり、イライラしやすくなったりするかもしれない。別のある人は、むっつりと不機嫌になったり、引きこもったりするかもしれない。自分が何か間違ったことをしたかのように感じ、恥辱感にとらわれる人もいるだろう。自分は無視されてしかるべき存在だと自らをとらえる人もいるだろう。これらはナルシシストによく見られる反応であるが、対人関係の中でこのような反応を示すことによって、ナルシシストの中にはさらなる一連の神経反応が生み出される。そしてその神経反応は、精神的な幸福感（一貫性のある心、共感と思いやりに満ちた対人関係）とはほど遠いものとなるだろう。もしあなたが、そのようなナルシシストと関わるのであれば、今度はその関わりがあなたにとって大きなストレスをもたらすだろう。したがって、たとえあなたがナルシシストを直接変えることはできないとしても、あなた自身のストレスは軽減される必要がある。本書で提示されるさまざまな洞察や情報は、そのようなストレスを軽減するための強力な手段となるだろう。どのような形態であれナルシシストと何らかの近しい関係をもつ場合，その人は自分自身の心と脳，そして対人関係を健やかなものとするために，ナルシシストとの関係を理解し，よりよくするための新たなやり方を，喉から手が出るほど欲しているに違いない。

ナルシシストは他者にほとんど何も与えず，他者から多くを得ようとする人たちである。そのような人との関係をなんとか持ちこたえ，さらによりよいものにしていくというのは大きなチャレンジである。幸いにも本書は，そのようなチャレンジを支えてくれるアドバイスに満ちている。少なくとも本書を読んだ人は，ナルシシストやナルシシストとの関わりにおいて作用する心と脳のメカニズムを理解できるようになるだろう。これだけでも読者にとっては大きな収穫となる。そして本書の貢献はそれだけではない。本書は変化に対する希望を与えてくれる。本書で提示される，科学的根拠に基づく数々の実践的なアイディアは，ナルシシストと関わる人，そしてナルシシスト自身をよい方向に導くための懸け橋となるだろう。本書のページを開き，著者による数々のアイディアに触れることは，まさに「値千金」である。ナルシシストとの関わりに悩む人は，本書を今すぐに読み始め，あなた自身の生活や人生をよりよいものとしていただきたい。

ダニエル・J・シーゲル博士
『脳をみる心，心をみる脳（*Mindsight*）』
『マインドフル・ブレイン（*The Mindful Brain*）』
『心の発達（*The Developing Mind*）』の著者
『しあわせ育児の脳科学（*The Whole-Brain Child*）』
『インサイドアウトの子育て（*Parenting from the Inside Out*）』の共著者
カリフォルニア大学医学部ロスアンゼルス校精神医学科臨床教授

謝辞

私は、次に挙げる人たちに多大な感謝を申し上げたい。彼／彼女らの愛、忍耐、導き、サポートのおかげで、本書を書き上げることができました。言い換えると、それらがなければ私はこの仕事を完成することはできなかったでしょう。

お母さん、あなたは私に、自分を信じる強さと勇気を与えてくれました。愛しいサーミャ、あなたは私にとって光のような存在。あなたは私たちに多大な喜びをもたらしてくれています。夫のデイヴィッド、あなたの愛のおかげで私はとても幸せです。あなたの励ましと気遣いに感謝します。私は本書の執筆中、始終あなたに背を向けてＰＣに向かっていましたが、よくそれに耐えてくれました。レイチェルとベン、二人は私にとって特別の存在です。妹のリサ、義弟のアーサー、そしてあまりにも可愛らしい姪っ子のケイリン、あなたたちは本当に私に優しくしてくれて、しかも私の仕事に関心をもってくれました。カリフォルニアに住む家族の皆、ドッティ、エリオット、テリ、ケイティ、ジェシカ、そしてアイザック、宝物のような愛をありがとう。従姉妹のマリーリン、別名「マダム・クークラ」、あなたはとっても創造的で、しかも私を思いやってくれる素敵な仲間。前夫のアブド、あなたの友情に感謝します。

ジャック・ラゴス、私が自分の人生の意味を理解するのを手助けしてくれてありがとう。アーロン・ベック先生、この領域における先生の貢献はあまりにも大きく、計り知れません。本当にありがとうございます。ナルシシズムという複雑なテーマについて、ベック先生は私に多大な指導を授けてくれました。先生に与えられた「基礎哲学」が私の実践のもととなっています。

親愛なる友人かつメンターであるジェフリー・ヤング、あなたはいつでも私に多大なインスピレーションを与えてくれる。その寛容さには限りがありません。私はあなたから、そしてあなたの比類なき才能から多くのことを学びました。ジェフ、あなたは、クライアントと共に取り組む際の素晴らしいモデルを示してくれただけでなく、素敵な思い出をたくさん与えてくれたのです。ウィリアム・ザングウィル、あなたはいつも私のそばにいてくれて、共感、思いやり、鋭い洞察、完璧なメタファーを注いでくれました。親友のキャシー・フラナガン、あなたのなめらかな声とあたたかな心はいつでも私を癒してくれます。マイケル・ファースト、あなたの熱意と完璧な診断スキルにはいつも助けられています。モウリーン・キャデー、あなたの長年の友情に感謝します。あなたは本書の構想について最初に話を聞いてくれた人でもあります。

ダン・シーゲル博士、あなたは私のメンターであり、カリスマ的な教育者でもあります。優しさ、不思議な力、ユーモアのセンスをいつも分け与えてくれてありがとう。さらにあなたは、その多大な才能がもたらした濃密で複雑な脳に関する知見を私に与えてくれました。あなたとの出会いによって私のキャリアはさらにエキサイティングなものになりました。心から感謝します。

「ニュージャージ認知療法センター」のスタッフと関係者の皆さん、私がバタバタしたり、泣きごとを言ったり、浮かれて騒いだりするのにいつも付き合ってくれて本当にありがとう。驚くほど明晰でサポーティブなあなたがたに囲まれている私は、本当に幸せ者だと思います。キャスリーン・ニューデック、メアリー・バーク、パトリス・フィオレ、バーバラ・レヴィ、ロビン・スピロ、キャシー・ゴバーガー、ローズマリー・エリクソン、リサ・パーソネット、ハリエット・アクテンテュッチ、マーガレット・ミエール、アヴァ・シュレシンガー、ポール・スコットランド、アーヴ・フィンクルスタイン、ボブ・ジャクィウィクス、皆、ありがとう。「ニューヨーク認知療法センター」の皆さんにもお礼を言います。皆さんも私の人生の支えです。皆、才能あふれた素敵な人たちです。ウィル・スイフト、マーティ・スローン、ヴィヴィアン・フランセスコ、ジェフ・コンウェイ、トラヴィス・アーキンソン、メリー・パール、パット・マクドナルド、フレッド・エバースタッド、リリアン・ステインマレーとボブ・ステインマレー、マイク・ミネルヴィニ、ナンシー・リベイロ、シルヴィア・タム、そしてその他の皆さん。センターの皆さんは長年にわたって私と関わり、影響を与えてくれました。

リッチ・サイモン、あなたは『心理療法ネットワーク（*Psychotherapy Network*）』という雑誌に、ナルシシズムについて私に記事を書かせてくれました。それがきっかけで本書が生まれたのです！　あなたはとても優秀な編集者で、書き手としての私をいつも励まし、自信を与えてくれます。

テシリヤ・ハナウ、あなたは私にナルシシズムについて本を書くよう依頼するに留まらず、いつも私のことを気にかけてくれて、多くの励ましやヒントを与えてくれました。あなたが本を書くようながしてくれなかったら、そしてあなたの深い思いやりや優しさがなかったら、本書が完成することは決してなかったでしょう。ジェス・ベーブとニコラ・スキッドモアもテシリヤと同様に、素晴らしい編集能力、さまざまな示唆、心のこもったサポートによって私を支えてくれました。本当にありがとう。ジャスミン・スター、私はあなたのように優秀で、辛抱強く、エネルギッシュな校正者に原稿を見てもらえて、とても幸運でした。校正という気が遠くなるような作業をやり抜くことができたのはあなたのおかげです。あなたは一流の仕事師よ！　さらにこの本を世に出すのに力を尽くしてくれたニューハービンガー出版社のすべてのスタッフにもお礼を言いたいです。心の底からありがとう。

家族や友だち、みんなの愛に感謝します。そして最後になりますが、私が出会ったすべてのクライアントにお礼を申し上げます。クライアントの皆さんのおかげで、私はさまざまな発想を得ることができましたし、専門家として歩んでくることができました。皆さんが私を信頼してくれたことに対して、心から感謝します。皆さんは、その人ならではのストーリーを語り、問題を乗り越える勇気を私に示してくれました。その目撃者として私を選んでくれたことにも感謝します。私はあなたがたを心から尊敬します。皆さんは人生を新たなものにするために、忍耐強く、そして勇気をもって私との協同作業に取り組んでくれました。そのようなクライアントの存在は、私がどうしてこの仕事を選んだのかということを、常に思い起こさせてくれます。

本書の改訂について、そして第2版における新たな内容については、国際スキーマ療法協会（International Society of Schema Therapy：ＩＳＳＴ）の仲間たちに多大な支援をもらいました。仲間たちの発想や手助けによって、私は本書におけるアイディアと創造の火をともし続けることができました。私はまた、この領域のリーダーである先生方にも多大な感謝を捧げたい。先生方は私に対し、さまざまな見解、フィードバック、鋭い質問、時には熟考に値する批判を投げかけてくれました。それらのおかげで私は本書、すなわち『あなたを困らせるナルシシストとの付き合い方（*Disarming the Narcissist*）』の第二版を書き終えることができたのです。第二版出版にあたり、このテーマに関する新たな知見や、さらに役立つ戦略に関するヒントを与えてくれたすべての人にお礼を申し上げます。本当にありがとう。読者の皆さんが本書を役立ててくださることを、そして率直なフィードバックを私に与えてくださることを切に望みます。

イントロダクション

われわれはあまりにも頻繁に、自分にとって快適な見解だけを享受しようとしすぎである。

ジョン・F・ケネディ

あなたが本書を手に取ったということは、あなたはナルシシストと何からの関係にあり、その人物の過度な自己中心性や権利要求的な振る舞いが、あなたを傷つけ、その人との関係にダメージを与えるということが、これまでに何度もあったということでしょうか。そうであれば本書があなたの助けになります。本書はあなたにとって非常に役に立つ情報やエクササイズや作戦に満ちています。それらはあなたが関わっているナルシシストをよりよく理解するのを手助けし、あなたとナルシシストとの関係に対してポジティブな変化をもたらすでしょう。

しかしここではそうした話に入る前に、まずはナルシシズムそれ自体について、少し一緒に考えてみることにしましょう。それは、なぜ近年になってナルシシズムがこれほど注目されるようになったのか、ナルシシストの言動によって損なわれた関係を回復させるためになぜ「共感」が重要なのか、といったことについてです。

ナルシシズムの時代

最近になって、悪名高き芸能人、スポーツ界のスーパースター、そして政治家の利己的なライフスタイルや、「そんなルールは知ったこっちゃない」と言わんばかりの権利要求的な振る舞いが、マスコミでよく報道されるようになりました。そのような報道では、「ナルシシズム」「セックス依存症」「共感性の欠如」といった刺激的な言葉やフレーズが、記事や放送の見出しによく使われます（おかげで私の本もよく売れました。マスコミに感謝します）。

こうした用語は、かつては心理学の教科書や治療マニュアルなど専門家の世界でひっそりと使われていました。しかし、今やこれらは日常的に普通に用いられる誰もが知るものとなったのです。ソーシャルメディア、ブログのみならず家族や友人との日常会話でもこうした用語は頻繁に口にされています。特に「ナルシシズム」という用語は広く知られるようになりました。とりわけ、自分に対してひどい態度をとるパートナー、恋人、友人、上司、家族をもつ人は、それを描写する「ナルシシズム」という言葉を見つけたことで、喜びや安堵を感じたようです。

私は二〇〇八年に本書の第一版を出版しましたが、その当時はナルシシズムについて一般向けに書かれた本がほとんどありませんでした。私はこの本で、ナルシシストをパートナーや家族にもつ人向けに、ナルシシズムの特徴とナルシシストとの付き合い方について述べました。ナルシシストを相手にする人々の多くは、多大な困難を抱えています。彼／彼女らはナルシシストを理解し、ナルシシストに変わってもらいたいと望んでいます。そして願わくは自分たちも、もっと幸せになりたいと望んでいます。しかしそれは非常に困難な望みであり、彼／彼女らはナルシシストと生活を共にする中で、ナルシシストのパートナーや家族のことを心から気にかけながらも、ひどく傷ついています。私はそのような人たちに向けてこの本を書きました。

しかしその後、ナルシシズムは社会的に大きな関心を呼ぶようになり、今ではナルシシズムに関する本が数多く出版されています。それでもなお、私の本は、ナルシシズムという困難なテーマについて独自のアプローチを示し続けています。本書は、ナルシシズムに関する包括的な説明を提供し、ナルシシストと共に暮らすパートナーや家族に対して役に立つツールを紹介しています。ナルシシズムという複雑なパーソナリティに対する社会的な理解や対応は、まだまだ限られているというのが現状です。

「共感」という知恵

本書のアプローチはときに、ナルシシズムの問題に対して日々奮闘している同業者、クライアント、そして読者の方々を怒らせてしまうことがあります。「この本に書いてあることは、ナルシシストに対して優しすぎるのではないか」「あの尊大なモンスター（ナルシシストのこと）を変えることは結局できないんだ」と言う人もいます。私はそういうふうに言う人の気持ちがよくわかります。ナルシシストと接する人は皆、自分が不当に扱われていると感じています。そしてナルシシストとの関わりの中で、疲れ果ててしまっています。皆さんが、本書で推奨する「共感的直面化」や「限界設定」といった技法に基づき、思いやりのある、そして自己開示的な言動をナルシシストに対して用いるようになった後でも、やはりナルシシストに対するマイナス感情は消えることはないでしょう。

とはいえ、「ナルシシストと関わる」というこの難しい課題に対して、私たちにできることは少なくありません。本書で紹介するさまざまなアプローチを使い続けることで、あなたは確実に何らかの成果を手に入れることができるはずです。特に第7章で紹介する「共感的直面化」は非常に重要です。「共感的直面化」は誤解されやすいアプローチです。つまるところ、「共感」って何なのでしょう？　ナルシシストに共感を寄せることが本当に可能なのでしょうか？　これらの問いに対しては後で少しだけ触れますが、詳しくは第7章で解説することにします。

ナルシシストと接する中ですでに心がボロボロになり、ナルシシストとの関係に何の希望も見出せないという人もいるでしょう。そういう人は、本書で提唱する新たなアプローチを試してみようという気持ちには、なかなかなれないかもしれません。でもそのような人にこそ顔を上げ、現実を見てほしいのです。ナルシシストとの関係を改善するには、優れた弁論家並みの巧みな言語力が必要です。たゆまぬ行動力と忍耐力も必要となります。自分が何に直面しているかを見極める鋭い理解力も必要です。限界を認め、それに応じてあなた自身の期待や希望を調整しなければならないこともあるでしょう。毅然とした言動をとらなければならない場合もあります。ナルシシストを相手にするセラピストは、オリンピックに出場するアスリート並みの集中力や注意力が要求されます。ナルシシストの治療では、強靱な感情力や莫大な忍耐力が必要とされます。そして場合によってはクライアントに対して脆弱さをさらけ出す能力（capacity to be vulnerable）も必要となります。「素敵な人」「賢い人」としてではなく、「ひとりのリアルな人間」として接するのです。

ナルシシズムに関する書籍のほとんどが、ナルシシストに関わる人々に対し、「あまりにも自己中心的な狂人」「うぬぼれの過ぎた妖婦」から全速力で逃げるよう指南しています。しかし私自身はナルシシストとの関係に問題を抱える女性のサポートグループの仕事に携わった経験から、長年にわたって人生や生活をナルシシストと共にしていると、その関係から逃げることが非常に難しい場合があることを知っています。特に配偶者がナルシシストで、幼い子どもを育てている場合、そんなに簡単に別れることができるでしょうか？　たとえ別れたとして、週末に我が子をナルシシストに預けることができるでしょうか？　上司がナルシシストだった場合、逃げることは職を失うことを意味します。長女がナルシシストである場合、その関係から逃げるということは、大事な孫に会えなくなってしまうことを意味するかもしれません。

たとえナルシストといえども、一度はあなたが愛し、理解したことがある人です。たとえ普段はがっちりと鎧《よろい》をかぶっていても、何らかの機会に彼の脆弱さや人間らしさがにじみ出て、あなた自身がその人に対して優しくあたたかな気持ちになることが、今でもときにはあるかもしれません。残念ながらそのような人間らしいありようはさっと影を潜め、いつもの言動、すなわち自分を誇示するようないつもの行動に戻ってしまうのでしょう。さっきの人間らしさはどこに行ってしまうのでしょうか。そしてあなたは自問自答するのです。「彼の心の中に私は存在しているのだろうか?」「彼は私のことを理解しているのだろうか?」「彼にとって私はどうでもよい存在なのではないだろうか?」。これらの問いに大いに関係するのが「共感（empathy）」です。この概念はよく誤解されたり誤用されたりします。そしてこの「共感」という概念こそ、ナルシシズムについて考えるにあたって、私たちを当惑させるのです。私は「共感」について質問を受けることがよくあります。代表的な質問を次に挙げましょう。

● 「『共感』は、『同情（compassion）』と同じでしょう?」
● 「どうやってナルシシストに共感することができるのですか?」
● 「ナルシシストが、他人の身になって考えたり感じたりできるようになることが本当にありうるのですか?」

ジャーナリスト、心理学者、研究者、政治評論家、人類学者といった多くの聡明な人々が、たとえばミラーニューロンや道徳意識など、多岐にわたって共感について論じています。「共感や理解抜きで、どうやって人は見通しを立てられるのか?」「共感や理解のできない人は、どのように他人と自分を比べるのか?」「共感や理解のできない人の世界観はどうなっているのか?」。

この『あなたを困らせるナルシストとの付き合い方』第二版では、多くの読者やクライアントから寄せられた「共感」に対する新たな疑問に答え、さらに共感にまつわる最新の知見を加えることにしました。そこには「共感がいかに感情的安定性を促進するか」、といったトピックスが含まれています。またこの第二版では、女性のナルシシストに関する内容が新たに盛り込まれています。というのも、第一版を読んだ多くの読者の方々から、母親や義母がナルシシストである、姉や妹がナルシシストである、娘や妻がナルシシストである、という苦渋に満ちた手紙をいただいたからです。

とはいえ、ナルシシストとの関係を終わりにしたほうが賢明な場合も確かにあります。そこで本書ではナルシシストと離別することについて新たな章を設けました（第6章「出口を見つける――危険性の高いナルシシズムを回避する」）。この新たな章では、あまりにも有害な行動を示すナルシシストと生活を共にすることの危険性に焦点を当てました。「あまりにも有害な行動」とはたとえば、攻撃性、過度な嗜癖（例：ポルノへの耽溺、浮気、ギャンブル、アルコールや薬物等の物質依存など）、残忍さ、モラルの欠如、エスカレートする権利要求などです。

忘れられない体験

ナルシシズムに対する私の興味関心は、心理療法の実践を始めたばかりの駆け出しの頃にさかのぼります。その頃私は対応の非常に困難な何人かのクライアントに出会いました。そのときの体験は一生忘れることがないでしょう。当時の私は、ナルシシズムについて、大学院と卒後教育で習った漠然とした知識しかありませんでした。そして心理療法では治療関係が何よりも大切だという「初心者の熱意」にあふれていました。しかしその熱意はナルシシストのクライアントにはまったく通用しませんでした。私はひどく動揺し、「何かもっとよいやり方はないか」と探しまくりましたが、結局はナルシシストのクライアントに対してひたすら防衛的に振る舞うことしかできませんでした。彼／彼女らは、他の人なら決して押さないであろう私の心のボタンをいとも容易に押してきたのです。

ナルシシストのクライアントとの最初の出会いは、家族間の調停を専門とする機関で研修生として働いていたときでした。私に課せられた業務は、これから離婚をするというカップルの話を聞くことと、子どもの親権と面会権についてカップルが結論を出すための手助けをすることでした。言ってみればそれは地獄のような体験でした。「極寒の地で断崖絶壁から海に飛び込む」と表現してもまだ甘いぐらいです。

その厳しい試練は、四五歳の魅力的な男性が、これから離婚しようとする妻に先立って、私のオフィスに到着したときに始まりました。彼は私（二五歳の女性。臨床経験はほとんどなし。紺のスーツを着て、クリップボードを持ち、にこやかに彼と握手をしようとした）を一瞥しただけで、にこりともせず椅子にどっかりと座り、時計を見て言いました。「こんなクソみたいにくだらないミーティングに時間をとられるなんて！」。私がそれに応答する前に、彼はさらに言いました。「それで、カウンセラーとやらはいつここに来るんだ？」。私は自分の顔が真っ赤になっていくのを感じながら、むりやり笑顔を作って言いました。「私がカウンセラーです」。すると彼は目玉をぐるりと回し、非難の表情を浮かべながら身体をのけぞらせました。そして窓のほうを向き、椅子の肘掛けを指でトントンと叩き始めました。

ナルシシズムを追究するという華麗な（！）キャリアが始まったのがこの瞬間だったのかどうかは、私自身にはわかりません。ともあれ私は自分自身に必死に話しかけました。「ウェンディ、彼は離婚を目前にしてイライラしているだけなの。きっとたくさんの悩み事があるのよ。動転しているのは彼のほうだわ。あなたはこの状況に対応できる。質問紙をたくさん持っているでしょう？　インタビューのやり方だってリハーサルしたでしょう？　裁判所からの指示書だってあるでしょう？　確かに今、この男性のひどい態度で気分はよくないかもしれないけれども、あなたはこの状況を何とか切り抜けられるはず。あなたはそのやり方を知っている。そしてクライアントには優しくしなきゃ」。

五分ほど遅れて彼の妻が到着しました（私の感覚ではすでに何日もたったかのようでしたが）。妻はとても感じのよい女性で、遅れて到着したことをすぐさま私たちに詫びました。彼女は自己紹介をし、夫に挨拶をしましたが、彼はそれを無視しました。妻は夫の隣に座り、私はセッションを開始することにして、まずは裁判所からの証明書を確認し始めました。その間夫のほうは大げさに何度もため息をつき、天井を見つめています。妻は裁判所からの情報が正しいことをうなずきながら認めてくれました。

次に私は裁判所から指示された離婚調停のための情報が書かれた公的な書類に取りかかることにしました。書類によると、この夫婦は三人の子どもの第一親権をどちらがとるかということについて合意ができていないということでした。夫は「身体的共同親権（訳注：離婚後の父母の両方に対して、子どもと一緒に暮らす権利が与えられていること）」を主張し、妻は「単独親権」を主張していました。ただし妻は、離婚後夫が子どもに面会することについては無条件に認めていました。私が書類をすべて読み終える前に、夫は私の話を遮って立ち上がり、ものすごい形相で妻をにらみつけて、「こんなのは時間の無駄だ！」と怒鳴りました。妻はうなだれて、自分が履いている靴の紐に視線を落とします。夫は怒鳴り続けます。「話し合いの余地などない！　裁判で決着をつけようじゃないか！」。彼は私のほうを見てなおも言い募ります。「ミス・カウンセラーさんよ、今から言うことを公式記録として残しておきなさい。それから裁判所に言っておいてくれないか。こんな『クソ話し合い』にはうんざりだ、ということを。妻は自分がめでたく離婚して、子どもを都合よく手元に置きたいようだが、それは無理な話だ。われわれは知っている。子どもたちが優秀な頭脳を発揮して、人生を成功させたいのなら、私と一緒に暮らすしかないんだ。ミス・カウンセラーさん、私を誰だと思っているんだ？　私は州で最も有名な訴訟専門の弁護士だ！　……じゃあな」。彼は書類を床に投げつけ、椅子を蹴り、部屋から出て行きました。

今思えば、やはりこの体験が私のキャリアを変えたのだと思います。部屋に残された妻は両手で顔を覆って泣いていました。私も彼女と一緒に泣きたい気分でいっぱいでしたが、何とかその気持ちを押し込めて、彼女に事情を尋ねました。妻によると、夫は確かに著名な弁護士で、彼の名声や人脈を考えると、裁判は妻に不利な結果になるだろうということでした。夫婦はこれまでに夫婦カウンセリングを何度も試みたのだそうです。しかし夫の威圧的な態度が歴代のカウンセラーの気持ちをくじき、自尊心をつぶし続けてきました。カウンセラーは誰ひとりとして、彼との間に冷静な話し合いを持ち込むことができなかったのです。

妻の声のトーンはとても悲しそうでした。そのことを私が彼女に伝えると、夫があんなふうに扱いが難しい人なので、これまでずっと悲しい気持ちで過ごしてきたこと、そして夫自身も子ども時代にうんとつらい思いをしてきたことについて話してくれました。彼女もかつては夫を愛していたのだそうです。しかし誰も夫婦の助けになってくれないことがわかった今、あのような激しい言動を示す夫とは、一緒に暮らすことはもはや不可能であるとのことでした。かつては優しく繊細だった少年が、なぜこれほどまでにも高圧的で利己主義的なモンスターになってしまったのか、と妻は混乱していました。私たちは一緒にため息をつくことしかできませんでした。私は彼女のサポートになるかもしれないいくつかの資源を紹介し、セッションを終えました。そして話し合いが不調に終わったことを報告書にまとめました。その後この夫婦に会うことはありませんでした。

今でもときどき私はこのカップルのことを考えます。誰なら彼にアプローチできたのでしょうか？　子どもたちにはどのような影響があったでしょうか？　その後夫婦はどうなったでしょうか？　私は今でもあのときの不快な感覚をはっきりと覚えています。全身が熱くなり、心臓はドキドキし、胃がキューっと痛くなりました。人は普通、思いやりのある言葉を使い、心地よくコミュニケーションし、互いに関心をもって振る舞うものだ……といった思い込みが一瞬のうちにぐらつき、私は一気に自信を失いました。彼によって私の気力は奪われ、勇気が踏みにじられました。これはまさに「ハッと目が覚めるような体験」でした。今でも私は夫から「君は自分がわかっていないということをわかっていないな」としょっちゅう言われるのですが、これがまさにそうだったのです。私はもっとたくさん学ぶ必要がありました。とりわけ対人関係におけるナルシシズムの複雑なありようについて。

重要な出会い

私を知る人なら誰でも同意してくれるでしょうが，私は「人がどうしてそのように感じたり振る舞ったりするのか」ということについて多大な関心があり，常にそれを理解したいと願っています。自分自身についても例外ではありません。私は私自身の感情や振る舞いの成り立ちに対して，いつも関心をもち続けてきました。するとさまざまな発見があります。そしてこのように自分自身に関心をもち，個人的な発見を重ねること自体がとても重要であることが次第にわかってきました。

二〇年以上も前のことになりますが，私は類まれなる人物，ジェフリー・ヤング博士と知り合うという幸運に恵まれました。彼は私のメンターのひとりであり，今では大親友のひとりでもあります。彼は私に彼自身が構築したスキーマ療法という素晴らしいアプローチを教えてくれました。スキーマ療法は，私が当時模索していた課題（認知療法をどのようにしてナルシシズムの治療に適用するか）を解決の方向に見事に導いてくれました。スキーマ療法が私に与えたインパクトはすさまじく大きなものでした。私は一生ヤング先生に足を向けて寝ることはできないでしょう。

二〇〇三年に私は再び幸運に恵まれ，今度は対人神経生物学の大家であるダニエル・シーゲル博士と出会いました。彼の指導のもとで，自分のこれまでの仕事に，理解しやすく親しみやすいかたちで脳についての知見を加えることができるようになりました。ダニエルとの研究に私は大いに触発され，そのおかげで最も扱いの難しいナルシシストの治療が大きく変わりました。治療においてナルシシストとの関係を扱うことには大変な苦労が伴います。そこに脳科学の知見を持ち込むことで、治療の信頼性と妥当性を高めることが可能になりました。脳科学はまた、心理的な問題に対して助けを求める際の恥やスティグマの感情を和らげるのにも役立ちました。脳が自らの体験に対してどのように反応するのか、なぜ脳は過去の苦痛な体験を自分に想起させようとするのか、といったことをクライアントが一度理解してしまえば、彼／彼女らは防衛的でなくなり、「つらい」「苦しい」といった表現ができるようになります。加えて、科学的知見は、これから心理療法を始めようとする人の多くが感じるであろう「疑わしさ」「うさん臭さ」を取り除いてくれます。脳について知ることは、われわれにとって生物学的な基盤がいかに重要であるかを知ることにもつながります。脳はわれわれの人生の経験をひとつにまとめあげてくれる重要な器官なのです。

知恵の共有

あの調停機関で、あの夫婦に出会い、あまりにも苦痛な思いをしてから実に長い年月が過ぎました。私は私なりに懸命に学び、経験を重ねてきました。皮肉なことに今、私は多くの人からナルシシズムの専門家、すなわち大勢のナルシシストとその「被害者」を治療してきた人とみなされているようです。確かに私が臨床の場でお目にかかるのは、多くのナルシシストである男性、それよりは少ないですがナルシシストである女性、そして彼／彼女らと何とかうまくやっていきたいと願う関係者の方々です。ナルシシズムに対する私のこの情熱がどこから来ているのかは、私自身も正直言ってわかりません。同僚たちも首をかしげています。「ウェンディは頭がおかしいか、さもなければマゾヒストなのではないか」と言われることもあります。多くのセラピストは、ナルシシストの治療を考えるだけでもゾッとして、この種のクライアントがたとえ紹介されてきても治療を引き受けることはないでしょう。しかしながら、私にとってナルシシストとのさまざまな体験は、ひとりの人間としての成長を大いに助けてくれましたし、セラピストや教育者としての自分を大いに鍛えてくれました。

すべてのナルシシストが自分自身を変化させたいと望むわけではありません。むしろ、何らかの強制力によってしぶしぶ治療を受けに来るナルシシストは少なくないのです。しかしこのことが本書のテーマではありません。本書は主に、ナルシシストの扱いに困り果てている人に向けて書きました。一口にナルシシズムと言っても、実際にはいくつかのタイプがあります。本書ではそれらを具体的に紹介し、なぜ、そしてどのようにしてそのようなナルシシズムが形成され、その人のパーソナリティの一部になったのか、ということについても解説します。そしてナルシシストとの関わりの中で生き延びるための、そしてナルシシストと関わりながらも自分がより幸せになるための考え方ややり方を提示します。

本書はまた、あなた自身の生き方のパターンや人生のテーマを深く考えるのに役立ちます。それによって自分がなぜナルシシストに惹かれる傾向があるのか、なぜナルシシストと関わると不快でどうにもならなくなってしまうのか、ということについても理解できるようになるでしょう。本書を読むことで、あなたはナルシシストとのコミュニケーションにおいて、あなた自身の欲求や期待について落ち着いてきっぱりと話ができるようになるでしょう。本書を通じて、あなたはナルシシストとの困難な関わりを単に切り抜けられるようになるだけではなく、その関わりをよりよいものに、つまりあなた自身がより満足できるものに変えていくことができるようになるでしょう。

ひとつ留意点があります。ほとんどの専門家が同意するでしょうが、ナルシシストの七五パーセント以上が男性です（本書でナルシシストを「彼」と呼ぶことが多いのはそのためです）。これにはジェンダーの問題が絡んでいます。ナルシシストの特徴である攻撃性、競争心、他者への愛着の乏しさ、支配性、社会的規範は、より「男性的」であるのかもしれません。これには、子どもの発達における「氏か育ちか（nature versus nurture）」の問題にも大きく関係することでしょう。もちろん女性のナルシシストも存在します。しかし女性の場合、ナルシシズムという特性を、たとえば容姿や持ち物のグレードを上げること、子どもや家のステータスを上げること、自分がよい妻やよい母親であることをアピールすることによって発揮することが多いようです。女性のナルシストはまた、自分のそのような傾向が外に漏れないよう取り繕う傾向があるようです。それどころか、自分を「殉教者」「かわいそうな人」「無実の被害者」であるかのように演出する人もいます。もちろん男性のナルシストと同様に、周囲の注目と称賛を集めるために、女王様のように派手な振る舞いを示す女性のナルシストもいるでしょう。

男性であれ女性であれすべてのナルシストに共通するのは、それをあからさまに行動に出すか出さないかの違いはあれども、彼／彼女らが「周囲の注目を集めたい」という飽くことのない欲求に強くとらわれているということです。このことにとらわれすぎているからこそ、ナルシストは他者に共感を抱いたり自責の念を抱いたりする余地を失ってしまっているのです。

読者の皆さんは「ナルシシズムの傷（narcissistic injury）」という言葉を聞いたことがあるかもしれません。この言葉は、単に「ごめんなさい」と言えばよい場面で、ナルシストがなぜ「自分は世界中で最低の人間だ」と言ってしまうのか、ということをよく表しています。そう、彼らはとても傷つきやすいのです。ナルシストは他者から批判を受けたことに、他者をがっかりさせたことに、他者と意見が違ったことに、他者から注目されなかったことに、他者から称賛されなかったことに、他者に相手にされなかったことに、そして自分が何か間違いを犯したことに、容易に傷ついてしまいます。しかし私たちは彼らの傷つきになかなか気づくことができません。なぜならナルシシストは、それらの傷つきを「なかったこと」であるかのように振る舞う「アーティスト」だからです。ナルシシストは自らの傷つきを表現する代わりに、辛辣な言葉をあなたに投げつけたり、あなたを避けたり、別のことで自分を称賛するようあなたに求めたりして、結局のところあなたを傷つけてしまうのです。そして気づけば、あなた自身がなぜか相手に「ごめんなさい」と言って服従しています。そうやってあなたは必死でナルシシストをなだめ、容赦のない攻撃を鎮めようとするのです。

しかしそのようなやり方はもう必要ありません。ナルシシストと関わりながらも、あなた自身の落ち着きと自尊心を保つことは可能です。最初のステップは、ナルシシズムとその成り立ちを十分に理解することです。それが次の第1章のテーマです。それを読めば対人関係の問題はあなたひとりの問題ではないことがよくわかるようになるでしょう。場合によってはナルシシストに対して共感や思いやりの気持ちが生じてくるかもしれません。ナルシシズムを理解することを通じて、あなたの心はいくらか平和になり、関係改善への道を探そうという心持ちにもなれるでしょう。

第1章 ナルシシストの成り立ちを明らかにする

大多数の人間は、静かな絶望の生活を送っている。

ヘンリー・デイヴィッド・ソロー

ナルシシストは、私たちにとって魅力的な存在であり、と同時に不快感を与える存在でもあります。その男性はまるで、現代のランセロット卿（訳注：アーサー王の騎士のひとり。欧米ではヒーローの代名詞）のように、威厳を携え、光り輝く鎧を身にまとっています。そしてたくさんの素晴らしいものときらびやかな物品を手にしていることでしょう。しかしご用心を！　この騎士は幻の存在です。実際、彼はまったくの厄介者なのです。あなたは彼の業績や知性、そして一見自信たっぷりな態度などにすっかり魅了され、その餌食になってしまうかもしれません。けれども、彼の横柄さや恩着せがましさ、特権意識、そして共感性の乏しさは、相手の感情をひどく傷つけ、人との出会いに支障をきたし、長期的な対人関係に慢性的な困難をもたらします。

あるいはその女性は、流行の最先端のドレスを着て、高価なブランドのバッグを持ち、どこかの大企業の幹部と連れ立って、気取った態度で街を歩いているかもしれません。もしくは、月曜日の夜に、ＰＴＡのミーティングの場を彼女の独演会にしていたり、町内会で自分があたかも最重要責任者であるかのように皆にあれこれ指図したりしているかもしれません。彼女は、自宅では最新の家庭雑誌の表紙に載っているモデルとまさにそっくりな感じで、プッシュアップブラを身に着け、今一番人気のフロアーモップで掃除をしているかもしれません。そして、この魅力的な女性はあなたに対し、「自慢じゃないけど……」とか、「文句を言うつもりはないけど……」とか、「こんなことに耐えられるのは私しかいないわ」などと言ってくることでしょう。

このような女性の中には、先に紹介した「偽物の騎士」のような男性と結婚している人がいるかもしれません。彼女は、そのような男性のもつ圧倒的な力の前に、自らひれ伏してしまいます。そういう女性が満たされるのは、そんな彼女の自己犠牲的なありように感嘆し、「素晴らしい！　とてもあなたのようにはできないわ！」と褒めたたえてくれる誰かとの関係においてだけでしょう。この「気高く献身的な貴婦人」は、自分の苦難をこれ見よがしに皆に見せつけ、拍手喝采されることを渇望しているのです。その訴え方は、一見控えめながらも実はきわめて厚かましく、それを聞く私たちは、まるで黒板を爪でひっかいたときの音を聞くような不快感を抱くでしょう。

ナルシシストは一見？

私は治療の場で二〇年以上こうした人たちと付き合ってきましたが、そこから学んだのは、ナルシシストとの心理療法には、治療とは別の、乗り越えるべきいくつもの難題があるということです。ナルシシストが治療の場にやって来るのは、やっとの思いで勇気を振り絞ったパートナーから、「治療を受けて。そうでなければここから出て行って」と突きつけられたときです。または、職場における彼の振る舞いが周囲にとってあまりにも不快であるため苦情が殺到し、上司から治療を受けろとの最後通牒を突きつけられたのかもしれません。あるいは、出世競争のトップに躍り出るための勢いを自分が失いつつあることに気づき、勢いを取り戻すためにセラピーを利用しようとしているのかもしれません。もしくは、彼は訴訟を抱えており、セラピーを受けることが自分にとって有利に働くと考えているのかもしれません。ナルシシストが、孤独やうつ、あるいは不安のために自ら治療を受けに来ることはほとんどありません。治療を受けるのは、ほとんどの場合、彼／彼女たちにとっては不本意なことなのです。

私たちはこのような人たち、すなわち奇妙に逆説的なキャラクターを併せ持ち、私たちの心をかき乱すパーソナリティをもつ人たちを、どう呼べばよいのでしょうか？　これらの人々は、とてもしっかりとした人物で、非常に自信をもっているように見えます。時にウィットに富み、私たちに媚びてきたりもします。しかしながら、彼／彼女たちは瞬く間に、あなたを不安にさせたり、泣かせたり、退屈させたり、うんざりさせたりすることができるのです。これらの人たちを「ナルシシスト」と呼ぶことにしましょう（イントロダクションで述べたように、ナルシシストの多くは男性です。したがって本書で私は主に男性の代名詞を使って、男性の例を多く挙げることになるでしょう。しかし本章の最後の部分では、女性のナルシシストの事例や特徴についても整理しています）。

エクササイズ●身近な「困ったちゃん」はナルシシスト？

以下のリストを読み、あなたの身近に存在する「問題のある人物」「トラブルメーカー」に当てはまるものにチェックを入れてみましょう。チェックを入れるのは、リストに書かれていることが過剰に、かつ頻繁に現れている場合のみです。

□自己中心的である（自分の利益のためだけに行動する）
□特権意識が強い（自分のためにルールを作る、またはルールを破る）
□屈辱を与える（あなたを見下し、ひどい扱いをする）

□要求がましい（自分の欲するものはすべて要求する）
□不信感が強い（あなたが彼／彼女に対して親切にしてもその動機を疑う）
□完璧を求める（厳密で高い基準を設定する。自分のやり方で物事を進め、それ以外は許さない）
□鼻持ちならない（自分が他の誰よりも優れていると確信している。すぐに退屈してしまう）
□承認を求める（常に称賛されたり評価されたりすることを強く望む）
□共感性に乏しい（あなたの内的な体験を理解することに関心がない、もしくは理解できない）
□罪悪感に乏しい（心のこもった謝罪ができない）
□神経質である（細かい点や些細なことを気にしすぎる）
□依存的である（悪い習慣をやめられない。自己鎮静のためにそれらを用いる）
□感情が切り離されている（感情に近づくことを避ける）

一三の項目のうち一〇以上にチェックがついたら、あなたの身近にいるその人は、最もよくあるタイプで、同時に最も対応の困難な「明らかに不適応を起こしているナルシシズム」の基準を満たしているといえます。このタイプのナルシシストは、常にあなたの前に立ちはだかり、扱いにくい言動を示していることでしょう。私はこのようなタイプを、「明らかに不適応的なナルシシズム」と呼び、他のタイプのナルシシズム、たとえば後述する「不適応が気づかれにくいナルシシズム」や「健全なナルシシズム」と区別しています。「明らかに不適応的な」とは、その人を取り巻く環境や対人関係において普通に求められることに、その人自身が適応したり、従ったり、馴染んだりすることができないことが明確である、ということを意味します。あなたの身近にいる「困った人」は、まさにこの明らかに不適応的なナルシシストに該当するでしょうか。だとしても、がっかりしすぎる必要はありません。あなたはすでに自分がその人に対して手一杯であることに気がついています。あなたはこれまでその人を明らかに不適応的なナルシシストと呼べることを知りませんでしたし、その人をどう扱ったらよいかということについても皆目見当がつかなかったでしょう。その扱い方を私が本書でお示しするのです。ですからこのまま読み進めてください。

チェックした項目数が一〇に満たなかった場合、あなたの身近にいるその人はもう少しマイルドなナルシシストだといえるかもしれません。ナルシシズムは「健全なもの」から「気づかれにくいもの」、そして「明らかなもの」までスペクトラムを形成しています。本章では、これらすべてのタイプのナルシシズムについて解説します。

ナルシシストとは？

「ナルシシズム」という言葉は、ギリシャ神話のナルキッソスの話に由来します。ナルキッソスは、美しい山の妖精エコーからの愛を拒んだ罰として、山の湖に映る自分自身の姿に永遠に恋い焦がれ続ける運命を課せられました。湖に映る姿は、追い求めるばかりで決して手に入らず、ナルキッソスはただただやせ衰え、ついに美しい花に変わってしまうのでした。この悲劇の神話が意味するのは、度を超した過剰な自己愛は、それが息絶えた後でなければ真の美しさや愛の実を結ぶことはできない、ということです。

ナルシシストは自分のことに没頭しやすく、自分に対して完璧なイメージ（例：称賛、地位、羨望）を得ることに過度にとらわれています。ナルシシストはまた、他者の欲求（例：「話を聞いてもらいたい」「大切にしてもらいたい」「理解してもらいたい」）を理解する能力が乏しかったり皆無だったりします。ナルシシストのこのような特徴は、彼が他者と真に親密なつながり（互いに心から理解し合い、信頼し合い、愛し愛される感覚を与え合うこと）をもつことを阻害します。このような他者との親密なつながりは、自己愛と他者愛の違いを私たちに教えてくれます。自分に対する注目と他人に対する注目との間にバランスをとれるようになることは、人間の子ども時代における重要な発達課題です。これは人生において学ぶべき重要なテーマであり、それによって私たちの中に、互恵性の感覚や他者への責任感や共感が育まれます。そして残念ながら、ナルシシストは幼少期においてこれらのことを学習し損ねてしまったのです。

ナルシシストも本当は私たちと同じように、心の通った人間的なつながりの中で、穏やかな感覚や安全に守られている感覚を得ることを強く望んでいます。しかし彼らはそれに気がつくことなく、威勢よく、大げさに振舞い、自慢をし、周囲に自分を誇示しながら生きています。ナルシシストはあなたからの注目を集めたがる一方で、あなた自身の欲求や感情には関心をほとんど向けてくれません。あなたはナルシシストと一緒にいるだけで、彼の自己中心的な特権意識に不快感を抱くかもしれません。けれどもナルシシスト自身も実は、より深く親密な他者とのつながりを望んでいます。そのような欲求を確かに抱いています。その欲求に気づいたり、理解したり、受け入れたりすることができないだけなのです。ナルシシストは、親密で感情的なつながりを「取るに足らないどうでもよいもの」とみなしがちです。本当は心の底では望んでいるくせに、それに気づかず、受け入れることができないため、その欲求は間違った方向に向いてしまいます。そして一見魅力的ではあっても、結果的にあなたを困らせる行動をとる羽目になります。ナルシシストはそうすることでしか、あなたの注目を得られなくなってしまっているのです。

どうしてナルシシストになったのか？

その昔、この競争心の強いうぬぼれ屋の彼も、他のすべての子どもと同様に、希望や欲求や感情に満ちた純粋な小さな子どもでした。いったい何が、そのような純粋な子どもに対し、「自分だけはルールに従わなくてよい」「自分はステージの中心にいて、特別なスポットライトに当たることが当然だ」と思わせるようになったのでしょうか？　この問いに答えうるいくつかの可能性について検討してみましょう。

甘やかされたチャイルド

一つ目の説は、ナルシシストは「自分たちは他の人より優れており、特別な権利をもっている」と考える親をもち、そのような考え方を教え込まれたり、そのように考える親を手本にしたりする中でナルシシストに育った、というものです。このような家庭の典型的な特徴は、「制約を設けない」「限界を超えたり規則を破ったりしても、きちんと罰せられない」というものです。両親は子どもに対し、困難な課題に対処したり我慢したりすることを、きちんと教えることができませんでした。彼はすっかり甘やかされてしまったのです。それが刷り込まれた彼は、大人になっても同じことを繰り返し、「完全に甘やかされたナルシシスト」になってしまいました。

依存的なチャイルド

もうひとつの説は、両親の一方あるいは両方が、子どもの人生をできる限り苦痛のないものにしようと考え、子どもに過度に手を出しすぎてしまった、というものです。そのような親は、課題や対人関係に対処するために必要なスキルを、子どもの年齢に応じて教えたり励ましたりするのではなく、「子どものために」という名目のもとで親がすべてやってあげてしまいます。その結果子どもは自分に自信をもてず、無能感と依存心を強めてしまいます。同時に、「自分の身の回りのことはすべて、他の人が世話をしてくれてしかるべきだ」という特権意識を抱くようになります。そうすれば自分自身で欲求不満を解消せずにすみますし、間違った判断をしたときにも自分が恥をかいたり失敗したと感じたりせずにすむからです。

愛されない孤独なチャイルド

ナルシシズムの起源として最も典型的で一般的な説は、子どもが条件つきの愛によって、すなわち「何かを成し遂げなければ自分は愛されない」と感じながら育った、というものです。両親は子どもに対して常にベストを尽くすことを求め、「完璧でなければ意味がないし、愛されることはない」というメッセージを教え込みます。子どもは、「愛とは不確かで移ろいやすいものだ」と理解し、「偉大なことを成し遂げるために多大な努力をしなければ、自分の感情欲求は満たされない」と信じるようになります。両親は、「不完全な結果を残して親に恥をかかせてはならない」と子どもにほのめかし、子どもの努力の成果を通じて、親自身のプライドや承認欲求を満たそうとします。

この筋書きは、二人の親からそれぞれ異なる扱いを受けることでさらに複雑なものになります。その場合、子どもは一方の親から非難されることが多く、「自分は何をやっても不十分だ」と感じるようになります。そしてもう一方の親からは溺愛されたり、過保護に扱われたり、あるいは配偶者の代わりになるよう求められたりします。そうなると子どもは、両親からわずかばかりの注目を得たり、非難されたり恥をかかされたりすることを避けるために、親の言いなりになり、その期待に添おうとします。これは親による深刻な情緒的剝奪であり、子どもに対する巧妙な操作とコントロールです。子どもの中の「大切にされてしかるべき脆弱なチャイルド」は、実際には大切にしてもらえません。子どもは次第に「僕には誰も必要ない。僕は誰も信じられない。自分のことは自分で何とかする。今に見ていろ!」という原理を人生に適用するようになります。

彼は、「ありのままの自分」でいるだけでは愛されませんでした。自分の気持ちや思いに気づけるよう導いたり励ましたりしてもらうこともありませんでした。自分を完全に安心させてくれるような養育者や、自分を無条件に大切にしてくれる養育者の腕に抱かれることもありませんでした。彼は、誰かに助けを求めようにも、その求め方を教えてもらっていません。他人の気持ちや思いを感じ取る方法も教えてもらっていません。彼の人生において、そのようなやり方を示してくれるロールモデルがいなかったのです。代わりに、直接的に非難されること、そして感情的にも身体的にも愛されないこと、その両方を通じて、恥と欠陥の感覚に苦しめられるようになりました。彼は、「安心や注目を求めるのは弱い者のすることで、それらを求める自分は間違っているのだ」と思い込まされています。そこで彼は、人生に伴うこのような痛みをかき消すために、ありとあらゆる防衛のための安全装置を装着するようになりました。

寄せ集めのタイプ

ナルシシストの中でも「陛下」「妃殿下」タイプの人については、先に挙げたいくつかの起源が組み合わさっていると考えるほうがしっくりくるかもしれません。人間の相互作用や反応の複雑さを考慮すれば、これらのタイプの人が示すキャラクターは、単一の要因ではなく、複数の要因の相互作用によるものと考えるほうが自然であるといえるでしょう。

「甘やかされたチャイルド」と「依存的なチャイルド」の組み合わせ：身近にいるナルシシストの場合、この組み合わせが一番多いかもしれません。このタイプの人は、一方で特権意識や優越感を抱いていますが（明らかにこれは「私たちは他の人より優れている」という家族の態度を取り込んだものです）、もう一方では依存的であったり、無能感を抱いていたりします。というのも彼の両親は、自立のために必要なスキルを子どもが獲得するのを手助けする代わりに、常に子どもの世話をし、子どもを危険から救い続けてきたからです。その結果子どもは、一方では特権意識を強め、もう一方では溺愛され、甘やかされることを常に期待するようになります。そのような子どもは、日々の仕事や問題解決に取り組むことで、自らの限界や失敗が明らかになることを恥じたり恐れたりするようになるため、自発的に行動したり意思決定したりすることを避けるようになります。

「愛されないチャイルド」と「依存的なチャイルド」の組み合わせ：身近にいるナルシシストのもうひとつの組み合わせのパターンは、「愛されないチャイルド」と「依存的なチャイルド」によるものです。このタイプの人は、相手に対してすぐに腹を立てると同時に、その相手に依存します。彼が相手に求めるのは、彼のことを「すごい」と言って安心させてもらうことと、彼のために何かと世話を焼いてもらうことです。彼は心の底では、自分には欠陥があり、孤独で、無能であると感じ、そのような自分を恥じています。そしてそんなふうに自分のことを感じずにすむよう、自分を守ってくれるような相手を非常に慎重に求めています。このような人は表面上、要求的だったり自己顕示的だったりすることはありません。むしろ相手に強く愛情を求めたり、非常に繊細な印象を与えたりします。あるいは、自己鎮静のために、仕事、浪費、ギャンブル、ポルノグラフィ、過食といった行動に依存しているかもしれません。また、周囲には「よくできる人」と思われていたり、「忍耐強い人」に見えていたりするかもしれませんが、注意が必要です。たとえば困難な課題を前にしてフラストレーションが溜まったり、議論に長けた人たちの中で自分が何も言えなくなってしまったりすると、彼は自らの欠陥や愚かさを敏感に感じ取り、そうなると突然、ナルシシストに典型的な暴君のような状態になって卑劣な行為に走ったり、自分の気持ちを隠して相手から距離をとって沈黙したりする可能性があるからです。

専門家の中には、ナルシシズム傾向は生物学的にあらかじめ定められたパーソナリティ特性によって出現すると主張する人がいますが、多くの場合ナルシシズムは、幼少期の経験と生物学的特性（気質）の相互作用によって生じるものと考えられます。ここで注意していただきたいのは、多くの子どもは、前述のような環境の中で育ってもナルシシスト的にはならない、ということです。子どもがこのような環境に置かれても、生得的な気質が非常に安定していたり、親の穴を埋めてくれる愛情深い祖父母の存在があったり、周囲のロールモデルとなる大人（例：教師、保育士）が健康的で適応的な生き方を示してくれれば、ナルシシストにならずにすみます。いずれにせよ多くの場合、個人のパーソナリティや性格というものは、生物学的要因と環境要因とが相互作用することによって形成されます。

エクササイズ●あなたの身近にいるナルシシストはどのタイプ？

あなたの身近にいるナルシシストを思い浮かべてください。以下のリストにある行動パターンから、その人のタイプを同定してみましょう。彼／彼女に当てはまる傾向があればすべてチェックを入れます（あなたがその人物の成育歴を知っていれば、さらなる手がかりとなります）。このエクササイズは、ナルシシストの典型的なタイプ、特に「愛されないチャイルド」タイプを同定するのに役立つでしょう。しかしながら、ナルシシストと一口に言っても、その特性や状態は実に多種多様です。あなたの身近なナルシシストが以下のカテゴリーに属さない場合、彼／彼女は、より単純な「甘やかされたチャイルド」タイプ、あるいは「依存的なチャイルド」タイプであるかもしれません。

「甘やかされたチャイルド」と「依存的なチャイルド」の組み合わせ

□外見や知性、業績等において、自分が他の人よりも優れているかのような話し方をする（例：「そもそも、私はアイビーリーグ出身だからね」）。
□ほぼすべての人から特別に注目されることを期待する、あるいはさまざまなルールに自分だけは従わなくていいかのように振る舞う（例：「どういうことだ、待たないと座れないのか？」）。
□自分の発言のほうが優れていると思い込み、他の人が話している最中に割って入る（例：「いやいや、真の問題はだね……」）。
□何かに納得できなかったり自分の思うとおりにならなかったりすると、癇癪を起こしたり回避的になったりする（例：「予約がとれていないとはどういうことだ？　私はどうしてもカフェ・グランデに行くのだ！」）。

□自分はあらゆる専門的知識に長けていると考え、自らの知識を冗長にひけらかし、邪魔が入るのを嫌う（例：「私が思うに……」「私の意見としては……」「ゆえに、私が述べたように……かくかくしかじか」）。

「愛されないチャイルド」と「依存的なチャイルド」の組み合わせ

□称賛、注目、支持を相手から得ようとするが、一見たくましい外見の裏で、自信のなさや不十分さを感じている（例：「僕のしたこと、気に入ってくれたでしょう？　ねえねえ、どう思う？」「僕のこと、いいと思わない？」）。

□会話において相手に説明や明確化を要求するが、一方で、相手が自分を傷つけ、恥をかかせ、利用しようとしていると感じやすい（例：「君は私に本当は何が言いたいのだ？」「私を嘘つきだというのか？」「君は僕のすることがすべて駄目だと思っているのだろう？」）。

□欲求不満や傷つきを感じるとそれを隠すか、相手を不快にさせる行動をとる。自らを守るためなら相手を攻撃したり、混乱させたり、あるいは消耗させたりしてもよいと考えている（例：「よくも！」「君に何が期待できる？大した力もないくせに」「今に見ていろ」、強迫的に働く、過食する、決して終わらない課題に過剰に取り組み続ける、インターネット中毒、アルコール依存、浮気、浪費）。

チェックを入れた項目をざっと見て、あなたの身近なナルシシストが「甘やかされたチャイルド」と「依存的なチャイルド」の組み合わせに該当する傾向にあるのか、あるいは「愛されないチャイルド」と「依存的なチャイルド」の組み合わせに該当する傾向にあるのか、あらためて考えてみましょう。場合によっては両者のチェック項目のほぼすべてに当てはまる人がいるかもしれません。このような人は、典型的なナルシシズムの要素をもつ人だと考えられます。すなわちそれは「愛されない孤独なチャイルド」です。この種のナルシシストは、このリストにあるような傾向を普段は隠していますが、いざ自身の幼少期を彷彿とさせるような状況に入ると、それらの傾向を行動化することが多いようです。

身近なナルシシストが「甘やかされたチャイルド」と「依存的なチャイルド」の組み合わせである場合、その人に対する限界設定はより重視される必要があるでしょう。またそのようなナルシシストには、欲求不満に耐える訓練が必要となります。そのナルシシストが「愛されないチャイルド」と「依存的なチャイルド」の組み合わせの場合、彼／彼女の自慢げな発言は無視して、その人の中の「普通の」長所や思いやりのある態度に注目していくことが重要です。これらの人々に対しては、怒りの爆発に対して自ら責任をとり、過剰な怒り反応を自己調整できるスキルを学んでもらう必要があるでしょう。その際、「タイムアウト」のような、怒りから抜け出すための作戦を一緒に考えてあげることが役立つかもしれません。

ただしナルシシストの行動の原因や要因、および問題のある行動様式は一人ひとり異なるため、それぞれに合った個別のアプローチが必要となります。この点については、変化のための戦略も含め、ナルシシストに対する他の介入と共に、本書でおいおい述べていくことにします。

ナルシシストは手品師？

ナルシシストは「感情コントロール競争」において、常に自分が一番であることを追い求めます。これはつまり、彼が他人を必要とせず、自分だけを当てにすることを意味します。彼のパーソナルな願望や苦悩は、成功や権力、競争心や正しさ、といったもの（ないしはそれらの組み合わせ）の裏にすっぽりと隠れてしまっています。彼は名声を求め、常に競争者であり、いつでもどこでも場の中心にいようとします。彼は、悩める乙女を救い出す英雄になろうとします。自分の考えが正しいことを証明するために相手が降参するまで訴え続けます。相手を楽しませようと有名人を引き合いにしたり、嘘をついたりもします。印象的なたとえ話をして、自分の聡明さをアピールしようともします。しかしながら、感情と距離をとり、過剰にコントロールしようとするそのようなやり方が、彼の「感情リテラシー」を低下させ、他者に対する共感能力を阻害してしまうのです。

私たちは共感的な相手とやりとりをしているとき、相手が自分のことを本当に理解してくれようとしていることに気づきます。共感的な人は、考え方が異なっていても、相手の感じていることや体験していることを理解しているように見えます。「共感（empathy）」というフェルトセンスは、他人の靴を履いて歩くことを想像できる能力と、実際に快くそれをやってみようとすることを意味します。共感は、単に相手の苦痛を同じように苦痛に感じる「同情（sympathy）」とは異なります。共感は、自分の心身を相手に調和させ、チューニングするスキルなのです。これは、健全な対人関係において最も強力な「相手とつながるための特質」であり、これが欠落すると大きな痛手をその人にもたらします。ダニエル・ゴールマンは『社会的知能（*Social Intelligence*）』（2006）という著書の中で、他人に共感できない人は相手を人ではなく物のように扱う、と述べています。

そこにいると思ったら、もう消えている！

ナルシシストの共感性の乏しさは、実にさまざまなかたちとなって表れます。たとえばナルシシストと会話しているあなたは、彼の止まらない話をやっとの思いで遮り、「私の話も聞いてほしい」と訴えたとします。その瞬間に、彼はまるで突然フーディーニ（訳注：「脱出王」と呼ばれる米国の奇術師）にでもなったかのように、あなたの目の前から姿を消してしまうかもしれません。あなたが話をしている最中に、そのまま立ち去ってしまうナルシシストもいるでしょう。あるいは「重要な案件を思い出したから、すぐに行かなければ」と言って立ち去るナルシシストもいるでしょう。女性のナルシシストにもこうした人はいますが、こういった行動をとるのはそのほとんどが男性のナルシシストです。

あなたの生活において何か重大な事態（例：健康上の問題、個人的な危機）が発生すると、ナルシシストはあなたの目の前から消えていなくなります。重大な事態に見舞われたあなたは、自分と大切な人の生活を守るために、自分自身に集中しなければならなくなります。ナルシシストはそういうあなたを「不便な」存在であると感じるようになります。そして信じられないほど不快な、そして非協力的で自分勝手な態度を示しながら、あなたのもとから立ち去っていくことになります。例を挙げましょう。私の父が重病にかかり瀕死の状態にあったとき、自己犠牲的なクライアントたちは、「私はセッションであなたと共にいたいのだから気にしないでほしい」と私が何度も繰り返し伝えても、セッションに来ることに対して罪悪感を抱いていました。一方で、ナルシシスト的なクライアントたちは、私が父の病院に行っていたためにセッションに来るのが少しでも遅れると、あからさまにイライラとした様子を見せたのでした。

コーピングモードという「鎧」の陰に隠れているナルシシスト

ナルシシストの反応は非常に素早くかつ多様です。あなたが何かを要求したり不満を述べたりすると、彼はそんなあなたの感情欲求を「くだらない」と決めつけてあなたを見下し、その結果、あなた自身が自分を「愚かだ」「取るに足りない」と思うようになってしまうかもしれません。彼はまた、しつこく（あるいは「しぶしぶながら」という体で）、一方的に、オレンジとリンゴの違いは何か、要求と欲求の違いは何か、プラトンとアリストテレスの違いは何か、民主党と共和党はどう違うのか……といった結論の出ない話をしかけてくるかもしれません。「コーピングモード」（31頁参照）にあるナルシシストは、基本的には「隠れて」います。

彼はときにあなたに対し、「お前は私に何を言っているのだ？」「いったい私にどうしろと言うのだ？」といった反応を示したその直後に、「自分は最も優れた人間であり、非難される筋合いなど何ひとつない」といったことを、あの手この手で訴えかけてくることがあるでしょう。ナルシシストは実は常に不安なのです。だからこそ、二度と傷つけられないよう、二度と屈辱を感じずにすむよう、二度と相手に失望されたり利用されたりしないよう、常にその不安を隠し続けています。しかしその態度は「偽りの強さ」であり、しかもそのために、彼らは喜びや悲しみを他者と共有できず、自分が本当に望んでいるものを手に入れることもできません。

あなたがナルシシストの男性と恋愛関係にある場合、あなたが彼の内的な感情にほんの少しでも触れようとした途端に、あるいは彼にあなた自身のことを語ろうとした途端に、彼の内なる「寂しい小さなチャイルド」が現れそうになり、彼はそれに恐怖を感じることでしょう。彼は自らの「チャイルド」に触れることを恐れています。彼は小さなチャイルドを、「ダメで、孤独で、恥ずべき小さな害虫」だとみなしています。だからこそ彼は、小さなチャイルドを深く押し込め、それに気づかないようにしているのです。そしてそのために、彼はあなたのことも遠ざけようとするでしょう。そうなると二人はいつまでたっても感情的に親密になれません。あなたはナルシシストの彼が隣にいても、感情的には孤独なままでしょう。

ナルシシストの男性と結婚したあるクライアントの女性は、夫が家にいて部屋で一緒に過ごしているときよりも、彼が旅に出て不在のときのほうが、孤独感が薄らぐことに気づきました。彼が家にいなければ、期待することもありません。しかし夫が家にいると、彼の共感性の乏しさによってかえって孤独を感じ、「愛されない」という思いが増してしまうのです。残念なことに、この夫は回避的な戦略、すなわち「心を閉ざす」という戦略をとり続けることに必死でした。彼にとって、自分の脆弱さを妻にさらすことは自分をなくしてしまうことを意味していました。つまりそんなことをしてしまったら、夫婦が互いに要求し合ったり依存し合ったりして、自分の独立性が損なわれると思っていたのでした。「自立の君主」でありたいナルシシストにとって、相互依存などということは到底考えられないことだったのです。

生涯学習研究所の臨床トレーニング部門の部長であるマリオン・ソロモン博士は、『ナルシシズムと親密性（*Narcissism and Intimacy*）』（1992）という著書の中で、ナルシシストは誰かと感情的に親密になることに対して、自己の感覚を失う恐怖があると述べています。ナルシシストにとって親密性とは、家に閉じ込められて決して外に出られないような、非常に危険なものなのです。

ナルシシストの「呪文」

「私は他人を必要としない」というフレーズは、特に男性のナルシシストにとって、自己肯定のために常に鳴り響いている呪文のようなものです。一方、「あなたは私に借りがある」というフレーズは、女性のナルシシストが繰り返し唱える呪文です。もちろんナルシシストたちは、これらの呪文の根底にあるテーマに気づいてはいません。これらの呪文は、ナルシシストの脳に刻み込まれ、繰り返し自動再生されるBGMのようなものです。このような脳の複雑なシステムは、ナルシシストが自らを守るために被った「仮面」においても同様に機能しています。

ナルシシストのもつ「仮面」

ナルシシストのもつ「仮面」は、彼／彼女たちにとって潜在的に苦痛な状態を、我慢できる状態に、ときには心地よい状態に変容してくれます。仮面をつけることで、不快な感情や混乱する感情を、他のかたちに変えることができるのです。これらの仮面は、いわゆる「防衛」のメタファーであり、コーピングモードとしても知られています。

「モード」とは「今の状態」のことです。私たちは皆、さまざまなモードを行き来します。たとえば、ある瞬間にあなたは「自己犠牲モード」にいるかもしれませんが、次の瞬間には「孤独で脆弱なモード」に切り替わるかもしれません。以下に挙げるのは、ナルシシストに最もよく見られるモード（仮面）です。

- いじめモード
- 自己顕示モード
- 依存・自己鎮静モード
- 権利要求モード

第5章では、これらのモードについてより詳細に紹介し、各モードに対する効果的な対応について解説します。ナルシシストがつける仮面は、他にも「ワーカホリック」「レスキュー隊員」「高潔な殉教者」などがありますが、前述の四つの仮面に対する戦略は、他の仮面を扱う際にも適用することができます。

満たされない欲求を埋めるためにナルシシストが用いる戦略

多くのナルシシストは、幼少期に自らの欲求が満たされなかったという記憶を、顕在的に、あるいは潜在的にもっています。その結果、彼／彼女たちは、自らの欲求は今後の人生でも満たされることがないだろうと考え、そのことに恐怖を感じています。この恐怖が、ナルシシストの他者に対する薄っぺらで生気のないアタッチメントの根源となるのです。ナルシシストは、「自分の欲求が満たされることはないだろう」という恐怖を、過剰な自律性（他者に決して頼ろうとしないこと）によって埋め合わせようとします。恐怖と過剰補償とのこのような組み合わせによって、ナルシシストは自分を理解したり、自分自身と親密に関わったりすることができなくなってしまいます。

ナルシシストがこういった複雑な感情を回避しようとするときに自動的に発動するのが、先に挙げたコーピングモードです。彼は、その状況で最も自分が必要とする仮面をとっさに被ります。これらのコーピングモードは不適応的であり、それぞれに特徴的なネガティブな行動につながります。それらの行動をあなたは身近なナルシシストにおいて見聞きするわけです。残念なことに、コーピングモードによるこれらの仮面は、ナルシシストが避けたいと願っている感情（それはすなわち、幼少期に体験した恥、孤独、不信、「愛されない」という感覚）をかえって永続させてしまいます。たとえばあるナルシシストは、ある社会的な場面において、気まずさや居心地の悪さを自ら感じなくさせるために、その場面が退屈だと文句を言ったり、何やら難解なテーマを持ち出してそれについて雄弁に語ったりするかもしれません。ナルシシストのそのような言動は、彼の気まずさや居心地の悪さをあらわにするだけでなく、相手に対し、彼が不愉快で失礼な人物であるという印象を与えてしまうでしょう。

第2章で紹介するスキーマ療法を開発したジェフリー・ヤングは、ナルシシズムの専門家でもあります。彼は、ナルシシストが本当の自分を隠すことによって、喜びや自発性を得られず、信頼感や親密性を失うという、きわめて高い代償を払うことになると述べています（Young & Klosko, 1994）。彼は、ナルシシストの偽りの自己が、表面的にはいかに問題がないように見えたとしても、その根底には「自分には欠陥がある」「自分は愛されない」といった感覚が根強く残っていることを指摘しています。

「隠れナルシシスト」

ナルシシストは多かれ少なかれ、自分がいかに偉大な人物であるか、あるいは控えめな場合は自分がいかに高潔な人物であるか、ということを相手に印象づけるために、自らのありようをカモフラージュします。彼らは、自分が道徳的で正義を重んじることをアピールし、生きるにあたって何が正しくて何が間違っているか、ということを周囲に指摘し続けます。そして自分が他者と異なること、特に自分が「偏見をもつ人」や「わがままな怠け者」といかに違っているか、ということを強調します。「隠れナルシシスト」のような人もいます。そのような人は、相手の抱える問題を、一刻も早く自分が解決しようとして躍起になる場合があります。「相手を救済するため」との名目のうえで、「べき」「ねばならない」「常に」「決して」「全か無か」といった発言をし、自分の言うルールを理解し、それに従えば、世界はもっとよくなるのだと宣言して、相手に自分の哲学を教え込もうとするでしょう（もちろんそれらのルールや哲学は、彼が恣意的にこしらえたものにすぎませんが）。

「隠れナルシシスト」は、自分が真実に対して忠実であることを誇らしげに語ります。彼は、相手に自分を印象づけるために、自分の謙虚さや欠点をことさらにアピールするかもしれません。このような「薄いベール」をまといながら、彼は、自分がいかに自己に厳しく、いかに自分を高めようとしている人間であるかを相手に伝えようとしているのです。そのような人は、たとえば、「僕は、とある人道的基金に一万ドル寄付したことについて、話せと言われれば話すことはできるが、あいにくそんな人間じゃない。僕は自分のやった慈善行為について、あなたに称賛してもらいたいわけではないのだから」などと発言することでしょう。

「隠れナルシシスト」は、表向きは、道徳的で立派な行為を行うことで自分を一時的に隠すことができます。しかし、騙されてはいけません！　遅かれ早かれ、「隠れナルシシスト」も他のすべてのナルシシストと同様に、内なる「愛されないチャイルド」「孤独で寂しいチャイルド」による心の痛みがあるがゆえに、「栄光の存在」として皆から特別に注目されることを渇望するようになります。彼は自らをつらくさせるチャイルドモードに蓋をして、自分が「とてつもなく素晴らしい人間（普通に素晴らしいのではなく、「大天使」ほどにも素晴らしい人間）」として周囲に認識されることに対して、あからさまに貪欲になります。「隠れナルシシスト」も、純粋な愛情を望み、他者とつながることへの欲求を抱くのですが、そのような欲求を感じること自体が耐えられません。またそのように他者とつながることに対して自信をもつこともできません。そこでこうした「隠れナルシシスト」は、自分が自らの感情を完全にコントロールできることを盛大にアピールし、そんな自分に注目してほしい、そんな自分を認めてほしい、と周囲に求めるのです。

「隠れナルシシスト」にとって特に苦しいのは、そうした彼の振る舞いに対して与えられる称賛が期待どおりでなかったり、自分に当たる「注目のスポットライト」がすぐに消えてしまったりすることによる心の痛みから逃れることが難しい、という事実です。時間がたつうちに、自らの献身的行為や他の行為に対する憤りやフラストレーションが彼の中に募ります。他者からの称賛もそう長くは続きません。そうなると、一見ストイックで完璧主義的な彼の「綱渡り」は不安定になり、彼は綱の上でぐらぐらと揺れ始めます。そしていつか彼は足元をとられ、そのとき彼のそばにいる人の上に転落します。たまたまそこにいたその人は、彼の冷たい視線、高慢な態度、不愉快な言動のターゲットになります。「恩知らず」「卑劣だ」などと非難されるかもしれません。彼は、自分に対する周囲からの拍手喝采が五分と続かなかったことに対し、ひどく落胆し、その気持ちを相手にぶちまけているのです。彼の自尊心は傷ついています。彼は相手を敵とみなし、不快な態度や相手をこき下ろすような言動でもって反撃しようとします。それはもはや癇癪《かんしゃく》のようなものです。彼はそのような癇癪による逆襲を通じて、独善的な「正義の王座」に返り咲こうとするのです。

男性ナルシシストと女性ナルシシストの違い

ナルシシストの多くの特性は、男性にも女性にも共通してみられるものです。ナルシシストは男女を問わず、自分自身に酔いしれ、周囲から称賛され続けることを追い求めます。彼／彼女たちは、相手の神経がすり切れるまで、あるいは相手の涙が涸れるまで、自分の意見や不平や非難を言い続けて相手を傷つけます。雄弁に語るナルシシストに誰かが口をはさもうものなら、その人はナルシシストにとっていきなり「見えない存在」になります。ナルシシストは、自分の「高尚な意見」を最大限に盛り上げてくれる相手か、自分を称賛してくれる声だけに耳を傾けます。相手が会話に参加しようとした途端、彼／彼女の耳は「聞こえなく」なってしまいます。ナルシシストが見ているのは、相手ではなく、相手の顔に映し出される「とても素敵な自分の姿」です。ナルシシストはまた、相手に対する共感力をもつことができていません。したがって、彼／彼女たちは、相手に感銘を与えようとしたり相手から称賛を得ようとしたりする自分の言動が、相手を辟易させるものであること（ナルシシストの言動は、相手にとってはまるで「気まぐれに鳴る非常ベル」「突然の妨害」のようなものです）、だからこそ相手はナルシシストの不愉快な罠から逃げ出したくなってしまうことを理解することができません。

ナルシシストは圧倒的に男性が多いです。したがって本章でも本書全体でも、男性においてナルシシズムがどのように発現するかに最も焦点が当てられています。第6章で紹介するナルシシスティックな行動の中でも、最も要求がましいタイプのいくつかは、すべて男性ナルシシストに該当します。しかしながらナルシシストのうち二〇～二五パーセントは女性であり、彼女たちにもさまざまな特徴が見られます。以下、女性のナルシシストに特徴的な「歌姫」「女王様気取り」「偉大な騎士をかいがいしく世話する妻」「プリマドンナ」「魔性の女」「受難のナイチンゲール」といったタイプについて見ていくことにしましょう。

「ナルシシスター」――女王様の最優先事項

女性のナルシシストの中には、自分のもつさまざまな魅力を相手にアピールし、自分の賛同者になってもらおうとする人がいます。ときに彼女は神聖で自己犠牲的な自らの行いを相手に自慢げに吹聴します。しかし一方で彼女は、嫉妬や非難に満ちた鋭いまなざしを同じ相手に差し向けるため、相手は彼女に対して怖じ気づいてしまいます。女性のナルシシストの典型例は「被害者」や「犠牲者」です。彼女は、自分がこれまでにどれほどのことをしなければならなかったのか、そして実際にしてきたかについて熱く語り、さらにそれが周囲からまったく評価されていないことについても熱弁をふるいます。そして最終的には「私はすべての人にとって、なくてはならない存在なの！」とアピールしてくることになるでしょう。この「犠牲者の達人」は、相手に対し感情的なカタルシスを次々と求めます。相手の体調が優れなかったり、相手が次の約束に遅れそうになっていたりしてもおかまいなしです。相手の欲求は、すべてにおいて自分のことが最優先であるナルシシストによってかき消されてしまいます。

女性ナルシシストは被害者意識が強いという特徴があります。もしあなたが彼女の意見に反対したり反応しなかったりすると、彼女はそれを敏感に察知し、ふくれっ面になったり、泣き出したり、あなたを見捨てると脅したり、自分自身を傷つけてやると宣言したりするなどして、あなたの態度に対する償いをあなた自身に求めてくるでしょう。あなたは彼女と一緒にいると、自分がまるで低予算映画で下っ端役を与えられたような感覚を覚えるかもしれません。主演女優である彼女は、ソファーに倒れ込み、胸をかきむしり、激しい痛みを訴えます。恐れをなしたあなたは、ひれ伏して彼女に謝り、今度はもっと彼女にきめ細かく注意を払うことを約束します。またたは、先ほど述べた自分の意見を撤回し、彼女に賛同することにするかもしれません。あるいは、「さっきは疲れていたから（あるいは、気が散っていたから）、ちゃんと考えられなかった」と言い訳をするかもしれません。場合によっては、彼女の優しさを褒めたたえ、セカンドチャンスをくれた彼女に感謝を捧げることになるかもしれません。

この種の女性ナルシシストに出会ったことのない読者には、まるでメロドラマのワンシーンのように感じられるかもしれません。しかし、これはナルシシスティックな婚約者について私のところに相談しにきたボブから直接聞いた実話です。ボブは胸の痛みを訴える婚約者の姿に驚愕し、心臓発作だと思って救急車を呼んだほどでした。それほどまでに彼女の反応は激烈だったのです。

女性ナルシシスト（「ナルシシスター」と呼ぶことにします）は、曲芸師のように相手の心を支配します。相手が彼女の芝居じみた熱狂的態度を制して自らも正気に戻ろうとすると、彼女はふくれっ面になったり、すすり泣きを始めたり、「何よ！」といった反抗的態度をとったりするようになります。「ナルシシスター」は、自分に生じた自己不信、罪悪感、被拒絶感といったネガティブな感情をすぐさま相手に消し去ってもらうために、相手の連絡先を彼女の短縮ダイヤルに入れています。そして自分の呼び出しには即座に応答するよう強制してくるのです。

母なるナルシシスト

ナルシシストの女性が母親である場合、その子どもが被る犠牲は多大なものとなります。あるクライアントが、自分の体験を語ってくれました。ある日、彼女は母親と二人で野外コンサートに出かけました。二人は芝生の上のリクライニングチェアに並んで座っていました。すると母親はこう言ったのです。「デボラ、席を交換してくれないかしら。こっちの席は太陽の光がまぶしいのよ」。彼女がそれに応じないでいると、母親はぷいっとそっぽを向き、不機嫌な態度で沈黙し続けました。些細なことのように思われるかもしれませんが、これこそが「冷淡な女王様」が日常生活において、子どもの欲求より自分自身の欲求を優先する一例といえます。

ナルシシスティックな親に育てられた子どもが、親と同様にナルシシスティックな特性をもつに至る可能性は高くなります。しかし不思議に思う読者がいるかもしれませんが、デボラはそうではありませんでした。先述したように、パーソナリティの形成には、気質、気分、感情傾向、行動傾向、そして環境要因のすべてが複雑に影響します。デボラは引っ込み思案で、不安を感じやすく、動揺しやすい子どもでした。そして母親に怒られるたびに、罪悪感を抱いていました。特に女の子に多いのですが、ナルシシスティックな親に育てられた子どもの中には、「自分が親を幸せにしなければならない」とか、「親が不機嫌なのは自分が悪いからだ」と思い込んでいる場合があります。

デボラは母親から「デボラ、あなたはなんて恥知らずなんでしょう！　わざと私を困らせているのね。この恩知らず！　私がどれだけあなたに尽くしているか、わかっているの？　もうあなたにはがっかりだわ。きっと私は悪い母親なのでしょう」と言われ続けてきました。こういうときの母親は、ふくれっ面をしたりすすり泣いたりしながら、同じことをぶつぶつ言い続けます。デボラの不安や動揺や罪悪感といった反応は、このような言動を母親に示され続けてきた娘としてごく自然なものでした。父親は自己犠牲的な人で、いつでも母親の言いなりでした。母親が何とか心安らかに過ごせるよう、彼は妻の言うことに賛同し続けていました。デボラが、母親への対応の仕方のモデルとして、父親から何らかのヒントを得ていたとしても不思議ではありません。何といっても子どもは非力ですし、安全や安心を、そして愛され受容されることを望んでいるのですから。

その名は「虚栄心」

女性のナルシシストは、男性のナルシシストに比べてさらに、自分の外見に重きを置き、自らの身体的な特徴を誇示します（場合によっては整形手術などで身体的特徴を改変します）。「鏡よ鏡、鏡さん！」。これがこの種の女神たちの呪文です。女性のナルシシストはまた、ファッションセンスの高さや流行の装飾品を持っていることをより強調する傾向にあります。そして自分の子どもが、社会的そして学問的な成功をおさめることが、自分にとって重要な付加価値となります。インターネットなどの技術が進み、「私の関心ごとは他のすべての人にとっての関心ごとでもある」といった風潮が生じている現代社会において、こうしたステータスにまつわる事象について女性たちが沸き立つのは、競争心の強い女性が、ジェンダーを意識しながら社会化していくことのひとつの表れなのかもしれません。

ブロガーのスーザン・ウォルシュは、この種の現象について興味深い考察をしています。「一九七〇年代から八〇年代にかけて、アメリカ人は有名になることにこだわる文化にとりつかれ、摂食障害が急増した。今日のソーシャルメディアは、女性たちに対し、よく撮れた写真をアップし、個性を強調したオンライン用のプロフィールを投稿するようあおることで、ナルシシズムを生み出している。ソーシャルメディアサイト（ＳＭＳ）は、セルフプロモーションを要求することで、われわれの前にさまざまなナルシシストを登場させている。ＳＭ

Sは、実際にはごく普通の、印象の薄い女性たちを特別な存在に見せかけ、私たちはそうした女性たちの実際にはさほど機能的ではない生活をなぜか熱狂的にフォローしてしまうのだ……女性のナルシシストたちは、自分の人生を、常に称賛を浴びつつ自ら監督として指揮をとっている長編映画のように感じている」(Walsh, 2010)。

「プリンセス」と書かれたピンク色のTシャツを着るような年代の女の子たちについて、ちょっと気がかりなことが明らかになっています。大学生や若い世代のナルシシズムに関する研究において、彼女たちが「自分は特別な存在である」との認識や特権意識をもっていることがわかってきたのです。若い女性(と男性)は、近年ますます自己中心的なイデオロギーにとらわれつつあります。それを私は「ナルシシストクラシー」と呼んでいます。ナルシシストクラシーの利己的な価値観のもとで、彼女たちは、人生において大事なことは、外見がよいこと、パフォーマンスが優れていること、成功をおさめること、有力な人から注目されること、高い地位に上りつめることだけだと思い込んでいます。彼女たちは、自分がこれらを成し遂げたとすれば、世界は自分のものになると信じています。彼女たちは、他者の欲求には関心がありません。自分の行動が他者に与える影響についてもおかまいなしです。「自分さえよければよい」がモットーで、自分が望むものを得るための道を突き進むのです。彼女たちは、自分に自信をもてない人が過剰補償的に振る舞うのとは対照的です。重要なのは、彼女たちのナルシシズムに潜む不安定な脆弱性は、甘美で刺激的な特権意識とブレンドされて、かえって増悪してしまうということです。

健全なナルシシズム

ここまで読むとナルシシズムは非常に厄介なことのように思われたかもしれません。では実際にナルシシズムは悪いことだらけなのでしょうか？　実はそうではありません。「健全なナルシシズム」というのがあります。

それは健全なアサーション（訳注：自他尊重のコミュニケーション）と自尊感情の起源となるものです。そもそも「健全なナルシシズム」という表現は矛盾語法のように聞こえるかもしれません。しかし現実的には、われわれ人間において、ナルシシズムはスペクトラム上に現れる現象なのです。したがってナルシシズムのすべてが悪い性質をもつわけではありません。

幼少期における「健全なナルシシズム」

幼少期の発達に詳しい読者であれば、すべての子どもは生来的に衝動的であったり、怒りっぽかったり、要求的であったりすることをご存知でしょう（もちろん同時に、すべての子どもは喜びや遊びに満ち、好奇心旺盛でもあります）。これらの性質は、幅広いスペクトラムをもつ諸感情の構成要素であり、子どもの生まれもった脆弱性や気質と結びついています。ナルシシズムは子どもにとって非常に価値のあるものです。それは、子どもがまだ言葉を発せない時期に、身体的および感情的な不快感を表現するのを助けてくれます。子どもは、保護や承認、心地よさ、遊びなどを求めて、怒ったり、泣いたり、注目してもらおうとしたりします。これらの行動は実に健全で、自身の発達に役立ちます。

感情的、身体的なサポートを与えようとする賢明で愛情深い養育の下では、子どもは安定し自信をもつことができます。こうした養育においては、安全と忍耐力をうながすために、適切な制約が子どもに与えられます。また、他者への感受性と自分自身を大切にすることの間に健康的なバランスを保つ力を育みます。ほとんどの親は、自分の子どもに賢さと愛を授け、その結果として、子どもが自分を大切にできるようになってほしい、健全な感覚として「自分は特別な存在である」と思えるようになってほしいと願っています。これはすなわち、子どもが自分に価値があると感じ、自分は他者から尊重されたり受容されたりする権利をもつことを理解している、ということを意味します。親はまた、自分の子どもに対し、他者の権利に対しても同様にその価値を認め、尊重できるようになってほしいと望んでいます。そして親はこのような目標を掲げつつ、一方で、正解のない子育ての課題に次々と直面しますし、親自身の人生における未解決の課題も続きますし、子ども一人ひとりの独自の気質にも対応しなければなりません。これらはすべての親にとって非常に困難なことですし、場合によっては親の気力がくじかれてしまうこともあるでしょう。

『インサイドアウトの子育て（*Parenting from the Inside Out*）』（Siegel & Hartzell, 2004）という著書において、ダニエル・シーゲルは、子どもを養育するにあたって、親自身が効果的な手本となり、調和のあるコミュニケーションをとれるようになるためには、親自身が自らの幼少期の体験を十分に理解し、自らの人生の物語（ナラティブ）を健全で首尾一貫したものとして受け止められるようになっておくことが重要だと述べています。人生におけるさまざまな構成要素を自らの人生に関連づけることのできる親は、自分の子どもに対し、十分な愛情を注ぎ、上手なしつけができるようになります。

親子関係が愛情にあふれ、安定している場合、たとえば「恥ずかしさ」といったネガティブな感情も、親によるしつけの中で、それなりに適切な役割を果たすことができます。すなわちそのような感情も、他者との互恵性のありようを調整するには時に役に立つのです。愛情のある中で適切なしつけを受けることのできた子どもは、「自分はダメで愛されない存在だ」と感じることなく、家族の価値観や他者に対する個人の責任を学ぶことができます。このような子どもは、心が傷ついたり損なわれたりすることなく、責任感をもつとはどういうことか、ということを自然と習得していきます。子育ての目標のひとつは、子どもが自分を大事にし、自らの創造性を発揮できるようになる一方で、自分以外の他者が存在するこの社会における責任感をもてるようになることです。詩人で哲学者のジョン・オドノヒューは、「家庭とは、無数の異なる可能性のある運命がひとつに定まり、自分自身が何者であるかということを明確化するための最初の場所である。家庭は個人の未来を定める発祥地なのだ」（O'Donohue, 2000, 31）と述べています。

ここまでをまとめると、幼少期における健全なナルシシズムとは、誠実さ（他者との間で何かを約束し、それを守り続ける力）に結実していきます。それは隠すべきものではなく、子どもに対して本物の力を与えてくれます。それは自らの意志や欲求や目的を他者に対して明確に表明する力を与えてくれるのと同時に、他者に対して細やかに配慮する能力をも授けてくれます。健全なナルシシズムは、他者との間に安定したアタッチメントを形成し、その人の中に責任と互恵性の精神を育んでくれるのです。

大人における「健全なナルシシズム」

大人における「健全なナルシシズム」について考えるとき、特定の人物があなたの頭に思い浮かぶかもしれません。それは、コミュニティや社会に変化をもたらし、相応な名声や評価を得ている人かもしれません。あるいは、あなたの人生に対して個人的に深い影響を与えている人かもしれません。健全な大人のナルシシズムを有する人は、安定した健康的な家庭に育ち、その中で愛情深い養育を受け、生きるための知恵を授かったのかもしれません。しかしそうでない人もいるでしょう。健全な大人のナルシシズムを示す人の中には、人生の早期から、まるで嵐に巻き込まれたかのように、困難な環境に置かれ、窮地にあった人もいるでしょう。そのような人は、何らかの心理療法や、何らかのスピリチュアルな導きや、あるいは何らかのセルフヘルプの試みを通じて、健全なナルシシズムを獲得していったのかもしれません。あるいは、教師や友人、メンターや恋人との関係に恵まれ、そうした人との関わりによって癒されることを通じて、健全なナルシシストになっていったのかもしれません。

成功をおさめ、名誉を得ることを過剰に強調する傾向は、攻撃的で挑戦的な「明らかに不適応を起こしているナルシシスト」によく見られますが、多くの成功者は健全なナルシシズムの範囲内に収まる人々です。なぜこの種の人たちにあえて「ナルシシズム」という用語を使う必要があるのでしょうか？　それは、これらの人々は、自己評価に関わる状況において、あるいは敵対的な関係にある相手に対応する際に、普通の「いい人」がとる行動よりも、はるかに大胆で巧みな行動に出る場合があるからです。

オプラ・ウィンフリー（訳注：米国の黒人女性テレビタレント）が、その健全なナルシストに該当するように思われます。メディアには他にも彼女のようなアイコンが存在しますが、彼女は健全なナルシシズムを併せ持つ人として、私たちに好印象を与えます。健全なナルシシズムが備わっているおかげで、彼女は数々の挑発的なインタビューを行い、われわれをハッとさせるようなさまざまな問題を明らかにすることができたのです。インタビュー相手に対する彼女の、鋭く率直で時に皮肉な対応は、見る者に希望や謙虚さや可能性といったさまざまなことを目撃する機会を与え、個人の責任について深く考える力を与えてくれます。

それでは私たちは、大人における健全なナルシシズムの特徴をどのように整理すればよいでしょうか？　健全なナルシシストは、典型的には次の特性の多くをもち、それを頻繁に、かつ強力に表出する人たちであると考えられます。

- **共感的である**：他者の内的な世界と調和をとることができる。
- **他者と関わることができる**：カリスマ性をもち、社会的なリテラシーを有し、他者と友好的に関わることができる。
- **リーダーシップをとることができる**：他者と協同する際、ビジョンや目的を明確化し、方向性を示すことができる。
- **冷静沈着である**：自信に満ち、常に寛容かつ本来の自分であろうとする。
- **評価を希求する**：他者からのポジティブな評価によって活気づき、他者から抜きんでた存在であろうとする。
- **断固としている**：反対意見があろうとも、そのいばらの道を突進していく。

●対決的である：他者の責任を追及するが，人格は否定しない。
●的確に用心する：合理的な不安を伴う誘因と，有害な誘惑とを見分けることができる。

まとめ

本章では，さまざまなタイプのナルシシズムについて紹介しました。なかでも最も典型的で問題の多いのは，「明らかに不適応を起こしているナルシシズム」であるといえるでしょう。本章ではまた，ナルシシズムの起源と，ナルシシストに対応する際に生じるさまざまな困難についても検討しました。そしてナルシシズムの具体的な表れ方や，ジェンダーによる相違点についても考えてみました。読者の皆さんは本章を読む中で，ナルシシストとの関わり方を変化や変容させるためのヒントを多少は得られたかもしれません。後の章で見ていくように，そのような変化や変容はもちろん可能なことではありますが，それには勇気ある新たな行動が求められます。「ナルシシストである彼」と「本当の彼自身」との間には，そして「あなた」と「ナルシシストの彼と一緒にいるときのあなた自身の感情」との間には，さらに「ナルシシストの彼」と「あなた」の間には，「見せかけの，そして沈黙による何らかの共謀」があるのではないでしょうか。そしてそれは，決して驚くべきことではありませんが，そのような「共謀」によって，あなたと彼との間の真の交流が妨げられ，二人の関係は不快でつまらないものになっていることでしょう。

先に進みましょう。第2章ではナルシシズムに焦点を当てたいくつかの心理療法の理論について紹介します。また，私たちがナルシシストと付き合う際に陥りやすい難しい感情から抜け出すために，これらの理論をどのように統合して活用できるか，ということについても検討します。

第2章
パーソナリティ構造を理解する――スキーマと脳科学の視点から

どんなにつらくても、歴史はやり直すことはできません。けれども、勇気をもって向き合えば、それを繰り返すこともありません。

マヤ・アンジェロウ

私の仕事は、私自身の個人的な好奇心と、二〇年以上にわたる専門家としての経験と、人間科学の分野におけるさまざまな優れた考え方に触れてきたことに加えて、三人の卓越した専門家による影響を大きく受けています。その三人とは、認知療法を発展させたアーロン・ベック、スキーマ療法を創始したジェフリー・ヤング、そして対人神経生物学の先駆者であるダニエル・シーゲルです。彼らの研究から得られた知識は、あなたが身近なナルシシストに対応するための道に光を照らしてくれることでしょう。この章では、私たちの人生のテーマに関する諸概念や、人間の生得的な傾向のもつ影響力についてより詳しく見ていくために、これらの専門家によって得られた知識を活用していきます。ここでは特にナルシシストを理解することに焦点を当てますが、その内容は読者の皆さんが自分自身の物語について考える際にも役に立つことでしょう。本章ではまた、心と脳のマトリックスについても紹介していきます。これらの知識を通じて、ナルシシストとの関係を深めたり変化させたりするために何が必要であるか、ということについての理解が深まることでしょう。

認知療法

「認知療法の父」として知られているアーロン・T・ベックは、人間の精神と感情が有する複雑な信念体系について、多くの臨床家とセルフヘルプを求める一般の読者に対し、価値のある指針を提供し続けています。ベックの研究と認知療法の臨床適用は国際的に注目され、認知療法が思考や行動の非機能的なパターンを変容させるためにきわめて効果的であることが繰り返し実証されてきました。認知療法はナルシシズムにも適用可能です。ナルシシストが、世の中に関する自分自身の偏った前提や物語について検証する方法を学び、それらを適切に書き換えることができれば、彼は自らの持続的な行動パターン（そのような行動パターンに基づくコーピング行動は、一緒にいる相手を非常に困らせるものです）から自分を解放できるようになるでしょう。

認知療法は、私たちが生活の中で出会う人々や場所、物事に対して与える意味について、それらを検証してみることの重要性を強調しています。私たちは、時に偏った前提をもつことがあり、その前提がネガティブな感情体験や自滅的な行動パターンを生み出します。認知療法は、そのような偏った前提を、よりよく構造化された概念や戦略を通じて修正するための手段を提供してくれます。ナルシシズムについて言えば、認知療法家は、ナルシシストの心の中に固着している、自分に対する、そして他者や未来に対する彼の誤った考えを対象とし、それらをより適切な思考や信念や予測に置き換えることを目指して、ナルシシストとの協同作業を進めていきます。認知療法では、頭の中の「セルフトーク」に注意を向け、それが偏った内的対話となっている場合、現実的な視点から検証し直します。認知療法の理論体系は、他の形式の心理療法、とりわけベックのモデルにその起源をもつスキーマ療法の構築における重要な基盤となりました。

スキーマ療法

ジェフリー・ヤングはスキーマ療法の創始者です。スキーマ療法は統合的なモデルに基づく心理療法で、その効果がすでに示されている認知的技法と行動的技法に対し、対人関係療法や感情焦点化療法、そしてゲシュタルト療法などの治療法が組み合わされています。ヤングは、スキーマ療法のアプローチに関して、一般向けにわかりやすく書かれた『自分を変えれば人生が変わる』（Young & Klosko, 1994）や、このパワフルな治療法のさらなる発展を踏まえて書かれた『スキーマ療法（*Schema Therapy*）』（Young, Klosco, & Weishaar, 2006）などの書籍を出版しています。最近の研究では、治療困難なクライアントへのスキーマ療法の適用に関して素晴らしい成果が得られました（Giesen-Bloo et al. 2006）。スキーマ療法は、ナルシシズムに関連する問題を扱う場合にも、優れた効果をもたらしうる治療アプローチであるといえるでしょう。

スキーマを理解する

ヤングが提唱するスキーマ療法は、成人における非機能的な人生のテーマに関連する一八の「早期不適応的スキーマ」を提唱しています（訳注：スキーマとは、人が現実や体験をとらえる際のパターン、枠組みのこと）。早期不適応的スキーマは、非機能的な反応を引き起こす「ボタン」や「罠（トラップ）」と呼ばれることもあります。「早期」という言葉が含まれているのは、これらのスキーマが、幼少期から思春期にかけての苦痛な体験のせいで、基本的な欲求が適切に満たされず、健全で安定した発達が損なわれることによって形成されるからです。早期不適応的スキーマは、一連の信念や認知から構成されており、さらに気質のような生物学的要因や、感情や身体感覚なども含まれているものとします。

気質とは、子どもの生まれついての性格傾向のことです。気分傾向、運動能力、注意力や集中力、シャイネス（訳注：対人関係における不安の強さや回避しようとする傾向）、攻撃性、外向性と内向性、繊細さ、適応力、レジリエンス（訳注：自発的治療力、精神的回復力）などさまざまなことに関して、子どもは一人ひとり生得的な特徴を有しています。これらの特徴は遺伝的なものであり、子どもの発達において早期の段階から表出されます。たとえば、幼児の中には、新たな経験や見知らぬ人と出会うと、それを回避しようとして親や養育者にしがみついたり、何か馴染みのあるものに頼ろうとしたりする傾向を示す子どもがいます。

子どものそのような生得的な気質は、環境要因から影響を受けることによって強化されたり変化したりします。たとえば、もともと内気な子どもが、親や養育者から日常的に侮蔑されたり辱められたりし続けた場合、その子の内気で引きこもりがちな傾向は強化され、場合によっては抑うつ症状を示すことがあるかもしれません。一方そのような子どもの中には、不満を言わないまま相手を回避したり相手から距離をとったりするという、いわゆる「受動攻撃型」の行動を通じて、こっそりと相手に仕返しをするようになる子もいるでしょう。いずれにせよこうした状況にある子どもには、ネガティブな自己評価が内在化され、「内気な自分はダメな子どもだ」といった「欠陥スキーマ」が形成されてしまいます。

ところが、同じく内気な子どもであっても、親が子どもの不安や怯えを忍耐強く受け入れ、優しい態度で子どもに接し、子ども自身が心地よく感じられる状況を作り、それを少しずつ広げていくように導くことができれば、その子は新奇場面や社会的状況に対して徐々に自信をもつことができるようになるでしょう。この場合、その子どもの自己受容感は高まり、「欠陥スキーマ」が形成されることはありません。生まれもった気質であっても、人生を通じて変化しうるのです。これは事実です。とはいえ、生涯続く気質と変化する気質の違いに関する予測因子はまだ明確にわかっていません。明らかなのは、子どもの気質と、その子が環境の中で遭遇する困難な出来事との相互作用によって、スキーマが形成されるということです。

スキーマは通常休眠状態にあります。ある人に組み込まれた強固な信念に類似した状況、あるいはそれに反する状況において、スキーマは活性化されます。スキーマは幼少期における現実的状況を部分的に反映しており、それが長期にわたって心の中に保持されます。スキーマはその人にとってある意味では「真実」です。したがってスキーマが「誤っている」ことを証明することは非常に難しく、その内容は「真実」として留まり続けます。スキーマは幼少期の苦痛な記憶と関連していることが多く、その記憶と共に脳内の無意識的な領域に保持されます。人はスキーマを直観的に経験します。つまり人間はスキーマを「感じる」のです（ただしはっきりとは感じ取れない場合もあります）。スキーマは目の前の「今・ここにある現実や出来事」に基づかずに、無意識的に活性化されます。ゆえに、深刻で極端な複数のスキーマが同時に活性化されると、それは自己破壊的な行動パターンへと容易に結びついてしまいます。

スキーマが活性化されると、トラウマ記憶が想起されたときと同様の作用が生じます。スキーマに関する脳の感情的および身体的な回路は皮質下領域にあり、それは実行機能や意思決定などを行う皮質領域とは独立して機能します。脳の皮質領域は、「今・ここの事象」と「あのとき・あの場所での事象」とを区別する働きを担っています。スキーマが活性化されると、脳の実行機能領域の短回路にストレスホルモンが分泌されます。短回路は通常、推論や反応の正確さに関連します。もしある人が「今・ここの事象」ではなく、「あのとき・あの場所での事象」に沿って反応しているとしたら、その人の反応や意思決定は、現在目の前で起きている出来事ではなく、過去に体験した事象や感情の影響を受けることになります。そして困ったことに、それは無意識的な現象であるため、その人自身がこのような現象を自覚的に気づくことができません。

六歳のときに父親が失踪し、それが忘れ得ぬつらい記憶となって「見捨てられスキーマ」が形成された人がいるとしましょう。そのような人は、「相手が自分のもとを去る」という思いにとりわけ敏感です。そのような人は、たとえば夫が出張に出かけると言っただけで、胃がしめつけられるような不安をとっさに感じ、出張中も過剰に連絡をとろうとしたり、夫の居場所をその都度確認するために躍起になってしまったりするかもしれません。そんなことが続けば、夫婦の関係に不信や不満といった感情が入り込み、かえって二人とも苦しむことになりかねません。

私たちは皆、何らかのスキーマを複数有しています。スキーマは、人生早期の傷つき体験や外傷体験によって形成されます。多くの場合、養育者による虐待、ネグレクト、見捨てられ、極度の混乱、過剰な支配といったものがスキーマを形成し、子どもの感情的な傾向を強化します。最終的には、これらが生物学的な素因や気質と組み合わさって、子どものパーソナリティが形成されます。スキーマが「今・ここの事象」によって活性化されると（「スキーマのボタンが押された！」）、私たちは不快な身体感覚と歪んだ思考に支配され、自滅的な行動をとることになります。

18の早期不適応的スキーマ

本章において読者の皆さんは、ナルシシストのスキーマを理解すると同時に、あなた自身のスキーマについても何らかの発見をすることになるでしょう。ここではナルシシストのスキーマは脇に置いておき、あなた自身のスキーマについて理解するために、ジェフリー・ヤングが提唱する18の早期不適応的スキーマについて詳しく見ていくことにします。以下の解説を読み、自分にとって当てはまると感じられるスキーマがあるかどうか確かめてみてください。そのうえで、あなたの身近にいるナルシシストがもっているかもしれないスキーマについても考えてみましょう。スキーマ（正確には「早期不適応的スキーマ」）とは、幼少期や思春期に形成されたもので、極端ではありながら真実味を帯び、普段はほとんど休止状態であるものの、特定の状況において突如強烈に活性化されるものであることを覚えておいてください。（スキーマについての以下の解説は、ジェフリー・ヤング博士のご厚意により、許可をいただき掲載するものです）。

1．見捨てられ／不安定スキーマ

このスキーマを有する人は，本来なら自分を手助けしてくれたり自分と関わってくれたりするはずの人との関係において，不安定さや信頼できない感覚を抱く。彼／彼女たちは，重要他者が，情緒的なサポートや，関わり，支え，保護といったものを継続的に与えてくれることはないだろうと感じている。なぜなら，重要他者は情緒的に不安定で，予測不可能で（例：突然怒りを爆発させる），当てにならず，しかも気まぐれにしか自分の前に現れないからである。あるいは重要他者は明日にでも死んでしまうかもしれないし，自分を捨てて他の誰かのもとに行ってしまうかもしれないからである。

2．不信／虐待スキーマ

このスキーマを有する人は，他者とは，自分を傷つけ，虐待し，恥をかかせ，騙したり嘘をついたりし，操り，利用しようとする存在であると考えている。他者は故意に，不当に，もしくは過度の怠慢によって，自分を傷つけようとする。このスキーマを有する人はまた，自分は他の人と比べて騙されやすく，常に「貧乏くじを引く」羽目になると信じている。

3．情緒的剥奪スキーマ

このスキーマを有する人は，自分への情緒的なサポートが他者からほどよく与えられることはないだろうと考えている。剥奪には次の三つのタイプがある。

A．**養育の剥奪**：他者から，配慮，愛情，あたたかさ，関わりを与えてもらえないこと。

B．**共感の剥奪**：他者から，理解したり傾聴したりしてもらえないこと。また他者が自分に対して自己開示してくれたり感情を分かち合おうとしてくれたりしないこと。

C．**保護の剥奪**：他者から支え，指示，教えを与えてもらえないこと。

4．欠陥／恥スキーマ

このスキーマを有する人は，自分のことを欠陥人間やダメ人間であると感じている。もしくは自分は，望まれない存在で，重要な点で他者より劣っており，そのような面があらわになったら重要他者からの愛情を失うだろうと信じている。彼／彼女たちは，他者からの批判や拒絶，非難に対して過敏で，自分の欠点をひどく恥じている。欠点には私的なものもあれば（例：利己的であること，怒りっぽいこと，許容されないであろう性的な嗜好），公的なものもある（例：容姿が魅力的でないこと，人付き合いが不器用であること）。

5．社会的孤立／疎外スキーマ

このスキーマを有する人は，自分は外の世界から孤立し，他者とは異なり，どのグループやコミュニティにも属することのできない存在であると考えている。

6．依存／無能スキーマ

このスキーマを有する人は，他者からの多大な助けがなくては，自分は毎日の責任をきちんと果たせないと信じている。毎日の責任とはたとえば，自らの健康管理をする，日常的な問題を解決する，きちんと判断する，新しい課題に取り組む，意思決定する，といったことである。このような人は，無力感を表明することが多い。

7．損害や疾病に対する脆弱性スキーマ

このスキーマを有する人は、今にも破局的な出来事が起こり、自分はそれを防ぐことができないという過剰な恐怖を抱いている。恐怖の対象には次の三つのタイプがある。

A．**医学的問題**：心臓発作、エイズのような疾病。

B．**感情的問題**：気がくるってしまう。

C．**外的な問題**：エレベーターの墜落、犯罪の被害に遭う、飛行機事故、地震。

8．巻き込まれ／未発達の自己スキーマ

このスキーマを有する人は、ひとりもしくはそれ以上の重要他者（たいていは親である）に感情的に巻き込まれており、その結果、個性化や社会的自立を果たすことができないでいる。このような人は、他者から常に手助けされなければ、自分は生き延びることができない、もしくは幸せに生きていくことができないと信じている。そして、他者と密着していることに対する息が詰まるような感覚、自分のアイデンティティが不確かであるとの感覚を抱いていることが多い。このような患者はさらに、空虚感や閉塞感、方向性をもてない感覚を抱きやすく、極端な場合は生きること自体に多大な疑問を抱いている。

9．失敗スキーマ

このスキーマを有する人は、「自分はこれまでずっと失敗し続けてきた」「自分は失敗するに違いない」「自分は同年代の人たちに比べて、何をするのにも根本的に劣っている（例：学業、仕事、スポーツなど）」という信念を抱いている。そして自分のことを、愚かで、不器用で、才能がなく、地位が低く、他者より劣っていると感じていることが多い。

10. 権利要求／尊大スキーマ

このスキーマを有する人は，自分は他者より優れており，特権と名誉を与えられていると信じている。そして，常識的な社会的関係には互恵性のルールが不可欠なのだが，自分はそのルールに縛られる必要がないと思い込んでいる。このような人は，現実や合理性や他者への迷惑を無視して，自分が欲するものは何でも手に入れることができ，したいことは何でもできると主張する。そして他者より優位に立つことに過剰な関心を抱いている（例：最も成功し，著名で，富のある人間になること）。その理由は，他者の注意を引きたかったり承認されたかったりするからではなく，他者をコントロールしたいからである。このような人は時に，過剰な競争心を示したり，他者を支配したりしようとする。また，自らの権力を誇示したり，自分の意見を相手に押しつけたり，他者の言動を思うままに操ろうとする。彼／彼女たちは他者の欲求や感情に興味がなく，ましてや共感することもない。ただ自分の欲望を実現させたいだけである。

11. 自制と自律の欠如スキーマ

このスキーマを有する人は，多くの場面において自分を制御することができなかったり，欲求不満に耐えることができなかったりする。そのため，目標を達成したり，自分の感情や衝動を抑制したりすることができない。このスキーマの軽症例では，患者は不快さを回避することに過度に焦点を当てる。すなわち，目標を達成したり，他者と深く関わったり，自分が成長したりできる機会を犠牲にして，苦痛，葛藤，対立，責任性，努力といったことを避けようとし続ける。

12．服従スキーマ

このスキーマを有する人は、他者から何かを強要されたと感じやすく、その結果他者に対して過度に服従する。彼／彼女たちが服従するのは、他者からの怒りや報復や見捨てられることを避けるためである。服従には次の二つのタイプがある。

A．**欲求を犠牲にしての服従**：自分の好み、意思、欲求を犠牲にして他者に服従する。

B．**感情を抑制しての服従**：自分の感情、特に怒りを抑制して他者に服従する。

彼／彼女たちは、自分自身の欲求や考えや感情には大した意味はなく、特に他者にとっては些細なことであると思っている。彼／彼女たちは、自分は他者から逃れられないと感じており、他者に対して過度に従順に振る舞う。しかしそれによって怒りが溜まってくる。このような人たちは、通常、そうした怒りを溜め込み、最終的には不適応症状として怒りを表出する（例：受動－攻撃的行動、突然の制御不能な感情爆発、心身症、感情的引きこもり、いわゆる「行動化」、薬物乱用）。

13．自己犠牲スキーマ

このスキーマを有する人は、日常生活において自分自身の満足は後回しにして他者の欲求を自分が満たすことに過度にとらわれている。それは、他者が苦痛を感じることを防ぐためだったり、自分を利己的であると思うことによる罪悪感を減じるためだったり、自分にとって不可欠であると思われる他者との関わりを何としてでも維持するためだったりする。このような人は、他者が感じる苦痛に対して非常に敏感である。中には、自分自身の欲求が満たされていないと感じ、自分が世話をしている人に対して敵意を抱くようになる人もいる（「共依存」という概念と重なるかもしれない）。

14．評価と承認の希求スキーマ

このスキーマを有する人は、他者から評価されたり承認されたり注目されたりすることに過度にとらわれており、しっかりとした自己感覚を育てることができない。このような人の自尊心は、自らの内的感覚とは関係なく、他者の反応次第で上がったり下がったりする。中には、他者から承認されたり称賛されたり注目されたりすることにとらわれるあまりに、地位、外見、社会的立場、経済力、業績にひどくこだわる人もいる（権力をもったり他者をコントロールすることにとらわれているわけではない）。彼／彼女たちの多くが、人生において重要な判断をしなければならないときに、本心では満足できない選択肢を選んでしまう。また彼／彼女たちは、他者から拒絶されることに対してひどく敏感である。

15．否定／悲観スキーマ

このスキーマを有する人は、全般的に、人生のネガティブな側面（例：苦痛、死、喪失、失望、葛藤、罪、敵意、未解決の問題、過ちを犯す可能性、裏切り、うまくいかない物事など）ばかりに注目し、逆に人生のポジティブで明るい側面は割り引いて考えたり、無視してしまったりする。彼／彼女たちは、物事（例：仕事、金銭面、対人関係など）は結局うまくいかないだろうと強く信じており、今現在うまくいっている面も結局はうまくいかなくなるに違いないという極端な予期を抱いている。このような人は、自分が大失敗をして、経済的に破たんすること、何かを失ってしまうこと、屈辱を与えられること、最悪の状況に陥ることといった羽目になることをひどく恐れている。そして常に悪い結果ばかりを拡大視して考えるため、このような人には、慢性的な心配、警戒心、不満、優柔不断といった特徴が見られることが多い。

16. 感情抑制スキーマ

このスキーマを有する人は、自らの自然な感情や行為を抑制し、他者との自由な会話も控えている。というのも彼／彼女たちは、他者から非難されたり、恥ずかしく感じたり、衝動を制御できなくなったりすることをひどく恐れているからである。このスキーマには以下の四つのタイプがある。

A. 怒りと攻撃性を抑制する。

B. ポジティブな衝動（例：喜び、愛情、性的興奮、遊び）を抑制する。

C. 自分の弱さや、そのときどきの気分や欲求を開示することを抑制する。

D. 感情を無視し、理性ばかりを過度に強調する。

17. 厳密な基準／過度の批判スキーマ

このスキーマを有する人は、内在化された非常に高い基準を満たすために、人はできるだけ努力し、そのように振る舞い行動すべきであると信じている。それは、何より他者からの批判を避けるためである。彼／彼女たちは、常にプレッシャーを感じ、ゆったりと過ごすことができない。そして自分にも他人に対しても過度に批判的である。患者は、楽しんだりリラックスしたりすることができず、このようなスキーマのせいでむしろ健康を損ない、達成感を抱けず、対人関係においても満足できないでいる。このスキーマには以下の三つのタイプがある。

A. **完璧主義**：物事についてその細部に至るまで極度にこだわる。もしくは、自分の決めた基準に沿って自他の言動を厳しく評価する。

B. **広範囲にわたる厳格な基準と「べき」思考**：非現実的なまでに高い道徳観、倫理観、文化的規範、そして宗教的規範を求める。

C. 極端な効率主義：短時間で業績を上げることにひたすら没頭する。

18. 罰スキーマ

このスキーマを有する人は、人は失敗したら厳しく罰せられるべきであるという信念を抱いている。彼／彼女たちは自分なりの期待や基準を設定しており、それに見合わない人に対して（もちろん自分自身に対しても）、怒りを抱き、イライラし、耐えることができず、罰を与えたくなる。このような人は、自分の失敗も他者の過失も許すことができない。「情状酌量」を好まず、人が完璧でないことを受け入れたり、他者の気持ちに共感したりすることができない。

なお、以上の18のスキーマのリストについては、ジェフリー・ヤング博士の書面による承諾のない無許可の複製を禁じます。

ナルシシストとの相互作用を理解するためにスキーマの概念を活用する

スキーマのリストを読んだ読者の中には、身近にいるナルシシストとあなた自身が、共通のスキーマをもっていることに気づいた人がいることでしょう。そのような共通するスキーマは、類似した背景のもとで、あるいはまったく異なる背景のもとで形成されたのかもしれません。同様のスキーマを潜在的にもっているにもかかわらず、あなたとナルシシストのありようが大いに異なるのは、同様のスキーマであっても、そのスキーマに対するコーピングが異なるからです。たとえば、あなたはとても服従的かつ自己犠牲的（ここでいう「自己犠牲」とは、単に他人に奉仕したり寛大であったりするだけでなく、自分自身の欲求や要望を表現することがほとんどできない、ということを意味します）な母親に育てられたとしましょう。そのような母親は、「最も抵抗の弱い生き方」をするタイプの人物で、直面化を避け、他者から注目されることに対して罪悪感を抱きます。彼女が多少とも不満を示すのは、そのような自分のありようにあまりにも疲れたり負担を感じたりする場合や、自分にとって重要なことがらが制限されたりする場合に限られます。そのような母親の娘であるあなたは、さまざまな対人関係における母親のこうした反応を目にすることで、自然と同様のスキーマを取り入れてきたことでしょう。その結果、身近なナルシシストがあなたの内なる「テープの再生ボタン」を押すたびに、自己犠牲と服従に関するあなた自身のスキーマが活性化されてしまいます。これは特に女性に多い反応です。

残念ながら、このようなコーピングスタイル（訳注：自らのスキーマに対するその人なりの対処のパターンのこと）は、あなたが手放したいスキーマ（自己犠牲スキーマ、服従スキーマ）をかえって持続させてしまいます。すなわち、身近なナルシシストとの間で、あなたが自己犠牲スキーマや服従スキーマの言いなりになればなるほど、ナルシシストの悪い習慣は強化され、彼は言いたい放題になっていくことでしょう。そして、それがさらにあなたのスキーマを強化することになり、あなたはスキーマにがんじがらめになってしまいます。しかしながら、これはあなたのせいではありません。これは、毎朝太陽が東の空から昇るのと同じぐらい自然に形成され、今では当たり前のように機能している自動的なプロセスなのです。

次に示すのは、ナルシシストとの相互作用において、あなた自身の中に活性化する典型的なスキーマのリストです。このリストは、あなたがナルシシストと関わる中で、実際に服従したり自己犠牲的な行動をとったりしている際に、そうした対処をしている自分に気づくことを手助けしてくれます。あなたはコーピングとして、自分の気持ちや思いを犠牲にして、スキーマに駆動された思いや行動に従ってしまっています。それがスキーマの修復をかえって妨げているのです。

ナルシシストによって活性化される典型的なスキーマ

●**自己犠牲スキーマ**：もしあなたがこのスキーマの持ち主であれば、あなたは自分の欲求に価値を置かず、あるいは欲求を感じること自体に罪悪感を抱くため、自分から誰かに何かを求めることが非常に難しいことでしょう。ナルシストはあなたのそのような傾向を強化してきます。その結果あなたは、ナルシストに対する罪悪感と憤りの感情との間で引き裂かれることになるでしょう。

●**服従スキーマ**：もしあなたがこのスキーマの持ち主であれば、あなたは相手に対して自分自身の権利を主張し、自らの意見を表明することが非常に難しいでしょう。ナルシストは、あなた自身の権利や意見を無視したうえで、そのことに対してあなたが怒りを感じないよう強要してくることでしょう。

●**見捨てられ／不安定スキーマ**：もしあなたがこのスキーマの持ち主であれば、拒絶されたりひとりにされたりすることに対して強い恐怖を感じるはずです。ナルシストがあなたを苦しめたり、自由を制限したりするような行動をとったとしても、あなたはそれを耐え忍ぶしかありません。

●**欠陥／恥スキーマ**：もしあなたがこのスキーマの持ち主であれば、自分のことを不完全で、周囲から望まれない存在であると感じていることでしょう。あなたはナルシストによって浴びせられる非難の言葉を鵜呑みにします。たとえば「お前と一緒にいてもちっとも楽しくない」と言われると、あなたは言葉どおりにそれを受け止め、「自分が悪いのだ」「自分が何とかしないといけないのだ」と思うことでしょう。

●**感情抑制スキーマ**：もしあなたがこのスキーマの持ち主であれば、あなたは自分自身の感情に距離を置き、欲求を抑え、過剰に自分をコントロールしようとしているはずです。ナルシストが思うに任せて感情を爆発させている隣で、あなたは見えない悲しみに黙って耐え続けるのです。

●**情緒的剝奪スキーマ**：もしあなたがこのスキーマの持ち主であれば、誰かが自分の感情欲求を満たしてくれるなどとは到底信じることができません。自分は誰からも愛されないし、理解されないし、守ってもらえないし、ケアしてもらえないと強く感じているはずです。ナルシストにとって、そういうあなたはうってつけの存在です。「相手に愛されない」というのは、あなたにとって非常に馴染みのある感覚だからです。

●**不信／虐待スキーマ**：もしあなたがこのスキーマの持ち主であれば、ナルシシストが「相手を傷つけるモード」や「相手を虐待するモード」であなたに接してきたときの関係性が、あたかも過去の対人関係を再現したものであるかのように感じられるでしょう。あなたはその関係性をひたすら我慢するだけで、それに抵抗しようという考えには思い至りません。仮に抵抗を試みたとしても、それがうまくいくことはほとんどないでしょう。

●**厳密な基準／過度の批判スキーマ**：もしあなたがこのスキーマの持ち主であれば、あなたは、ナルシシストにとって完璧なパートナーや友人、きょうだい、被雇用者であろうと懸命に努力し続けます。なぜなら、それが自分に対して求められていることだとあなたは信じているからです。あなたは自分自身の喜びや自発性を犠牲にしてでも、ナルシシストの求める厳しい基準に達しようと努めるのです。

それでは次に、ナルシシストに典型的なスキーマのリストを提示します。読者の皆さんはリストを読みながら、ナルシシストがいかに自らのスキーマと闘ったり過剰補償したりしているか、ということについて考えてみましょう。ナルシシストは、自らのスキーマが喚起する感情に屈するのではなく、その感情を感じること自体を避けようとします。

ナルシシストに関連する典型的なスキーマ

●**情緒的剝奪スキーマ**：このスキーマをもつナルシシストは、誰かが自分の欲求を満たしてくれたり、自分のことを愛してくれたりすることはないだろうと信じています。ゆえに彼は、誰も必要としません。彼は自分自身が完璧であること、自分自身が成功すること、そして自分が誰にも邪魔されないことを求めてひたすら努力を続けます。

●**不信／虐待スキーマ**：このスキーマをもつナルシシストは、他人が自分に対してよくしてくれるのは、自分から何かを得ようとしているからに違いないと信じています。彼は他者と親密になることを避けています。そして他者の動機について常に疑いの目を向けています。

●**欠陥／恥スキーマ**：このスキーマをもつナルシシストは、心の中の中核的かつ無意識的な部分において、「自分は愛されない存在だ」と感じ、そのような自分を恥じています。しかし彼はその思いを自らが感じることがないように、自己鎮静的な嗜癖行動（ワーカホリックを含む）に没頭したり、自身の業績を誇示して周囲に称賛を求めたり、特権が与えられた人間として尊大な振る舞いを示したりし続けます。

●**服従スキーマ**：このスキーマをもつナルシシストは、対人関係を「支配するかされるか」という視点からとらえており、かつ他者を支配し続けようとします。

●**厳密な基準スキーマ**：このスキーマをもつナルシシストは、自然体で気楽に過ごすことができません。なぜなら、そのような状態になると、無意識の領域に隠されている「自分はダメな人間である」という感覚が生じそうになるからです。彼は喜びや楽しさを犠牲にして、物事を完璧にこなし、何事に対してもきわめて厳格であろうとします。彼は動き回り、常に何かをしていないといけません。そうでないと落ち着かないのです。

●**権利要求／尊大スキーマ**：ナルシシストを最も特徴づけるのがこのスキーマです。このスキーマをもつナルシシストは、特別扱いを受けることによって、自分が他者とは異なる特別な存在であることを感じます。彼だけは、他者が従うべき種々のルールに従う必要がありません。壮大な夢と強烈なうぬぼれをもっていますが、実はそれらが彼がもっている欠陥や恥の感覚を隠してくれているのです。

●**自制と自律の欠如スキーマ**：このスキーマをもつナルシシストは、我慢ができず、不快を耐えられません。彼は自分の欲しいものを、欲しいときに要求し、その要求を断られたり、我慢させられたりすることに耐えられないのです。

● **評価と承認の希求スキーマ**：このスキーマをもつナルシシストは、高い評価を受けることや高い地位を得ること、そして他者から注目を集めることを常に求めています。通常これらは、彼の孤独感や恥辱感の過剰補償であると考えられています。

ナルシシストのもつスキーマの起源

ナルシシストのもつスキーマは、次に挙げるような筋書きによって形成されます。たとえば、家庭の中で、常に非難され、ダメ出しばかりされて育った子どもを思い浮かべてみましょう。彼はそのような体験を通じて、「自分は愛されたり注目されたりするほどの価値がない人間だ」と感じるようになり、それが「欠陥／恥スキーマ」の形成へと至ります。あるいは、養育者から十分な愛情や理解や保護を与えてもらえなかった子どもをイメージしてみましょう。その結果、その子どもには「情緒的剥奪スキーマ」が形成されることでしょう。両親に支配されたり操作されたりして育った子どもの場合、「不信スキーマ」や「服従スキーマ」が形成されるかもしれません。このような両親は、親の設定した基準を満たすことを子どもに求め、子ども自身の重要な欲求を犠牲にして、親自身の自尊心を満たそうとします。こうした状況を埋め合わせてくれるような重要他者が他にいない場合、あるいは両親による情緒的剥奪や非難によるダメージを修復するような状況が得られない場合、子どもは、「誰も自分の感情欲求を満たしてくれない」「自分は誰からも愛されないダメ人間だ」という感覚を強くもつようになり、心の奥底に孤独感や恥辱感を大きく抱えることになります。こうした思いは子どもの心の中に強固に内在化され、それが歪んだ信念による強固なスキーマとなり、あたかも「歌詞」のように繰り返されることになるのです。

幼少期のこれらの体験において繰り返される苦痛な感覚は、やがて子どもの脳内のフォルダに「情報ファイル」のように格納されていきます。このファイルには、自分自身について、将来について、そして自分を取り巻く世界について、子どもなりの「真実」が含まれています。そしてこのファイル（すなわちスキーマ）は、子どもの感情的な体験の枠組みを規定する「青写真」として機能します。そのような子どもが成人期を迎える頃には、見知らぬ人ばかりがいる部屋に入るといった、比較的シンプルな行為であっても、それがスキーマを活性化することになってしまうでしょう。そうした状況において、彼のファイルは簡単に開いてしまいます。そしてファイルの中身（スキーマ）に基づき、彼は、「自分は皆から非難され、無視され、拒絶されるだろう」と思ってしまうのです。

このような子どもは同時に、幼少期において、苦痛を与える環境から逃れるためのコーピングスキルを身につけます。これらのコーピングスキルは、彼が自身の孤独感や空虚感を紛らわすためには役に立ちますが、健全な対人関係の形成を阻害します。以下の三つの「仮面」が、典型的なナルシシストの、自分を守ろうとするコーピングスキルです。

- 完璧主義者：「厳密な基準スキーマ」の特徴を顕著にもつ仮面
- 仕返しするいじめっ子：「権利要求スキーマ」の特徴を顕著にもつ仮面
- 負けず嫌いの自慢好き：「承認の希求スキーマ」の特徴を顕著にもつ仮面

スキーマ理論におけるコーピング反応について

人間の本質として、私たちの脳は、危険を知らせる脅威に対し、「闘争‐逃走反応」によって応じるように配線されています。ただしこの呼び方は正確ではなく、脅威に対する反応には、実際には以下の三種類が挙げられます。一つ目は「闘争」で、これは闘ったり反撃したりすることです。二つ目は「逃走」で、危険から逃げるか、さもなければ危険を回避しようとします。三つ目は「麻痺」で、脅威に屈したり服従したりすることを言います。通常スキーマが活性化すると、強烈な感情や思考、そして身体反応が生じ、それがその人にとって大きな脅威となります。同時に人生早期の不適応的な体験によって形成された自己破壊的な行動が生じます。スキーマに埋め込まれた記憶と類似する現在の状況が、脳と身体に対して強烈なメッセージを伝えます。脳は脅威を認識し、スキーマと闘うか、スキーマから逃げるか、あるいはスキーマに服従するか、そのどれかの方法で反応しようとします。どの反応であっても、それはスキーマが私たちを支配する力を維持する方向に機能します。それは「内なる怪人」のようなものです。怪人との闘いは泥沼化する一方です。先にも述べたように、スキーマはあなた自身がその背景に気づかないまま、半ば無意識的に活性化します。あなたが気づくのは、目の前の「意味ありげな状況刺激」から自分が何らかの危険や脅威を読み取って、自らが反応してしまっているということだけです。

たとえば、上司があなたのデスクのそばをいつもと違う表情で通り過ぎたとします。あなたは「欠陥スキーマ」「見捨てられスキーマ」「不信スキーマ」のいずれかをもっているとして、あなたと一緒にいる誰かの機嫌がよくない場合、「自分はその人を失うのではないか」とか「その人は自分を見捨てるのではないか」といった疑いを即座にもったり、あるいはそのように飛躍して結論づけてしまったりしがちです。ですからあなたは上司がいつもと違う表情で通り過ぎたときにも、胃に不快を感じ、心臓がドキドキし、頭の中の声は「ほらやっぱり！自分はクビになるに違いない！」とささやいてくることでしょう。たとえあなたが合理的思考と現実検討の能力をしっかりともっており、自分が解雇されるはずもないことは頭ではきちんと理解していたとしても、その合理的思考の背後に密かに横たわっているスキーマのせいで、不安や心配は治まることなく続いてしまいます。

スキーマは感染症のようなものです。表面的で直接的な対症療法は奏効しません。あなたは自分のネガティブな予測（すなわちスキーマ）が間違っていることに最終的には気づくことができます。けれども、スキーマがいったん活性化すると、その流れを止めることはできません。スキーマが活性化されたことによる不安や心配がお馴染みの感覚であることに、あなたは気づいているかもしれませんし、時にその感覚が何かを思い起こさせるかもしれません。しかしあなたは、それらのスキーマの本当の起源を明確に理解することはまずないでしょう。

私たちの脳は、敵の存在をとらえると、防衛のためにミサイルを発射するようあらかじめ備えられています。「敵」とはすなわちスキーマのことです。皮肉なことに、スキーマという侵入者から自分を守ろうとすればするほど、私たちはスキーマの術中にはまってしまいます。もう一度、上司の「いつもと違う表情」についての話に戻りましょう。このときの厄介な感覚を解消するためにあなたがとる手段が、安心を得るためにその場から逃避することだとしたら、あなたはやるべき仕事を避けたり、仕事に対して上の空になってミスをしたり、同僚とのおしゃべりに没頭したりするかもしれません。しかしこれらの行動は、結果的にあなた自身をかえって危険にさらすことになってしまいます。回避と気晴らしのコーピングモードに入ることで、仕事のパフォーマンスを落としてしまったら、最終的にはあなたの評価は下がってしまうことでしょう。もしあなたが「見捨てられスキーマ」の持ち主であれば、上司の「いつもと違う表情」から、「自分が上司から拒絶され見捨てられる」といった極端な結末を予測して、それを避けるための懸命の努力が、かえって「見捨てられスキーマ」を強化してしまうかもしれません（夫が出張に出かけると言っただけで、「見捨てられスキーマ」が容易に活性化されてしまう女性のケースを思い出してください。彼女は夫に見捨てられる恐怖のために、夫と過剰に連絡をとろうとしたり、頻繁に夫の居場所を確認しようとしたりしていました。しかし、そのような行動がかえって二人の関係を損ねることになってしまったのです）。

極端なケースでは、不安や恐怖から自分を守るための手段として回避的なモードを選択し続けた場合、あなたが実際に解雇されてしまう可能性もないとはいえません。これは自己成就予言なのでしょうか？　いいえ、そうではありません。人生の皮肉？　いえ、違います。これは、あなたの心に秘められたあなた自身の動機づけによって導かれた結果です。人間は習慣の生き物であり、気づかぬうちに馴染みのあるものへと誘導されます。たとえその馴染みのあるものが苦痛を伴い、頭では「それを避けたい」と思っていたとしても、それでも誘導されてしまうのです。たとえて言えば、あなたは、それが確かに本物の銃弾であると認識できるまでは、よけずにそれを見続けてしまうようなものです。習慣的な行動を変えることは、自分の直観に反するように感じられるかもしれません。しかしそうすることが必要なのです。

私たちは皆、生存のために備えています。しかし、何が本当に生存を脅かすものであるかについて、常に明確に判断できているわけではありません。読者の皆さんは、ナルシシストに対応するための課題に取り組むにあたって、あたかもいかつい熊の前で永遠の恐怖に震えることを強いられたかのような、あるいは真っ暗な穴倉にたったひとりで居続けることを宣告されたかのような感覚を覚えるかもしれません。そしてその感覚はあなたの洞察力を奪ってしまいかねません。ここで目指すべきなのは、本物の恐怖と、スキーマによって歪められた感覚や反応とを、きっちりと区別できるようになることです。そのためには、あなたが潜在的にしか気づいていないことを、より顕在化していく必要があります。それはすなわち、あなたの内面にあるスキーマという動機づけについて、頭で理解するだけでなく、心を通じてより明確に感じ取れるようになるということです。第5章では、恐怖を感じることと、取り組むべき目の前の課題に対応することを区別し、あなたの反応パターンのもとにあるスキーマに対するフェルトセンス（訳注：さまざまな意味を含み持つ漠然と感じられる身体感覚）を確実にするために、マインドフルネス（訳注：自らの体験にリアルタイムに気づきを向け、あるがままに受けとめ味わい手放すこと）の方略を用いたエクササイズを詳しく紹介しています。

✱ ルイスの物語 ✱

ルイスは五八歳の男性です。ルイスの物語は、ナルシシストが直面する自滅的なジレンマの典型例を示しています。彼のもつスキーマのひとつに「欠陥／恥スキーマ」があります。幼少期の体験から、彼の内面には「自分はダメ人間で、愛されない存在だ」という感覚が深く根づいています（しかしそれが明確に意識されることはありません）。彼はフランシーヌという女性と結婚して三二年になります。成人した二人の息子がおり、どちらも結婚して別の土地で暮らしています。二年ほど前、ルイスはビジネス誌『フォーチュン』でトップ一〇〇社に入るほどの大会社の職を引退し、悠々自適の毎日を送っています。彼はその業界では大きく成功し、皆に知られ、尊敬される存在でした。一方、フランシーヌは教職に就いています。彼女は自分の仕事を非常に気に入っており、当面引退する気持ちはありません。

フランシーヌが私のもとにやって来たのは、私がいつの日かルイスのセラピーをすることを、そしてひいては二人のカップルセラピーをすることを望んだからでした。フランシーヌ自身は、私のセラピーを受けることで、そして彼女自身の自助努力の積み重ねにより、思いやりと理解をルイスに示しつつも、彼に対してきっぱりとした態度をとることができるようになりました。その過程において、彼女の自己理解は深まり、アサーションのスキルが高まりました。その結果彼女は、三〇年以上にもわたる批判的で自己中心的で回避的で不快なルイスの言動を、彼自身に直面化させることができるようになりました。彼女はまた、対人関係における彼女自身の問題（ルイスのみならず他者に対して消極的で、服従しがちである）についても理解できるようになりました。

残念ながら、フランシーヌのこうした努力は、ルイスに対する彼女の誠実さと愛情をもってしても実を結びませんでした。彼女はルイスに対し、私とのセラピーを受けてほしいと頼み、そうでなければ離婚するという最後通牒を突きつけました。ルイスにセラピーの経験は皆無ではありませんでした。彼はこれまでにも何人ものセラピストを「訪問」したことがあったのです。しかしセラピーが長続きしたことは一度もありませんでした。というのも、フランシーヌがルイスに対する自身の不満を抑え込んでしまったり、ルイスがそのときどきのセラピストを持ち前の皮肉と脅しで打ち負かしてしまったりしたからです。しかし今回のフランシーヌの決意は固く、セラピーを受けなければ、あるいはセラピーを受けても彼自身が変わらなければ、自分はルイスのもとを去るという明確な意思を、彼に対してきっぱりと伝えました。フランシーヌは、私が人間関係のいざこざやナルシシズムに強いセラピストであることを知り、これが二人の結婚生活を救うラストチャンスだと考えたのでした。

ルイスは魅力的な男性で、毎回きちんと身なりを整え、足にはいつも異なる高価なローファーを履いていました。知的にも優秀で、学歴は高く、所有する古典文学のコレクションについて自慢げに語りました。彼は、有名人の名前を挙げるのが好きで、それらの有名人と自分が親しい関係であることをひけらかしました。彼は週に四回テニスをし、それ以外の日にはゴルフをしていました。テニスコートとゴルフコースにいるとき以外は、ひとりでできる活動（例：読書、ネットサーフィン、投資している株などの有価証券の管理）に没頭していました。彼の数少ない友人は、フランシーヌを介して知り合った人ばかりでした。テニスやゴルフの仲間たちも、以前のビジネスで知り合っただけの人たちであり、スポーツで競い合ったり投資について話し合ったり、あるいは政治について適当におしゃべりをしたりする程度で、個人的な交流はありませんでした。息子たちがルイスに連絡してくるのはビジネスの相談かお金の無心、どちらかのときだけで、彼はそれを寂しく思っていました。

ルイスは、フランシーヌに退職してもらって、二人でもっと旅行に出かけたいと望んでいました。彼は仕事に対する妻の情熱をまったく理解しようとしませんでした。彼は妻を見下し、侮辱し、彼女の「地味な」仕事を馬鹿にしていました。しかしここに来てルイスは、フランシーヌが真剣に離婚を考えていることに不安と脅威を感じ、動揺することになりました。二人の間に初めて、変化のための力が生じたのです。

変化のための力と動機づけ

変化のための力が生じるきっかけはさまざまです。それはたとえば、潜在的な、あるいは実際に起きた大きな喪失（例：愛する家族が自分のもとを去っていく）、病気、引退、解雇、経済的な問題、法的な問題、孤独や抑うつによる耐えがたい心の痛み（通常これらは持続的な孤立によってもたらされます）といったものです。単なる時間の経過それ自体が変化のきっかけになることもあります。これらのきっかけが、本人や家族の洞察や変化の可能性を高めます。変化のためには動機づけが必要ですが、動機づけを引き出し、高めていくのは容易なことではありません。ナルシシストにとって、長年悩まされた恥の感覚から解放されること、他者と安定したつながりをもち所属感を得ること、自分の存在価値を証明し続けなければならないという重荷を下ろすこと、それらはすべて喜ばしいことに違いありません。しかしながら、彼らにとって、過去にそうした経験がまったくないこと、そして強迫的に自律を追求することで多くの成功をおさめていることによって、こうした動機づけは得にくく、想像すらしにくいようです。私はよく、ナルシシスティックなクライアントに対して、彼らがなぜ、なかなか変化しないのかについて次のように説明します。それはつまり、彼らは変化を求めるほどには苦痛を感じていないだろうということと、彼らが激しく求めている名声や栄光以外に強く得たいと思う何かがないためだろう、ということです。

ルイスの行動に表れるスキーマ

何らかの社会的な場面において、ルイスのスキーマは容易に活性化されます。あるときルイスは以前の仕事仲間であるジャックと共に、ゴルフのコースにいました。ルイスは、恥や「拒否された」という感覚を抱かないようにするために、自分のゴルフの腕前を絶えず自慢したり、クラブでの自分の評判について見栄を張ったりする

「承認の希求モード」に入ります。ジャックも最初はルイスの堂々とした話しぶりや話の内容に興味を覚えたり、感心したりしていたのですが、次第にルイスに対してうんざりし、イライラし、ストレスを感じ始めます。そしてとうとう「彼はいったい何様のつもりだ！　なんて自己中心的なんだ！　もう彼とは一緒にいたくない！」と思うに至ります。「欠陥／恥スキーマ」をもつがゆえに、拒絶されることや承認されないことに敏感なルイスですが、まさに彼のもつスキーマのせいで、かえって回避したいこれらの感情を自ら感じる方向に向かっていってしまいます。スキーマが活性化することと、それを隠すために高慢な行動を自動的にとってしまうこと、その二つによって、結果的にルイスのスキーマやそれに伴う感情は継続してしまうのです。

読者の中には、「ルイスは単なるマゾヒストなのではないか」と考える人がいるかもしれません。あるいは、「人間は誰しも、自分を取り巻く世界に対する信念や、世界における自分の地位にとらわれている、悲しいほどまでに哀れな存在なのだ」と思う人がいるかもしれません。しかしどちらの考えも誤っています。いずれにせよ私たちは、変化のための可能性と力をしっかりと理解するために、精密かつ複雑に組み立てられた脳の構造に関して、また脳が素因（気質のような遺伝的にあらかじめ規定されているもの）と養育（親子関係における安定性やその欠如）の双方とどのように関連しているかということについて、もう少し詳細に検討していく必要があります。

安全の基盤——生物学とアタッチメント

児童精神科医および家族力動の専門家であるダニエル・シーゲル博士は、対人神経生物学を発展させたこの道の主導者でもあります。彼は、幼少期のアタッチメントの体験は、その人の感情、行動、自伝的記憶、そして個人の物語に直接的に影響を与えると述べています。彼は、『心の発達』（Siegel, 2001）や『インサイドアウトの子育て』（Siegel & Hartzell, 2004）、『マインドフル・ブレイン』（Siegel, 2007）といった、これらのテーマを扱った名著を出しています。シーゲルはナルシシストだけに焦点を当ててこれらのテーマについて論じているわけではありませんが、彼の理論は、ナルシスティックなパーソナリティを理解するにあたって大いに役に立つでしょう。

アタッチメントと脳

シーゲルは、人間の心、対人関係、そして脳について十分に理解したうえで、アタッチメント理論、神経生物学、親子関係、マインドフルな気づき、といったテーマに関して緻密な理論を打ち立てました。対人神経生物学における彼の発見は、人間の非機能的で偏った反応について理解を深め、個人のもつ成長と変化の可能性に関するエビデンスを求める研究者たちに対して、革新的な指標を提供するに至りました。シーゲルの研究によって、誰もがもつ脳という複雑で入り組んだシステムについて、明確で有力な手がかりを得ることができたのです。彼の理論はジェフリー・ヤングの理論と同様に、子どもの生まれもった性質との相互作用によって生じる親子関係の安全性のレベルについて、それを評価するための有効な指標を提案するものです。

シーゲルはまた、脳のもつ無数の機能と深遠な構造によって、私たちの心がいかに瞬間的に記憶に支配されてしまうのか、ということについても説明しています。たとえば、仕事に向かう途中で通り過ぎたパン屋さんから、昔おばあちゃんが作ってくれたアップルパイの匂いがしてきたら、その瞬間にあなたは、そのアップルパイにまつわる思い出や、おばあちゃんとの愛情に満ちた懐かしい記憶を思い出すことになるでしょう。脳はまた、埋もれていた記憶（例：「拒絶された」という体験の記憶）に結びつく悲しみを瞬時に呼び起こす力をもっています。たとえばあなたは土曜日の夜、夫と共にレストランにいるときに、夫がメニューをじっくりと見たり電子手帳に夢中になったりしていると、あなたは突然心の痛みを感じるかもしれません。実はそれは、幼少期にお父さんが忙しさのあまり、「かまってほしい」「抱きしめてほしい」というあなたの欲求に気づいてくれなかったときに感じた悲しみがよみがえっているのかもしれないのです。

あるいはこういう経験をしたことがありませんか。ひとりで運転中にラジオからある曲が流れた瞬間に、過去の初恋や失恋の体験が突然思い出され、今とは異なる時空間に心が飛んでしまう、という経験です。そのようなときには、身体にもさまざまな感覚が満ちあふれ、意識が覚醒します。自分に何が起きているのか、あなた自身、すぐにはわからないかもしれません。記憶の貯蔵庫から心の中に思い出を引っ張り出すためには、時間が少々必要だからです。しかし脳は心よりもはるかに迅速に、その音が、味が、匂いが、見えているものが、そして感じているものが、あなたがこれまでに経験してきたことの何と似ているのか、その関連性を見つけ出してしまいます。脳はこのように、連想と意味づけの偉大な司令塔なのですが、それは常に正しく相手や場所や物を識別しているわけではありません。それはトランプで同じ数字のカードのペアを見つける神経衰弱のようなものかもしれません。脳は、あなた自身の過去の経験の貯蔵庫（すなわち記憶ファイル）を瞬時に検索するようあらかじめプログラミングされています。脳は、あなたの個人的な経験を貯蔵する図書館のようなものなのです。

記憶にアクセスするということは、自分自身の想像力、直感、学習、論理的思考、これらすべての源にアクセスするということです。私たちの内的な環境は、安定しながらも常に変化しています。記憶があるおかげで、私たちは環境に適応し、新たなことを学習し、自分の経験に意味づけすることができます。私たちの脳は、親和性と安定性を求めており、何かに遭遇するたびに「これは何を意味するのか？」という問いを発します。しかし記憶におけるこれらの探索や意味づけは、意識下で行われることがほとんどです。だからこそ私たちは、慣れた道を慣れた車で運転する際、ラジオから流れる音楽に耳を傾けたりコーヒーをすすったりすることが同時にできるし、前後左右に多大な注意を向けなくともスムースに道路を走行することができるのです。記憶があるからこそ私たちは容易に運転ができます。運転する際、運転に関する記憶は私たちの参照ファイルから自動的に呼び起こされているのです。

しかし運転中に、迂回を指示する看板に遭遇したらどうするでしょうか。おそらく私たちは手にしているコーヒーカップを置いたり、ラジオの音量を下げたりして、看板に多くの注意を向けることでしょう。これは、親和性と安定性（予測可能性）を求める脳の機能の一例です。迂回の看板に気づいたあなたは、今この瞬間に注意を集中し、迂回方向に矢印を向けたオレンジ色のサインに目をやり、次にその場にいる自分に注意が戻ることでしょう。自分がどうすればよいのかが理解できた時点で、呼吸が楽になるでしょう。私たちは皆、脳のもつ力によって（脳は苦痛を回避するようプログラミングされています）、不快な状況から抜け出す方法を探し、快適な状況を追求しようとしているのです。

では、これとナルシシズムはどのように関連するのでしょうか？　私たちの生まれついての動因や傾向、固有の性質などに加えて、私たちが自らの人生において経験した数々のことがらは、脳のさまざまに分類された記憶フォルダにファイリングされています。そのひとつが「毎日、職場にどう行けばよいか」というファイルでしょうし、別のファイルには、「常に称賛を求め、私をちっぽけでつまらない存在だと感じさせ、自分がいつでも正しいと思い込んでいる『嫌な奴』と一緒にいるときに、私は何を感じ、どのような態度をとっているか」というタイトルがついているかもしれません。ですから、あなたが月曜日に職場で「ミスター・ナルシシスト」に会ったとき、あなたはそのファイルの内容に従って、自らの反応を予測し、その予測どおりに反応することでしょう。しかし一方で、あなたは別の反応の仕方を自分の脳が探してくれることを望んでいるのかもしれません。

あるクライアントが、AAミーティング（訳注：アルコール依存症の自助グループ）では次のような言い習わしがあることを教えてくれました。「『正気でない』とはどういうことか。それは今とは異なる結果を望みながらも、毎日毎日同じことを繰り返している人のことである」。ではナルシシストと共にいて、同じことを繰り返しているあなたは「正気でない」のでしょうか？　いいえ、そんなことはありません。あなたは正気を失っているわけではありません。確かにあなたは、これまでに現状を何とかしようとあきらめずに努力を続けてきたにもかかわらず、それが異なる結果に結びついていないという現状があるかもしれません。あなたがこれまでのやり方にあまりにも馴染んでいる場合、「今・ここ」の瞬間にしっかりと気づきを向け、これまでとは異なる新たな方法に挑戦することは、決してやりやすいことではありませんし、時に不自然な感じがするかもしれません。特にあなたが、「自分は人を喜ばせるために存在している人間だ」「自分は人との関係において決して波風を立てない人間だ」と信じている場合、ナルシシストに対してこれまでとは異なる別の接し方を試してみるということは、想像を絶することかもしれません。誰にとっても、自分自身の過去の体験の歴史は非常に強力で、それがその人の反応を支配しようとします。

しかし、その体験が「今・ここ」の事象と必ずしも関連していないことは多くあります。あなたは過去に、「お前の発言は無意味だ」「お前は何も発言してはならない」「無難であることが一番だ」と誰かに思い込まされたり、脅されたりした経験があるかもしれませんが、それが現在もなお真実であるということはほとんどないのです。もっと言えば、過去においてもそれらのメッセージは真実ではありませんでした。しかしまだほんの幼い子どもだったあなたは、自らの信念を形成する力と信念を選択する力に限りがありました。そのときのあなたはきっとベストを尽くしたのでしょう。しかし大人である今のあなたは、これまでとは異なる新たな信念を形成し、選択することが可能なのです。

習慣の生き物

私たちは、顕在記憶（明確に想起しうる記憶）と潜在記憶（無意識的な記憶）の両方によって導かれます。この考え方は、ジェフリー・ヤングのスキーマ療法の理論の妥当性を支えてくれるものです。この考え方に基づき、私たちは、人生における重要なテーマが脳のどこに存在しているのか（顕在記憶なのか潜在記憶なのか）について探究することになりました。そして探究の結果わかったのは、私たちのスキーマは、言い換えると人生における重要な個人的テーマは、しばしば潜在記憶の貯蔵庫に含まれており、私たちの意識下にあるということでした。スキーマや人生のテーマが活性化すると、それに伴って私たちの身体や感情、そして認知に何らかの変化が生じます。私たちはそれらの身体的、感情的、認知的変化に気づくことはできますが、変化のおおもとにある記憶について明確に認識することはありません。そもそもそのような記憶が存在することすら、私たちははっきりとは気づいていません。しかしいったんそのような記憶に基づいたスキーマやテーマが活性化されると、私たちは自分自身を無力な子どものように感じてしまいます。そしてそのような脅威から自分を救うためのメカニズムが発動し、そこから離れようとするのです。

スキーマが活性化されると、過去の体験がそのときの感覚と共に再現され、それが「今・ここ」にいる私たちを侵食してきます。「昔、昔、あるところに……」という具合に、そのときに引き戻されてしまうのです。私たちは危険や恐怖を予知すると、馴染みのあるやり方で不安の種を払いのけ、心を落ち着かせ、外見を取り繕おうとします。私たちの脳にはぎっしりと詰まった衣装戸棚があり、私たちは状況に合った衣装を身にまとうことで、そのときどきの不安や不快をカモフラージュします。たとえば、恐怖や不安が活性化されると、ある人は「復讐に燃える戦士」となり、ある人は「独善的な慈善家」になります。「危険なほどの完璧主義者」になる人もいれば「知性化の塊」になる人もいるでしょう。もちろん私たちの中には、「健康で成熟した大人」もいて、そのような状況において、「今・ここ」をしっかりと見つめた合理的な対応ができる場合もあります。

✱幼いルイス――ナルシシストの芽生え✱

先述したルイスは、批判的かつ要求がましい父親と、家の外のことばかりに夢中になっている母親のもとで育ちました。ルイスは四人きょうだいの第一子で、父親が出張や仕事で不在のときは、彼がいつも母親の話し相手になっていました。ルイスは頭がよく運動もよくできたため、常に好成績をおさめ、多くの注目と称賛を得ていました。きょうだいで一番上だったことと、母親がしつけについてまったく気にしていなかったために、ルイスはさまざまなことについて「制約」をほとんど受けることなく育ちました。彼は、「自分は特別な存在だ」「問題が生じたら、それはすべて他人の責任だ」と思うようになりました。

父親はルイスに対し、「すべてにおいて完璧であれ。そうでなければ父親の私に恥をかかせることになる」というメッセージを吹き込みました。また、「恐怖や悲しみを表に出すのは、弱い人間だからである」という考えも繰り返し彼に教え込みました。そのため、弟や妹たちが外出し、アイスを買ってもらうなどして楽しい時間を過ごしている間、ルイスはたったひとりで、家で勉強したり、本当は嫌いだったクラリネットの練習をしたりして、耐えながら毎日を過ごしました。ルイスは「お前は今に偉大な人間になる」と言われ続けました。それは「お前は特別な人間だ」と言われるのと同じことです。一方で彼は孤独でした。ひとりで過ごすときも、誰かと一緒にいるときも、彼は孤独を感じ、孤独であることが普通のことになっていきました。彼は社会的スキルをろくに学ばずに成長しました。彼の最初のロールモデル（両親）が成果と自己コントロールに盲目的にとらわれていたのですから、それも無理はありません。ルイスは家庭の中で、他者への共感や、他者と感情的につながることについて、なんら教わることができなかったのです。

思春期に入り、彼は異性とうまく接することができませんでした。彼は自分の内なる恥の感覚（この時期にはもう、この感覚は彼にとってお馴染みのものでした）を、「女の子なんてどうでもいい。この『オレ様』に見合う女の子なんかいるわけがないのだから」という態度で覆いかくし、学問的な競争とひとりでできる活動に没頭するようになりました。そして自分の輝かしい未来と将来得られるはずの名声について、壮大なファンタジーにふけるのでした。その頃までにはルイスの中に、「情緒的剝奪スキーマ」「欠陥／恥スキーマ」「不信スキーマ」「権利要求／尊大スキーマ」「承認の希求スキーマ」といった早期不適応的スキーマが形成されてしまいました。

点をつなぐ

ルイスは、同様の問題を抱える他の人と同じように、過去の満たされなかった欲求から目を逸らし、絶え間ない孤独感から自分を守るために、彼なりの自己充足の方法を生み出しました。しかしながら、脳は絶え間なくモーニングコールを鳴らすホテルのコンシェルジュのような存在です。ルイス自身は、満たされなかった自らの心をケアすることをあきらめ、眠りの世界に逃げ込んでいたいと望んでいるにもかかわらず、コンシェルジュはコールをあきらめません。人間は「他者と愛情でつながりたい」という押さえがたい欲求をもっており、脳は、たとえスキーマがその障害物になったとしても、その欲求を追求することを止めたりはしないのです。

これが真実であることは、親子のアタッチメントを探究する研究者たちが提出した数々のデータによって支持されています。人生において自分自身が変化していくことよりも、うわべだけ取り繕って何も問題がないように振る舞うルイスのような人物においても、脳の中にはモーニングコールを鳴らし続けるコンシェルジュがいるのです。彼が、素晴らしい蔵書を本棚に並べるのも、自分の素晴らしい業績について自慢するのも、ひとりのときには孤独な自己鎮静（訳注：ネット、アルコールなど、何かの代償行為を行うことで苦痛を鎮めること）に没頭するのも、すべては彼の中で人質になっている「小さな弱虫のような恥ずべき存在である自分」を感じないようにするためです。

「大したことのない人間」や「他愛のない会話」に対するルイスの苛立ちは、彼が愛し愛されたいと望む他者の存在と、彼の不作法な振る舞いがそのような他者に対して与える影響について、彼自身が気づくことができるかもしれない可能性を秘めています。ルイスは、「特別であること」に特別な価値を置く世界に行ってしまいました。その世界では、普通のこと、普通の人や場所、普通の出来事といった「普通であること」は無力感を伴い、欠乏や欠陥を意味し、価値がありません。かつて彼の両親の欲求であった、つまり外から求められた「特別であること」「他者を優越すること」といった価値は、今や彼の中に完全に内在化され、自らその価値を自分自身に対して求めることになってしまったのでした。

まとめ

人生早期の経験は、生物学的な気質と組み合わさり、私たちの世界観や信念や反応に非常に大きな影響を及ぼします。人間が馴染みのあるものに対して引き寄せられる習慣をもつ生き物であることを考えると、私たちが自らのもつ早期不適応的スキーマからどれほど離れようとしても、ブーメランのようにもとの場所に戻ってしまうということを容易に理解できるでしょう。脳の緻密な機能を理解すれば、変化することの難しさと、それでもなお変化することが可能であるとわかります。それと同時に、記憶という現象のありようとその特徴について理解することによって、変化にとって妨げとなる恥や自責といった感情を解消することが可能になるでしょう。

あなたの身近にいるナルシシストが、専門的な援助を求めることにやぶさかでない場合は、彼に対して共感的に直面化をうながしてくれるようなセラピストを探してください。そのようなセラピストであれば、治療的な制約の中で、ナルシシストの傷ついた心に対して再養育的に関わってくれることでしょう。もし自分自身のために専門的なセラピーを必要とするのであれば、あなた自身のスキーマと健康的な自己表現に関してあなたが抱えている問題について、一緒に探究してくれるセラピストを選びましょう。そのようなセラピストであれば、気が進まないことであれ、あなたがそれに向き合うことを手助けし、気の重いワークを中断しないように気を配り、ナルシシストに対して健全で賢明な対応ができるように援助してくれることでしょう。

私の経験では、あなたがセラピーを受けることで、あなた自身の恥の感覚や絶望感が緩和されるだけでなく、ナルシシストにも同様の効果が現れることがあります。あなたが「本当の自分」とつながり、知恵と共感に基づいて自分をしっかりと守れるようになると、身近なナルシシストとも今よりもしっかりとつながれるようになります。そうなると今度はナルシシスト自身が、あなたに対して心を開き、健全に対応できるようになっていくのです。本書で紹介するアプローチは、あなたとナルシシスト双方にとって、寂しい気持ちや何かを大事にする気持ち（今の二人はこれらの気持ちを感じられなくなってしまっています）を取り戻し、傷ついた心を癒してくれるものになるでしょう。

第3章
「とらわれ」を理解する――あなた自身のもつ「落とし穴」を見つける

君は反射によってしか自分を見ることができないのだから、わたしが鏡になって君の姿を映し出そう、君の知らない君の姿を。

ウィリアム・シェイクスピア

本書においてあなたはこれまで、ナルシシズムの起源とその表れ方、ナルシシズムに関連するスキーマについて理解を深めてきました。今度は、彼（ナルシシスト）の言動を受け止める側であるあなた自身について見ていくことにしましょう。あなたがナルシシストの魅力に惹きつけられているとき、自分の心や身体にいったい何が起きているのか、あなたははっきりとは自覚できていないでしょう。あるいは、身近にいるこの厄介な人（ナルシシスト）に対するあなた自身の対応があまり上手でないことに、不全感を抱いているかもしれません。ナルシシストと関わることに困難を感じているのは、実はあなたひとりではありません。私はこのような仕事を始めてから、あなたと同じような状況にいる多くのクライアントから、次のような質問を繰り返し受けてきました。

- 私はいったいどうしたのでしょう？　私は単なるマゾヒストなのでしょうか？
- 私はどうしていつまでもこんなに愚かなままなのでしょうか？

●なぜ私は、こんなに厄介な人ばかりに惹きつけられてしまうのでしょうか？
●私は罰を受けているのでしょうか？
●この厄介な人たちは、いつもどうやって私を「発見」するのでしょうか？
●私のおでこには、「私は踏みつけてもよい玄関マットです」とでも書かれているのでしょうか？
●なぜ私は彼に対して、もっとはっきりと発言したり「……してください」と言ったりできないのでしょうか？

どのような対人関係であれ、最初のうちは、そこに有害な相互作用が存在するかどうかを見極めるのは難しいものです。もしあなたが、そのナルシシストとたまにしか顔を合わせない場合は、特にそうでしょう。また身近なナルシシストが、あなたの上司や指導者、あるいは恋人や夫だったりする場合、彼が感じの悪い言動をとったとき、あなたは、「あら困ったわ！　私が何とかしなきゃ！」と自動的に応じてしまっているかもしれません。あなたは実際には、愚かな人間でもなく、罰を受けているわけでもありません。ましてやあなたの額に「私は玄関マットです」といった自虐的なラベルが貼られているわけでもありません。ナルシシストのもつ魅力と機転によって、あなたは催眠術にかけられたかのように、彼の身勝手な振る舞いを許してしまうように仕向けられているのです。

ナルシシストはある種の魅力をもっており、あなたはそれに惹きつけられています。ナルシシストに対して意見をするのは非常に勇気がいることです。彼に対して自分の意見を言おうものなら、その何倍ものしっぺ返しを受けることになるでしょう。もしあなたがナルシシストの彼と、それなりの期間にわたって関わってこられたとしたら、それには二つの可能性があります。それは、あなたが対人関係においてよほどのスキルをもっているか、さもなければ彼に対し口を閉ざしてまったく自己主張をしないか、の二つです。

心地よい状態――習慣を続けるか、それとも習慣を変えるか

履き古した靴は、靴底がすり減っているし、見た目もくたびれています。しかし長く履いた靴であるがゆえに、かかとや甲周りやつま先の動きは、その人に応じてカスタマイズされ、足によくフィットするため、私たちはそれを心地よく感じ、同じ靴を履き続けます。慣れた靴だからこそ、その靴を履いて長い距離を歩くことに自分は耐えられるとも感じます。これは、対人関係においても同様です。人との関わりにおいて困難な状況に直面すると、私たちは自分の知っていること、すなわち「プログラミングされた脳の自動反応システム」に基づいて反応します。私たちが対人関係においてうつや不安といったストレスを感じるのは、履いている靴の「かかとが緩くなった」場合や、その靴を履いていることによる痛みがあまりにも強くなったときだけです。その靴を履いている中でいったんこのような困った状況になれば、あなたはそれまでは心地よかったその靴を脱いで、修理をすることになるでしょう。あるいはその靴をあきらめて、初めこそ履き心地がよくないにしても、新たな靴を試すことになるでしょう。

あなたは幼い頃に世界をどのように体験したでしょうか（例：ベビーベッドで寝ていたら知らない人が自分の顔をのぞき込んできた、安心を求めて母親の膝をよじ登った、公園でみんなの仲間に入れてもらおうとした）。それらの体験があなたに多くの思考や感覚をもたらし、それらは将来の参考のために記憶の図書館に蓄えられています。たとえばそれは、あなたが泣いたり笑ったりしたとき、あるいは恐怖や怒りを表出したときに何が起き、何をしたのか、といったことについての記憶です。繰り返し体験したことは、より強固な記憶として図書館に貯蔵されます。この記憶の図書館に頼って、私たちは次に起こることやその結果を予測します。幼く無力な子どもの頃から、私たちはさまざまなストレスを体験し（私たちは幼い頃から実に多くの落胆や妥協を体験し続けるのです）、そこ

からさまざまな情報を得ます。その過程の中で、私たちは自分が生き延びるための羅針盤を手に入れるのです。

私たち人間は、自分が世の中や人々に対して、そして自分自身に対して何が期待できるか、といったことを、自分の脳を使って迅速に学びます。脳の構造は非常に精巧かつ包括的であり、思考、感情、行動、身体感覚のそれぞれに関わる領域を有しています。脳は、私たちが生き延びるために必要な部屋を無数にもっているのです。そして私たちの個別の体験は、まるで「心のコンシェルジュ」のように、私たちを部屋から部屋へと案内したり連れまわしたりするのです。

なぜあなたはナルシシストに引き金を引かれるのか

それではここで少し時間を作って、第2章で紹介した一八の早期不適応的スキーマについて振り返り、あなた自身のもつスキーマをもう一度確認してみましょう。おそらくいくつか複数のスキーマをあなたはもっていることでしょう。一般的に、スキーマはクラスター（群）となって出現します。ナルシシストに関わる人に最も多く見られるスキーマのクラスターは、「不信スキーマ・服従スキーマ」群、「欠陥スキーマ・厳密な基準スキーマ」群、「見捨てられスキーマ・情緒的剝奪スキーマ・自己犠牲スキーマ」群の三つです。これら三つのクラスターをさらに詳しく見てみましょう。

「不信スキーマ・服従スキーマ」群

幼少期に、他者に利用されたり虐待されたりした自伝的記憶をもつ人は、「不信スキーマ」や「服従スキーマ」をもっている可能性があります。あなたは、自分を操作したり虐待したりするような相手に対して、自分自身の感情を押し殺して言いなりになってしまいがちです。子どもの頃に守ってくれる人が誰ひとりとしていなかった場合、あなたはそうすることで生き延びてきたのです。その意味でその反応はあなたにとって合理的でした。あなたは今やもう立派な大人ですが、身近にいるナルシシストがあなたに支配的で要求的な態度を示したり、批判や非難を浴びせたりすると、過去の古い記憶と習慣的な反応が無意識のうちに呼び起こされます。

あなたの防衛メカニズムは、ナルシシストからの支配と虐待に対して、自らの心を閉ざし、相手の言いなりになることによって対応しようとします。しかしこのような対応を続けることには無理があります。あなたの心にはそうとは気づかなくても大きな問題が生じているはずです。あなたの心や行動は、本当は即座の調整（チューンナップ）や整備（オーバーホール）が必要です。あなたの習慣的な信念や反応は過去の遺物にすぎないのに、今でもそれらにとらわれ、その結果、権利を剝奪され、自分の声を失ってしまっているのです。

「欠陥スキーマ・厳密な基準スキーマ」群

あなたがもし幼少期に「自分は愛されない」「自分はダメだ」「自分には欠陥がある」と感じさせられていたら、「欠陥スキーマ」と「厳密な基準スキーマ」の両方をもっている可能性があります。それを受けて、あなたは他者からの批判を避け、皆に愛されるために、「いい子になろう」「受け入れてもらおう」「言われたとおりにしよう」と必死に努力をしてきたかもしれません。

身近にいるナルシシストがあなたに対して批判的で冷淡な態度をとると、あなたは自分が完璧な配偶者や友人や同僚やきょうだいであろうとして、やはり必死に頑張るのでしょう。しかしあなたのしていることは、残念ながら、時代遅れの音楽を演奏している「記憶」というオーケストラの太鼓に合わせて踊っているようなものなのです。

「見捨てられスキーマ・情緒的剥奪スキーマ・自己犠牲スキーマ」群

幼少期に、頼れる人がひとりもいなかった、大好きだった人がいなくなってしまった、両親や養育者が理解してくれなかった、両親や養育者が必要な愛情やサポートを与えてくれなかった、といった体験をした場合、「見捨てられスキーマ」「情緒的剥奪スキーマ」「自己犠牲スキーマ」といったスキーマを併せ持つことになるかもしれません。具体的には、アルコール依存症の情緒不安定な親、養育者の不在、両親の離婚、子どもをまともに育てられないほど抑うつ的だった親、といった環境において育てられると、これらのスキーマが形成されやすいと言われています。

生まれもった気質とこのような養育環境との掛け合わせによって、あなたはこれまで他人の面倒をみることばかりに力を注ぎ、自分自身の欲求は脇に置いてきたかもしれません。自分を「親にとってお荷物な存在」と感じており、親の感情の起伏や自分に求められる期待に敏感だった場合、あなたはおそらく見返りをほとんど求めずに、どんなにつらくても表面上は朗らかに見せながら、必死に親を喜ばせようとしていたことでしょう。親どころか周りの人、皆に対してそうしていたかもしれません。あなたは両親や他人に対して罪の意識をもっています。だからこそ、両親や養育者に見捨てられたり愛されなかったことに対して、憤りを感じていたとしても、それを自ら感じたり表明したりすることをしないのです。

あなたがこのタイプである場合、身近にいるナルシシストと関わりをもつとき、自分の欲求をしまい込み、曲がりくねった狭い小道を恐る恐る歩くような心境で接します。彼を失うことや彼の怒りに火をつけることを非常に恐れるあまり、彼の言いなりになり、自分の欲求を犠牲にします。しかし、あなたの賢い心はこの状況に甘んじることなく、自分の欲求が満たされないことに「満たされなさ」を感じ、次第にそれは憤りや怒りになります。そして「私のことはどうなるの？」と思い始めます。しかし残念ながら、あなたが自分の望みや傷ついた気持ちを思い切って打ち明けたとしても、彼は激しく反発するだけでしょう。そして結局、あなたはそれに対して罪悪感を抱き、彼に身を捧げる人、というもとの立場に戻ってしまうのです。

内なる「本当の声」に耳を澄ませる

皆さんの中には、身近なナルシシストとの難しい関係の中で、相手に「やられて」しまったとき、彼に対して逆ギレ（例：反発する、要求する、脅す）する人がいるかもしれません。そういうとき、あなたもナルシシストと同様に、「声の大きな強い人」に見えるかもしれません。しかしあなたが闘っている本当の敵は誰なのでしょう？　それは実は目の前のナルシシストではなく、単なる幻影、すなわち記憶の図書館から現れた「記憶上の敵」にすぎません。あなたは目の前のナルシシストに「やられた」と感じ、反撃したり防衛したりします。しかしそれは「逆ギレ」にすぎません。ナルシシストと同様の態度、すなわち軽蔑や批判や自己欺瞞によって自分を守ることと、自分の内なる本当の思いをアサーティブに表出することで、相手からの虐待や支配や抑圧に対応することは違うのです。

第2章で紹介したルイスのケースに戻りましょう。あるときルイスがいつものように、妻のフランシーヌを価値下げするような非難をし始めたところ、その辛辣で思いやりに欠けた発言を聞いた彼女の中で、「情緒的剝奪スキーマ」「自己犠牲スキーマ」が活性化されます。しかし彼女はスキーマの活性化を直接的に感じ取れず、顎ががくがくする、胃がむかむかする、顔がほてる、といった反応を通じて間接的に感じるだけです。「何の見返りもなく彼に与え続けるのはもうたくさん！　私の欲求はちっとも満たされないし、この先も満たされることはないに違いない。いい加減にしてよ！」。フランシーヌにはふつふつと怒りがわいてきます。その怒りで我に返った彼女は、大声を出して反撃に出ます。「私はずっとあなたの『いい奥さん』をやってきた！　最善を尽くそうと頑張ってきた！　なのにあなたは私を一度も褒めてくれなかった！　この人でなし！　負け犬のくせに！」。フランシーヌはリビングルームから飛び出し、ドアをバタンと閉めてベッドルームに向かい、部屋にこもってずっとひとりで泣いていました。フランシーヌのこのような言動は、一見したところ、とても勇気があるように感じられるかもしれません。「頑張って！」と励ましたくなった読者もいることでしょう。

しかしこの後実際にどうなったかというと、最初は一瞬呆然としたルイスでしたが、すぐに肩をすくめ、ニヤニヤ笑いを始めます。もし私たちが彼の脳の中に入り込めるとしたら、彼のこんな考えが聞こえてくることでしょう。「また始まった。彼女は生理中に違いない。ホルモンバランスが崩れているんだ……まあ、いいさ、そのうち治まるだろう。俺のほうが正しいことが今に彼女もわかるだろう。なにせ考えの浅い女だからな。物事をちゃんと考えられないのさ！」……なんということでしょう！

夫婦という近しい関係であるはずの二人なのに、フランシーヌの「わかってもらえない」という感覚や寂しいという感情を、ルイスはまったく理解していませんでした。フランシーヌはもはや、ルイスの怒り口調や自分に対するひどい扱いを我慢する気はありません。もう耐えられないのです。ルイスはそのことも理解していませんでした。今のフランシーヌは、ルイスが恥ずかしさや弱さを感じるため、自らの欲求や願望を率直に表すことができないことがわかっています。しかしルイス自身はそれにも気づいていません。フランシーヌは夫ともっと時間を共有し、親密な関係になりたいと望んでいますが、ルイスはそれに応じようとしません。彼女が近づくと、夫は火を吹くドラゴンのようになってしまい、抱きしめることもできないのです。フランシーヌは夫が自分を傷つけるつもりがないことは知っています。それでも彼女は夫の言動によって傷ついており、自身の言動や口調が相手に与えるインパクトについて彼にもっと責任を負ってほしいと考えています。けれどもルイスは聞く耳をもちません。フランシーヌは夫が自分に愛情を抱いていることは知っています。しかしもう、それだけでは十分ではありません。ルイスはそれが理解できないのです。

フランシーヌは、彼女自身の抱える問題が、ルイスとの関係における非機能的なパターンに手を貸してしまったことを認め、ルイスも同様に自らの責任を認めない限り、今後、同様のパターンを続けるつもりはないと伝えましたが、彼は耳も貸しません。ルイスは自分の行動に責任を負わないのです。

ルイスはフランシーヌに対し、特別な、しかも最大級の思いやりと注意を自分に向けることを要求します。それはあまりにも理不尽で過剰な要求ですが、彼にはそれがわかりません。ナルシシズムの専門家であるニーナ・ブラウンは次のように述べています。「人は皆、『自分はただひとりの特別な存在だ』と思えることが、時にはあります。実際私たちはそんなふうに思える能力をもつから、恋に落ちたり誰かに惹かれたりすることができるのです。しかし、『自分はただひとりの特別な存在だ』と思いたい欲求があまりにも強い人は、周囲の**すべての人**に対して常に自分にそう感じさせてくれることを期待しています。彼／彼女たちは、周囲が自分を特別扱いしてくれないと、すぐに不機嫌になるか、場合によっては怒り出してしまうのです」(Brown, 2001)。

残念なことに、これまでのフランシーヌは、ルイスに直接向き合うことをせず、彼の理不尽な要求と絶え間ない批判に立ち向かうことができませんでした。彼女は自らの幻影にとらわれていました。彼女は怯えた小さな女の子でした。母親は彼女のもとを去り、父親は働いてばかりいました。妹の面倒をみるために、フランシーヌは自らの欲求や願望を犠牲にしなくてはなりませんでした。その小さな女の子が今も果敢に闘っている相手は、実はルイスではなく、彼女自身が長年抱えてきた自らの信念です。彼女の思いはきわめて正当なものでしたが、その自己表現の仕方は、今、彼女が自分の欲求や思いを伝えるにはあまり役に立ちませんでした。彼女は、目の前にいるルイスに対応する代わりに、過去の、これまでのパターンにはまり込んでしまっていたのです。しかし彼女がこれまで抱えてきた思考や行動のパターンは彼女を救うことができません。フランシーヌはそれらのパターンを修正する必要がありました。それができれば彼女は真の、自分自身にとって本当に助けとなるパワーを得て、ルイスと相対することができるでしょう。ルイスは手ごわい相手です。ルイスは容易にフランシーヌを憤慨させることができます。ルイスに相対するには高度な対人スキルが必要です。ナルシシストほど他人のネガティブな感情のボタンを押すのが上手な人はいないということを、皆さんも覚えておいてください。

だからといって私は、ルイスとのコミュニケーションがうまくいかないのはフランシーヌのせいだ、と言いたいのではありません。ルイスという、彼女がこれまでに遭遇した中で最も困難かつ重要な人物との関係において、彼女は最善を尽くしていました。彼女は、自分にとって大事だと思っていることのために懸命に努力していましたし、それ以上のことはやりようがありませんでした。彼女はルイスとの関係が情緒的なものになるよう奮闘していました。二人の関係において、これまでずっと彼女がルイスに与えてきたことに比べたら、彼女がルイスから得られたことはほんのわずかでした。そのことに対する自分自身の責任について、フランシーヌは気づき始めました。彼女はルイスがいつか変わってくれることを、そしていつか自分に感謝しもっと愛してくれるようになることを願うあまり、知らず知らずのうちに彼に服従し、自らの欲求を犠牲にしてきてしまったのです。

フランシーヌはこれまで、自分は身動きがとれないと信じていました。というのも、教師の収入は非常に低く、しかも二人の子どもを育てていたからです。彼女は自分と同じ苦しみを、すなわち壊れた家庭で育つ苦しみを息子たちに味わわせたくありませんでした。両親が揃う家庭で子どもたちを育てようと決意していました。彼女をつなぎとめていたのは責任感と恐怖心でした。「自分は母親のように家庭から逃げ出したりはするまい」と彼女は決意していました。長い間ルイスに対して我慢をすることで、「自分は気高い犠牲者だ」と感じていました。ルイスという手ごわい人物を相手にして、フランシーヌにはさほど選択肢はありませんでした。ルイスは彼女に恐怖と失望感を与え続けました。そんなルイスに対し、もっと彼を愛さなければ、もっと彼に対して思いやりをもたなければ、と彼女は奮闘してきたのです。

フランシーヌは、ルイスには何か「秘められた長所」があるに違いないと信じています。これはナルシシストを夫にもつ多くの妻に当てはまります。ルイスはこれまで、ぎこちなくはあっても妻に愛を伝えることがありました。フランシーヌが病気やうつになったり、何らかの喪失体験をしたりしたときには、面倒をみてくれたこともあります。フランシーヌはルイスのこれまでの人生がどういうものであったのかを知っていますし、彼の傷つきやすい心の部分（残念ながらそれは今、どこかに追いやられてしまっていますが）に対して深い愛情を抱いてもいます。しかしルイスを変えることは彼女の責任ではありませんし、彼女の力が及ぶことでもありません。彼女がたいまつに火をともし、彼を道案内する中で、彼が彼女の本心を知ったり、彼女をよいお手本にしたりすることができれば、彼が最終的に選ぶ道は大きく変化することがあるかもしれません。けれども、フランシーヌはいつまでも自分だけが重荷を背負うつもりはありませんでした。フランシーヌにとっては、ルイス自身が彼女に対して敬意や共感を示せるようになること、その結果二人の間に情緒的な親密さや互恵的な関係性が形成される必要がありました。

共謀によるゲーム

セラピストでありパーソナリティ障害の専門家でもあるサンディ・ホッチキスは、「多くの人は望ましい結果を予測できるときにだけ戦うのに対し、ナルシシストが戦うのは常に自分の優位性を確認するためだけである」(Hotchkiss, 2003）と述べています。優しくて公平なフランシーヌは、ルイスとの言い争いの最中に言葉に詰まってしまいがちです。ルイスはそれを知っており、彼女の訴えを、性差についての議論や「行き場をなくした女性の苦悩」といった高尚な表現にすり替えて、彼女を打ち負かしていました。彼女の気持ちを決して理解しようとせず、彼女の痛みをまったく感じないルイス主導のゲームでは、彼が常に勝者であり続けました。言い争いがいったんおさまると、普段どおりの彼女に容易に戻ることも、ルイスは知っていました。彼は他の人たちとのゲームでも常に勝ち続けていました。たとえば職場でのルイスのアシスタントであったベスは、彼のもとで一〇年間働いていましたが、彼女は、「誰が見ても緑色にしか見えない、あなたが着ているブラウスの色を、ルイスだったらあなたに違う色であるかのように思わせることができるわ」と言っています。ルイスが通うスポーツジムのパーソナルトレーナーであるビルは、たとえルイスがレッスンに二〇分遅れたときでも、ルイスはそれが自身の時間管理の問題ではなく、スポーツジムの規則が悪いのだと悪びれもせず主張すると述べています。

ルイスとの関係において、これらの三人（フランシーヌ、ベス、ビル）が共通して有する特徴は何でしょうか？彼らは皆、ルイスの勢いを止められず、彼の自分勝手な振る舞いを結果的に許してしまっています。ルイスといると三人は皆、自分が彼に脅されたり、服従させられたりするような気がして、結果的に自信を失ってしまいます。このような体験においてルイスのパーソナリティが一役買っているのは間違いありませんが、それだけではありません。フランシーヌ、ベス、ビルは三人とも、それぞれ独自のスキーマをもっており、それらのスキーマがルイスとの関係における自分の痛みの要因となっています。ここで三人に共通する要因を明らかにするため、ベスとビルの例を少し詳しく見てみましょう。二人に関するストーリーを読みながら、読者の皆さんも身近なナルシシストとの関係において共通するものがあるかどうか、確かめてみてください。

ビルについて――ルイスのトレーナー

ビルは、ルイスの犠牲というよりも、彼自身の個人的な「罠」、すなわち「失敗スキーマ」「服従スキーマ」「欠陥スキーマ」の犠牲になることがたびたびあります。彼のこれらのスキーマは、ルイスの巧みな言い回しや大げさな口調、そしてストレッチやクールダウンの際にルイスが自慢げに語る彼の経済的な成功話などをきっかけに活性化します。ビルはルイスから拒絶されることを恐れていますし、ルイスとのやりとりの中で、自分が賢くないと感じさせられること、勤務先であるスポーツジムの方針に自分が慣れていないと思わされることも恐れています。その結果、彼は自分の意見をルイスに主張することなしに、心の片隅に追いやってしまいます。

ビルはルイスと一緒にいると、やんちゃな仲間についていけず、校庭でからかわれたりいじめを受けたりしたときの子ども時代の記憶が想起されます。その記憶は嫌になるぐらい今でも鮮明です。当時、争いごとが起きて抵抗するか黙って我慢するかという局面に直面すると、ビルはいつでも黙って我慢するという手段を選びました。そのとき彼には、相談に乗ったり守ってくれたりする人はいませんでした。となると、当時の彼にとって「黙って我慢する」という選択は賢明だったといえるでしょう。

ビルの父親はワーカホリックで家にいたためしはなく、母親は病気がちで彼の面倒をほとんど見られませんでした。彼の祖母によると、ビルはよい子でしたが、彼が赤ん坊のときに亡くなった祖父に似て、弱々しすぎる子どもでした。このような子どもの頃に生じた不協和音のメロディが、三二歳になった今でも彼の頭の中でずっと鳴り響いていて、それが遠い過去の敵をかわすための自動的な反射となって再び現れているのです。ビルは実際、素晴らしいパーソナルトレーナーであり、仕事仲間からも顧客からも非常に信頼されています。しかし彼自身がそのことを忘れてしまいがちです。ビルはこれからもルイスの担当トレーナーでありたいと考えていますが、ルイスの、人を見下した自己中心的な支配的態度に耐え続けたいと考えているわけではありません。けれども、古く馴染みのある匂いや音や感覚が彼をとらえて離さず、彼は自らの幼い頃の物語に閉じ込められてしまっているのです。

ベスについて――ルイスのアシスタント

ベスは四四歳の女性です。彼女は、ルイスの会社（ルイスに多くの富と名声をもたらした会社！）でかなりの出世を遂げています。働き者で明るい性格をしており、職場にも家庭にも、自分の時間や創造的なエネルギーを惜しみなく注いでいます。ベスは一流の教育を受け、確かな実績を上げているにもかかわらず、権威的な人物を目の前にすると、とたんに自尊心が失われてしまいます。そうした人物の筆頭にルイスがいます。そして彼女の父親もまた、そのような人物でした。

ベスは、小さな町で、それなりの大家族に生まれ育ちました。彼女は五人きょうだいの末っ子で、父親に目をかけられていました。幼いベスにとって、父親からの絶え間ない注目から逃れる場所を探すことはきわめて難しいことでした。父親は、ベスにも彼に多大な注意を向けることを求め、ひとりの小さな女の子としてのごく普通で妥当な欲求を否定しました。父親はベスに、「何事においても一番であれ」ということを要求しました。思春期に入ったベスは、父親に対しちょっとした戦いを挑みました。彼の意見に従わず、反対意見を述べ、「普通の女の子の生活がしたい」とはっきりと告げました。勇気を出して、父親の「良識」と権力に挑んだのです。しかしそれを聞いた父親は、怒りと不機嫌さでいっぱいになりました。彼女は父親からにらまれ、傷つけられ、父親から浴びせられた懲罰的な発言にまったく反駁することができませんでした。ベスは父親に溺愛されており、だからこそ父親を怒らせて自分が罪悪感を抱くことを恐れていました。そのため、結局は母親がしてきたのと同じように、父を「王様の席」に祭り上げ、仰ぎ見ることにしました。彼女は個人的な欲求と引き換えに、父親の心が平和であることを選んだのでした。

ベスは学生生活を通じて多くの名誉と高い評価を得ました。その中には、高校で卒業生総代を務めたこと、成績優秀者対象の大学奨学金を受けたことも含まれています。彼女は、卒業の日に、帽子とガウンを身に着けて父親のそばを颯爽と歩いたときの、彼の誇らしげな表情をよく思い出します。父親は移民で、自分の子どもが大学に行って自分よりもさらによい生活を送ることを夢見ていました。短い面談の中で、彼女は私にこう言いました。「その瞬間に、私は自分が父を幸せにできたと感じたんです。父が『こうなってほしい』と思っていた人間に私はなれたのですから。私はそれまで自分の服を選べなかったこと、パーティやデートや映画に行けなかったこと、そしていつも孤独だったこと、それが全部報われたように感じました」。

ベスのストーリーの何が悪いのか、と思う読者がいるかもしれません。おそらく問題は、バランスの悪さにあるでしょう。特にベス自身に「自分らしさ」があまりにも欠けていることが問題です。ベスはこのように言いました。「私には『本当の自分』という感覚がありません。他人が私に望むような自分にならなければならないとずっと感じてきたのです。だから人の期待を裏切ったり誰かをがっかりさせたりすると、ものすごい罪悪感にとらわれます。その罪悪感が嫌だから、それをずっと避け続けてきたようなものです」。ベスは自分のこのような傾向が娘に引き継がれてしまうことを恐れていました。そしてルイスが仕事を引退した今もなお、何らかの社会的場面で彼に会うと、「偉大な上司」に対して思わずお辞儀をしそうになったり、彼のすべての発言に対して同意しそうになったりします。そういうときは決まって、胃がしめつけられ、喉が詰まった感じがするのでした。

ウェンディについて——ルイスのセラピスト

さあ、それでは私の番です！　セラピーを開始したばかりの頃、ルイスには遅刻癖がありました。五分から一〇分ほどセッションに遅刻してきて、セッションの最後にその分の延長を要求するというパターンです。これはナルシシストのケースでよく見られるパターンです。彼は言います。「あと五分か一〇分やそこら時間を延長するなんて大したことじゃないだろう？　私にとってこれは大事なことなんだ！……結局あなたも他のセラピストと同じなんだな。もっと言えば弁護士とだって大して変わらない。しょせんビジネスにすぎないんだ。『時間だから終わり。はいお会計！』ときたもんだ。しかし私が必要だと言うときには、あと数分延長するべきなんだ！」。

セッションの終了を告げても、ルイスはかまわず話し続けることもありました。多くのセラピストが、「自己犠牲スキーマ」や「服従スキーマ」のどちらか、あるいは両方をもつ傾向があることを考えると、ルイスのような人にセラピストがアサーティブになったり限界設定（訳注：時間や場所など、心理療法におけるルールを設定し、それをクライアントに守ってもらうこと）を行ったりするという課題は、なかなか骨の折れるものだということは明らかでしょう。

私は、ルイスの特権意識に対する私自身の怒りを何とかしなければなりませんでした。同時に、時間を延長せよというルイスの要求に応じないことに対する私自身の罪悪感にも対処する必要がありました。最終的に、私は「小さなルイス」に気づきを向けることができるようになりました。そして、自分が大切にされていると感じたいがゆえに特別扱いを求めるルイスの欲求にも、目を向けることができました。彼は長年そうやって過ごしてきたのです。私は彼に言いました。「ルイス、あなたは、私があなたとのセッションの時間を延長しないのは、私があなたのことを大切に思っていないからだと感じているのかしら？　だとしたら、こんなふうに考えてみてもらえますか？　……あなたがお金を払っているのは、私の時間と専門性に対してであって、私があなたを大切に思う気持ちは無償なのだ、と。それはたとえあなたが、あなたを大切に思う私の気持ちを損なったとしても、です。それでもなお、私はあなたを大切に思おうとするのですから……。それから私はあなたに伝えておかなければなりません。それは、あなたが先ほどのような話し方で私について語る場合、あなたを大切に思う気持ちを私自身が感じづらくなってしまうということです。奥さんと息子さんたちとの間に起きていることも、きっとこんな感じなのではないか、と私は考えています」。

私は、この状況を彼の過失だとは考えていないこと、しかし彼の行動の責任は彼自身にあることをルイスに伝えようとして、こう言いました。「あなたにとってこれは難しい状況ですよね。なぜならこれまであなたには、落胆や不満といったネガティブな感情に耐えられるよう支えてくれた人がいなかったのですから。それに、あなたはこれまで、『自分は他の誰よりも優れており、特権を与えられてしかるべきだ』と思い込まされてきたのですから。あなたは、『他人のルールは自分には適用されない』と教えられてきたのでしたね。だからルイス、これはあなたの過ちではありません。でも、あなたが強く欲しいと願っている対人関係を本当に手に入れるには、あなた自身の信念やそれに基づく行動に取り組む必要があります。そうしなければ、あなたが自分から人を遠ざけてしまう、というこれまでのパターンが続いてしまいます……。ではもう一度教えてください。私たちのセッションの時間が終わりだと私に言われたとき、あなたはどんなふうに感じたのですか？　もしかしたらがっかりされたのではないですか？」。

ルイスはため息をつき、一点を見つめたまま、苦しそうにこう答えました。「セッション中は時間が過ぎるのがとても速くて……セッションの時間がもっと長ければいいのに、ときどき、いや、しばしばそう思えて仕方がないのです。そうすれば自分の考えをもうちょっとまとめられるし、言いたいことを伝えることもできるから。それに、『もう終わりの時間だ』とあなたに言われ、退室をうながされると、なんだかイライラするんです。あなたに拒絶されているような、コントロールされているような気がするからです。あなたが私を助けようとしてくれていることを、私自身は信じているつもりです。それでもなお、イライラしてしまうんです」。私はルイスの勇気ある自己開示に敬意を示したうえで、彼のこれまでの人生のテーマを考慮すれば、そして治療関係という限られた関係性を考えると、彼がそのように感じるのはもっともなことだと思う、という私の考えを彼にはっきりと伝えました。

そして「ルイス、自分の気持ちを私にこのように伝えてくれること自体、あなたにとっては慣れないことだと思いますが、話してみていかがでしたか？」と彼に問いました。彼は「なんだかぎこちない感じです。もうちょっとこれについて考えてみなければいけませんね……自分の気持ちを話すのはうんざりすることだし、イライラします」と答えました。ルイスはこう言いながら作り笑いをし、この発言が「偉そう」であることを自分で認めました。私は彼に対し、相手の感情に細やかに注意を向けること、そして気づいていないけれども最も重要な自分自身の感情に同じく細やかに注意を向けることは、彼がこれまでやってこなかったことであり、だからこそ馴染みがないのではないか、と伝えたところ、彼はそれに同意しました。私はまた、彼に退室を求めることは私にとってもつらいことだけれども、そうしなければ外で待っている他のクライアントたちにとって不公平な事態となり、今度はその人たちが待たなければならなくなってしまうことについても彼に伝えました。そして彼が私の権利や意思を不当に無視したり批判したりしているように感じると、私が彼を大切に思うことが難しくなってしまうということを、あらためて彼に伝えました。彼はうなずきながら私の話を聞き、しっかりと理解してくれました。私たちは協力して毎回のセッションのアジェンダを設定し直し、セッションの時間が終わってしまうことと、それに対する彼の脆弱性に対してマインドフルになる時間を組み込むことで合意しました。さらに、時間どおりにセッションにやって来る努力をすることを、ルイスに約束してもらいました。

スキーマ療法でナルシシストとうまく協同するためには、「活用すること（leverage）」が重要になります。ジェフリー・ヤングは次のように述べています。「セラピストは、患者ができるだけ自らの心の痛みに触れ続けられるよう工夫を重ねる。痛みを感じられなければ、患者は早々に治療の場から去ってしまう。セラピストが患者に対し、自らの空虚感、自信のなさ、孤独感をしっかりと感じ取らせることができればできるほど、セラピストはそのような患者の心の痛みを活用して、治療を成立させることができる……セラピストは、ナルシシズムによってもたらされたネガティブな結果（例：家族からの拒絶、職業上の失敗）にも焦点を当てる……セラピストとの情緒的な結びつきと、他者からの報復に対する恐れの二つは、ナルシシストが治療を継続するうえでの大きな動機づけとなる」（Young, Klosko, & Weishaar, 2006）。

エクササイズ●非難する代わりに責任を負う

あなたのスキーマはあなたの過失によるものではありません。しかし大人であるあなたは、今の自分がとる行動に対しては責任を負う必要があります。つまり誰かを非難する代わりに、あなた自身が責任を果たす必要があるのです。こう考えるとあなたは怯えたり圧倒されたりするかもしれませんが、この考えこそが、変化の可能性への扉を開けてくれます。

このエクササイズは、あなた自身のスキーマやコーピングモードをあらためて自覚し、これまでの古い行動パターンに代わる健康的でアサーティブな対応の仕方を明らかにするのに役立つでしょう。このエクササイズは、あなた自身にも役立ちますし、あなたのコミュニケーションスタイルを改善することによって、あなたとナルシシストとの関係を改善するよい機会にもなるでしょう。さらに、あなたの身近にいるナルシシスト自身が変化に対して関心をもつことができるようになるために、あなた自身が何を活用できるか、ということを考える機会にもなるでしょう。以下に例を挙げます。

あなたのスキーマ：「見捨てられスキーマ」「欠陥スキーマ」「自己犠牲スキーマ」「服従スキーマ」

スキーマが活性化されるとどうなるか：「自分が悪い」「自分は不十分だ」と感じます。自分の欲求を後回しにし、それを口にしないことを「よし」としてしまいます。なぜなら自分の欲求を主張すると、事態をかえって悪化させ、結局のところ自分がまったくのひとりぼっちになってしまうからです。

あなたのコーピングモード：「スキーマへの服従」「スキーマの回避」

真　実：それは私だけの落ち度ではありません。私とあなたのこの「行き違い」には、私もあなたも等しく関与しています。私は私自身のことに限って責任を負います。そもそも、私は今とても孤独です。なぜなら私は「自分自身」という感覚がなく、自分の意見をもてていないからです。そしてナルシシストである夫との間に意味のあるつながりをもてていないからです。

健康的でアサーティブなメッセージ：私はこんなふうに扱われることを「よし」としません。たとえ私を傷つける意図があなたにないとしても、このような扱いを受け入れることは私にはできないのです。

何を活用するか？：夫が私を失いたくないのは知っています。だからこそ「離婚する」という選択肢を活用したコミュニケーションを夫ととることにしたいと思います。私たちの関係性が改善されることがなければ、脅しではなく必要な選択肢として「別れる」という手段をとることにします。

この形式に沿って、あなた自身のスキーマとコーピングモードについてエクササイズを行い、紙に書き出してみましょう。特にあなたの状況における「真実」についてしっかりと考えてみましょう。そしてあなたの身近にいるナルシシストの前で萎縮することも反撃することもせずに、健康的でアサーティブな伝え方をするためには、どのようなメッセージがよいか、ということについてもじっくりと考えてみましょう。最後に、ナルシシストがあなたとの関係を改善するために変化するべきことについて、ナルシシスト自身から協力を引き出すために、どんなことが活用できそうか、検討してみましょう。

希望は永遠に湧き出るもの——学びと変化の能力

対人関係上の葛藤を解決するにあたって、万能薬はありません。選択肢は限られています。それらはすなわち、「関係を終わらせる」「現状を維持する」「新たな非機能的パターンを生み出す」「健康的なやり方で解決する」の四つです。あなたがナルシシストとの関係を終わらせたくなければ、最後の選択肢（「健康的なやり方で解決する」）が最善であることは明らかです。しかしこれには、相当のコミットメントが必要ですし、なかなか骨の折れることでもあります。たとえ両者（あなたと、あなたの身近なナルシシストの双方）が、変化のプロセスに共に積極的に関わろうとした場合でさえも、健康的な解決というものは簡単なことではありません。でも安心してください。望みは十分にあります。手ごわく感じられるかもしれませんが、修復のチャンスは十分にあるのです。

脳は変化することができますし、それゆえに私たちのパーソナリティも柔軟に変化することが可能です。脳研究に携わるメンタルヘルスの専門家たちは、「今・ここ」に意識状態がある状況において、受容的に傾聴された り真の思いを表現したりすることが、脳の変化につながりうることを指摘しています。ダニエル・シーゲルは、これについて「偶発的コミュニケーション（contingent communication）」という用語を用いて説明しています。「偶発的コミュニケーションにおいて、メッセージの受け手は、自らのすべての感覚を使ってオープンマインドに相手の話を聞く。受け手の反応は、規定された厳密なメンタルモデルによる予測ではなく、そこで実際に行われたコミュニケーションによって誘発される」（Siegel & Hartzell, 2004）。

シーゲルは、親子関係についての考察に基づき、「感じられたものを感じる（feeling felt）」ことの重要性について解説しています。「われわれが何らかのシグナルを発するとき、われわれの脳はそのシグナルに対する他者の反応に応答しようとする。他者の反応は、中核的な自己感覚に関する神経地図に組み込まれている……ここで言う『他者の反応』とは、自分のシグナルに対する単なる反射ではなく、他者の視点のエッセンスを含んだものであり、それがわれわれのコミュニケーションの感覚を形づくっている。このようにして、子どもは感じられたものを感じるようになっていく。つまり子どもは、自分の心があたかも親の心の中に存在しているかのように感じるようになるのである」（Siegel & Hartzell, 2004）。「真に理解されたという感覚」とは、他者の心の中において自分がしっかりと安全なかたちで抱かれている、という感覚のことをいいます。それはなんと心安らぐ他者との関わりでしょうか！　考えてみてください。誰があなたにとってそういう存在ですか？

まとめ

私たちは、他者との「感じられたように感じる」関わりの中で精神的かつ情緒的な変化の機会を与えられれば、自尊心や対人関係に関する新たな解釈や行動を生み出していくことができます。他者とのこのような関わりは、過去に形成された自動的な反射から私たちを解放し、新たな習慣を作り出すことにつながります。私たちがするべきことは、身近にいるナルシシスト――それが上司、同僚、家族、隣人、友人、配偶者、恋人のいずれであっても――とそうした関係を確立することです。

残念ながらこの中で特に配偶者と恋人は、変化に対して最も大きな抵抗を示すことが一般的です。それは、夫婦関係や恋人関係は重要度が高く、パートナー同士のスキーマが互いにしっかりと固着し合っているためです。しかし、これらの人間関係において、「感じられたように感じる」関わりを、より深く強く再構築することは、あなたの自己感覚を修復してくれますし、ナルシシストとの関係を改善するためのあなた自身のスキルのレパートリーを広げてくれることでしょう。仮にそれがあまりにも難しい場合でも、そのような関わりは、ナルシシストとの関係を限定的にしたり、あるいは終わらせたりすることに役立つでしょう。次章以降で示すのは、あなたが身近にいるナルシシストに対応する際に、効果的な結果をもたらすスキルを磨くためのさまざまな考え方と手法です。それは同時に、あなた自身の気づきを研ぎ澄まし、勇気と熱意を高めることにも役立つはずです。

第4章 障壁を乗り越える——コミュニケーション上の問題やその他の障害

誠実に誰かを助けようとすれば、必ず自分自身も救うことになる。これは、人生がわれわれに与えてくれる最も美しい報酬のひとつである。

ラルフ・ワルド・エマーソン

ここまで読まれた読者の皆さんはナルシシズムを理解する枠組みをすでに手に入れました。それはすなわち、ナルシシズムとは何か、それがナルシシストの人生にどのような影響を与えているか、ナルシシストの辛辣な言動がいかに周囲にインパクトを与えるのか（読者の皆さんにとっては、そのインパクトはお馴染みのものでしょうが）、といったことです。これまでの章では、ナルシシズムの成り立ちをざっと理解し、ナルシシストという「厄介」な人たちを概念的に整理してきました。また、いくつかの科学的な心理学研究を紹介し、それをナルシシストとの関係性を変えるための戦略を考えるにあたって役立てることにしました。通常、その戦略は以下の四つの段階をたどります。

1. **観察**：あなたとナルシシストとの関係を特徴づける特定の行動、反応、二人のやりとりについて観察します。
2. **理解**：観察とそれに基づく洞察によって、ナルシシストとの間に起きていることについて、より正確に、そしてより冷静な視点から理解できるようになります。

3．**特定**：理解によって，あなたとナルシシストとの間で活性化するスキーマ（それはあなたとナルシシストの双方によくない影響を与える）を特定し，名前をつけられるようになります。さらに両者が用いているコーピング反応についても特定できるようになります。

4．**分化**：スキーマとコーピング反応を特定することによって，ある体験が，①過去の記憶や生まれもった気質に基づくものなのか，②「今・この瞬間」に対する反応なのか，を区別できるようになります。それができると，あなたとナルシシストの双方において，本当の自分，頑強な自分，信頼できる自分といったものが解放されます。

変化のための四つの段階

変化のためのプロセスを進める際，記録（日誌など）をとることが有用です。記録をとるというのは，一般的にも非常に役に立つ方法ですし，それによって非常に心が落ち着きもします。記録をつけることによって，ナルシシストとの非機能的なやりとりについて新たな視点を発見することができるでしょう。さらに記録をとることを通じて，あなた自身の本当の思いを表現したり，真のコミュニケーションをとる練習をしたりするための「場」を得ることができます。右に挙げた四つの段階は，あなた自身がぜひ記録をとりながら進めていってください。そうすれば後になって記録を見返してみたときに，いかに偏った考えや感情が以前のあなたの脳に渦巻いていたのか，ということに気がつくことでしょう。四つの段階についてさらに詳しく紹介します。

1．観　察

観察によって，あなたとナルシシストの関係においてほとんどの場合，あなたが与える立場，彼は与えられる立場であることに気づくことでしょう。いわば彼は「やりたい放題」です。彼に対して自分のできることに限りがあるとき，あなたは気がとがめたり謝ったりする傾向があります。一方で，彼は自分自身のよくない行動については言い訳をするか，誰かのせいにするかのどちらかです。

2．理　解

この関係がいかにアンバランスであるかに気づきましょう。そして「不公平だ」というあなたの感覚が，あなた自身の不安や絶望感とどのように関わっているのか，ということについても理解します。それらのネガティブな感情はあなたにとってきっとお馴染みのものでしょう。そしてそれらの感情は，すでに本書で紹介してきたとおり，あなた自身のこれまでの人生のストーリー（スキーマ）に関連しています。

3．特　定

自分自身の早期不適応的スキーマを新たに理解することによって，ネガティブな感情の背景には，たとえば「情緒的剝奪スキーマ」「欠陥スキーマ」「自己犠牲スキーマ」「服従スキーマ」といったあなた自身のスキーマがあり，それらが感情に影響を与えていることがわかるようになります。皆さんの中には，幼少期に十分なサポートや情緒的関わりを与えてもらえなかった人がいるかもしれません。そのような人は，「自分は足りていない」「自分は不十分だ」といった感覚を常に抱いており，だからこそやたらと行動を起こしたり相手に与えたりすることによってその感覚を埋め合わせようとします。それはまるで巨大な要塞のようなものです。この要塞はあなたを麻痺させてくれます。つまり，「愛されたい」「理解されたい」と強く願いながらもそれが得られないことによる心の痛みを感じずにすむのです。あるいは「愛されたい」「理解されたい」と願う自分を恥ずかしいと感じずにすむのです。これまでの経緯から身近なナルシシストの成育歴を知っている場合，あるいは本書で得た知識を活用することによって，ナルシシストである彼に関するさまざまな情報（点）がスキーマ（線）として理解できるようになるでしょう。そうすると彼のさまざまな「いただけない」行動がある種のパターンとして見えてくるかもしれません。

4．分　化

ここでいう「分化」とは、過去に起きたことと現在起きていることを区別することを言います。分化によって、あなたの心と身体は、リアルタイムで「今・ここ」に存在できるようになります。身近なナルシシストとの関わりにおいて、あなたの中で活性化されるスキーマやコーピングモードについて理解できるようになれば、よけいな理論武装などはせずにすむようになります。あなたはもはや無力な子どもではありません。あなたは自分が、彼に対して逃げ隠れせず、非難もせず、そして屈服することもせずに、毅然とした態度で対応のできる有能な大人であることに気がつくことになります。

自分自身の本当の思いを、身近なナルシシストに対して、毅然とした態度かつ説得力のあるかたちでどのように伝えることができるか、ということについてひとつ例を示しましょう。これはナルシシストの彼とのお決まりのパターンを変えたいと望んでいる人のセリフです。

「あなたが木曜日の夜のテレビ番組をいつも楽しみにしていることは知っているわ。でも私たちにとって木曜日は『ノー残業デー』で、二人とも早く帰れる日でもあるわよね。だから木曜日は、夜に外出するとか、何か一緒にできる日でもあると思うの。一カ月に一回か二回はそうしてみるのはどうかしら？　あなたの好きな番組は録画することもできるでしょう？　これまで木曜日の夜の過ごし方について話し合うと結局は喧嘩になって、いつも私が折れてきたわ。でも、もうそろそろ二人で話し合って別の妥協点を見つけたいの。もしそうできたら私はとても嬉しいわ。おそらくこの件について話し合うとなるとやっぱり私たちは言い争うことになってしまうかもしれない。なぜなら今まではずっと、私があなたの案に従うこと、そして私の案をあなたが拒否するのを私が受け入れる、というのが当たり前だったから。でも私はようやく気づいたの。自分がどれだけこの件について腹を立てているのか、ということについて。そしてこの件については、どうしてもあなたの協力が必要なの」。

次に挙げるのは別の例です。これは職場の上司に対する発言です。

「私にとって、これはなかなか言いづらいことなんですが……。というのも、私にはずっと『人の言いなりになる』という癖があって、誰かに反対意見を言ったり、せっかくよい解決策を思いついたとしてもそれを言ったりすることがものすごく苦手なんです。特に上司のあなたに対しては、どうしても『認めてもらいたい』という気持ちになりがちです。でも今日は意を決して提案します。わが社のマーケティング戦略についてです……それから、このプロジェクトの進捗を確認するために、定期的にミーティングを開くべきだとも考えます。今のやり方のままでは、あなたが故意にそうしているのではないとわかっていても、私は自分の存在が無視され、あなたに不当に批判されているように感じてしまうんです」。

身近なナルシシストとのこれまでの経験から、このようなやり方が本当に奏効するのかどうか、あなたは疑問に思うかもしれません。しかし実際に役に立ちます。もうひとつ例を挙げましょう。キャロリンという私のクライアントは、ダミアンというナルシシストの男性と結婚しました。彼には、彼と同様にナルシシズムの傾向をもつルーシーという一七歳の娘がいました。ルーシーは、ダミアンの「優れた血」を受け継ぐ「パパの自慢のお姫様」で、怒りっぽい性格の持ち主でした。ルーシーは、キャロリンがいるときにも、自分の欲しい物はすべて買ってと父親にせがみ、好き勝手に振る舞います。ルーシーがキャロリンに失礼な物言いをしようが、キャロリンのクローゼットから勝手に物を持ち出そうが、キャロリンとダミアンの夜の外出予定を邪魔しようが「何でもあり」で、そこには何のルールも約束事もありませんでした。ルーシーは、何かに感謝したり協力したりすることは決してしません。何枚ものクレジットカードが限度額に達していてもまったく意に介しません。

そんな娘について、ダミアンが「私の娘が私のルールだ！　以上！」と言い放ったとき、キャロリンは驚きよりも無力感を抱きました。キャロリンは過去に結婚に失敗しており、ダミアンとの結婚が失敗に終わることを非常に恐れていました。けれどもキャロリンは、家庭での自分自身の権利を守ろうと決意し、ダミアンにこう宣言しました。「状況が変わらないのであれば、私はこの家を出て行きます！」。その当時は予想していなかったのですが、キャロリンのこのような新たなアサーションは、その後の変化につながる大きなきっかけになりました。当初、ダミアンはキャロリンに激しく抵抗しましたが（例：「知るもんか！　勝手にしろ！　出て行きたきゃ出て行けばいい！」と怒鳴る）、最終的に彼はセラピーを受け、キャロリンやルーシーとの問題について取り組むことに同意しました。キャロリンはようやく、「見捨てられスキーマ」や「欠陥スキーマ」といったモンスターの言いなりになることなく、自らの意思で結婚生活を続けるか否かを決められるようになったのです。

きっかけと手がかり——引き金を理解する

私たちの心は、過去の経験を参照したり、現在の状況から脅威を検出したりすることによって、自分を安全な場所に連れていこうと自動的に作動します。第３章で学んだ「コーピング反応」について思い出してください。ルイスの厄介な行動をきっかけに、フランシーヌ、ベス、ビルの三人は、それぞれのもつ早期不適応的スキーマが活性化し、それぞれがそれぞれのコーピング反応を示していました。ルイスの起こす手に負えない行動に直面した際に生じる不快な心身の反応について、三人は時間をかけて、そして助言を受けながら理解していきました。そして自らが感じるお馴染みの苦痛を、過去の経験によって形成されたスキーマに関連づけることができるようになりました。三人は、自らのスキーマを活性化するお馴染みの感覚は、同様にお馴染みの、役に立たない反応を自動的に引き起こしてしまうことにも気がつきました。

エクササイズ●ナルシシストがあなたの引き金を引く理由

自分のスキーマをまだ特定していない場合は、第2章に戻ってスキーマのリストを見直す時間を作ってください。あなたの人生のテーマを最も的確に表しているスキーマはどれとどれでしょうか？「早期」という語からもわかるとおり、「早期不適応的スキーマ」の起源は、幼少期や思春期にあることを覚えておきましょう。また、これまでの人生においてほぼ休眠状態であったのに、今リストを見るとあなたの心が鋭く反応し、はっきりとその存在を自分の中に感じるスキーマがあるかもしれません。それらのスキーマもリストに書き出しておきましょう。

心の中で自らのスキーマに対してしっかりと気づきを向けながら、次に紹介するエクササイズに取り組みます。このエクササイズは目を閉じて、教示に従うイメージワークです。したがって実際にエクササイズを始める前に、まずはひととおり教示を読んで、各ステップを理解しておきましょう。

1．誰にも邪魔されずに気持ちよく座っていられる静かな場所を探します。座って目を閉じます。養育者、きょうだい、友だちが関係している幼少期のつらい記憶を想起しましょう。その際、あなたの「どこか一つの部分」を「見守り役」にします。あなたの足は、今この瞬間、今この場所で、しっかりと地面を感じ、あなたの安全を守ってくれます。「見守り役」はそれを見守り続けてくれます。そうすることであなたは、過去のつらい出来事を穏やかに振り返り、出来事の記憶を想起する際に生じる思考や感情や身体感覚に気づけるようになります。そのつらい出来事の中で何が起きたのでしょうか？　あなたはそれにどのように対処しましたか？　本当はどうなるとよかったのでしょうか？　思い出すのが難しかったり苦しかったりしてきたら、「これは今のことではなく、過去のことをただ思い出しているだけなんだ」と自分に教えてあげてください。

2．ゆっくりと深く息を吸って、次にゆっくりと息を吐き切ります。「1」で想起した過去の出来事のイメージを消し去ります。ただし、あなたの心身に満ちているそのときの思考や感情や身体感覚はそのまま残しておきます。それらの体験と一緒に居続けて、あなたの心の壁に焼き付けられたありとあらゆる痛みを、あなた自身の柔らかく優しい呼吸で包み込んでいきましょう。

3．ここまでのワークで、あなたは自らのつらい体験（思考、感情、身体感覚）にしっかりと気づきを向けられるようになっています。同時に、それらの衝撃があなた自身の呼吸によって和らぐことも体験してきました。それでは今から、あなたの身近にいるナルシシストとの場面を想起することにします。過去に起きた、あるいは今後起きうる、ナルシシストと共にいる場面で、あなたがつらくなったり取り乱したりイライラしたりするような状況をクローズアップしてみましょう。その場面をできるだけ鮮明に心の中でイメージしてください。そのイメージに伴って生じるあなた自身の思考、感情、身体感覚に注意を向けてください。もしその状況の結末をあなた自身がコントロールできるとしたら、どうすることを望みますか？　あなたが心から願っているのはどのようなことでしょうか？

4．ゆっくりと優しい呼吸を二、三回繰り返しましょう。吸って、吐いて。目を開けて、自分が「今・ここ」に完全に戻ってくるまでしばらく待ちます。「見守り役」のおかげで、あなたは地面とつながりながら、安全にこのイメージワークの旅を終えることができました。「見守り役」にお礼を言いましょう。

エクササイズを終えたら、最初のイメージ（幼少期の記憶）での思考や感情や身体感覚と、次にイメージしたナルシシストとの場面での思考や感情や身体感覚とを比べてみましょう。何か違いがありますか？　それとも両者は同じでしょうか？　二つのイメージにおける体験の違いは、観察、理解、特定、分化をあなたがどれぐらいできているかの程度を示しています。これらのイメージにおける内的な体験に気づきを向けることによって、あなた自身のスキーマの強度や、今現在スキーマが活性化された際に生じる不適応的コーピングモードの強度を調べることもできます。

このエクササイズでイメージした二つの場面（幼少期、現在）を比べてみて、何かパターンが見つかりますか？ 幼少期と比べて、現在のあなたが望むことには、何か変化があるでしょうか？ 幼少期から現在まで、あなたがずっと望み続けていることは何でしょうか？ あなたの望むことがうまくいかないとしたら、その妨げになっているのはどんなことでしょうか？ これらの問いに答えるためには、じっくりと時間をかけて考える必要があります。気持ちを整理するために、時間をとって考えや感情について書き出してみるとよいかもしれません。書き出しておけば、後になって自分がいかに変化したかを確認することもできますから、あなた自身の役に立つでしょう。

最後にもう一度、ご自身のスキーマのリストを見てください。リストに書いてある早期不適応的スキーマは、あなた自身の人生の物語に関連しているでしょうか？ 他人に対するあなた自身の反応を妨げる何かと関連しているでしょうか？ もしリストに挙げられたスキーマが、あなた自身や他者に対するあなたの反応に深く関わっていると確信できるのであれば、それはあなたがエクササイズにしっかりと取り組めた、ということになります。とはいえ現時点でそこまで確信がもてなかったとしても、心配しないでください。これは込み入った作業なのです。自分でもまだ気づいていない、あなた自身の人生の歴史や行動パターンがいろいろとあるのでしょう。気にせず本書を読み進めていきましょう。自分を知るための方法は他にもたくさんあるのですから。

自分の感覚を理解する——脳と身体からのメッセージ

すでにおわかりのとおり、スキーマは折に触れて活性化しますが、あなた自身がそれに気づかない場合もあります。活性化したスキーマは、自分では忘れてしまう程度のちょっとしたやりとりにおいても、「防衛軍の兵士」のように出動し、警鐘を鳴らします。また、そもそもスキーマが活性化しないよう、その場に応じた対応をして

（例：自己制御する、相手に切り返す）、人生の困難な場面をやり過ごしてきた、という人もいるでしょう。なのになぜ、身近にいるナルシシストに対してはそういう冷静で慎重な対応ができなくなってしまうのでしょうか？でもご安心ください。あなただけではありません。ナルシシストに対してはなぜか皆、そうなってしまうのです。ナルシシストと呼ばれる厄介な人々は、あたかも他人のスキーマを刺激するツボを知っているかのように振る舞います。本書を通じて自分自身のスキーマやコーピングスタイルを理解し始めている読者の皆さんは、ナルシシストがどのようにしてあなたのスキーマを活性化するのか、ということについても理解し始めていることでしょう。ナルシシストに対するコーピングスタイルとしては、特に「過剰補償」と「服従」が挙げられます。相手と対決するためにあたかも武装しているかのようなコーピングが「過剰補償」、そしてあたかも極寒の地に閉じ込められてあきらめの境地に達したかのようなコーピングが「服従」です。これらのコーピングスタイルはナルシシストとの関係においては十分な助けにはならなかったことでしょう。とはいえこれらのコーピングスタイルをとっかかりにして、私たちは自らの認知や感覚のシステムを理解することができますし、そうすることによって、健全な世界へと自分自身を解放することができるようにもなります。

先ほどのエクササイズで、過去の苦痛な体験を想起した際、強烈な感覚が身体に生じませんでしたか？　苦痛な記憶を想起したとき、あなたは単に目を閉じて、ひとりで静かに座っていただけなのに、心身には強烈な反応が生じ、その強烈さは「今・ここ」の状況とは不釣り合いなものだったでしょう。これがスキーマの影響力です。スキーマはあなたの感覚的なシステムに組み込まれており、だからこそスキーマが活性化するとあなたの身体は強烈に反応するのです。

身体の感覚システムには、筋肉、神経系、内臓が含まれます。スキーマが活性化すると、たとえば以下のような身体感覚が生じます。

●心拍数の増加
●血圧の上昇
●体温の上昇
●呼吸数の増加
●額や手のひらの発汗
●吐き気や胃の痛み
●喉の硬直や詰まり
●口の渇き
●唇の震え
●手足のピリピリ感
●首、背中、関節に突然生じるこわばり
●めまい
●涙が止まらなくなる
●眠気
●身体の一部の傷み、または麻痺
●頭が真っ白になる
●感覚過敏あるいは感覚鈍麻：聴覚、嗅覚、視覚、味覚、触覚

なぜこのような反応が生じるのでしょうか？ それは、スキーマが感覚システムと「共謀」して、脳と身体がメッセージを送り合うからです。その結果、内的な反応があなたに「警報」を発します。しかしその警報は誤報

であることが少なくなく、あなたはその誤報に基づいて、不要な自己防衛行動をとることになってしまいます。ここでの問題は「脳は騙されうる」ということです。脳にとって、今感じている胃痛が、ウィルス感染によるものか、長期にわたるナルシシストとの闘いからくるものなのかを区別することは、容易ではありません。そしてさらに、その胃痛がどのようなものであっても、それはあなたの古い記憶、たとえば教会学校の一年生のときに生じた忘れえぬ胃の痛みを連想させます。そのときあなたは、教会のシスターに「帽子を忘れたのね！　あなたは罰として地獄の業火で焼かれることになります」と脅され、強烈な胃痛を感じたのかもしれません。このような体験によって、あなたの心には「不信スキーマ」の種がまかれ、それが萌芽してしまったのかもしれないのです。

自分の身体の状態にマインドフルに注意を向けることができなければ、たとえば吐き気を感じたとき、その強弱に関わらず、私たちは吐き気にとらわれ、「どこか身体が悪いのではないか」と疑い、心配し続けることになります。一方で胃の不快感が明らかに身体的な要因によるものとマインドフルに理解できれば（「この吐き気は、正体不明の病気のせいではなく、この一週間オフィスのみんながやられているウィルスに自分もやられたからだ」）、あなたは病気を疑うのではなく、休憩をとって回復を待つことができるでしょう。あるいはその吐き気は身体的な要因によるものではなく、何らかの心理的な要因によるものかもしれません（「そういえばこの吐き気は、同僚のシェリーと一緒にいるときにいつも感じる吐き気だ。もしかしたらこれは、幼い頃、教会のシスター、ジョセフ・マリーに、帽子を忘れたことをとがめられ、『地獄に堕ちるわよ』と脅されたときに感じたのと同じ吐き気かもしれない」）。このような気づきが得られたら、あなたは勇気を出して毅然とした態度でシェリーに相対できるようになるかもしれません。これを成功させるには、「過去と今は違う。あのときはああだったけど、それと今とは違うのだ」というセリフを呪文のようにあなたの脳に取り込む必要があります。第5章では、過去と現在を区別し、このような新たな呪文を取り込んで生きていくために役立つツールを数多く紹介します。

エクササイズ● 誤作動を予測し，レーダーを作動させる

私たちはこれまで，スキーマが心身のつらい反応をいかに巧みに引き起こすか，ということを学んできました。この一連の反応をどうすれば短縮させることができるでしょうか。ここで新たなエクササイズを紹介します。これは先ほどのエクササイズと同様に，あなたとナルシシストとの間に起きる困難な場面をイメージすることから始めます。このエクササイズでは，「気づきのスキル」を新たに学んでもらいます。これは，ナルシシストと一対一で対峙するときの感覚ではなく，あなたの中の心地よく安全な感覚に関連するものです。さらにこのエクササイズでは，ポジティブな思いやりに満ちた内的な対話をすることで，自らのスキーマと距離を置く体験をしていきます。

1．身近なナルシシストと次に会う場面を考えてみましょう。それはいつですか？　場所はどこですか？　どんな状況においてでしょうか？

2．そのときに起こりうるナルシシストとの対人関係上の問題は何でしょうか？　思いつく限り挙げてみましょう。

3．そのときに起こりうるあなた自身の反応を，ありとあらゆる角度から予測してみましょう。どんな感情が生じますか？　どんな行動をとりますか？　どんな身体感覚が起きそうですか？　これまでにも似たような状況があったことでしょう。そのときの反応はどうでしたか？　ちょっとした反応から，最悪の反応まで，あれこれと考えてみましょう。

4．身体に生じる感覚や，頭に浮かぶ考えに注意を向けます。「気づきのレーダー」を，あなたの中の最も傷ついた部分に向けてください。たとえて言えば，雨が降っている中でも，最も強く激しく降っている「どしゃ降り」の場所を探すのです。

5. あなたの身体感覚が仮に「言葉」を話せるとしたら、それは何と言っているでしょうか？　たとえば、あなたが「欠陥スキーマ」の持ち主で、それに「懲罰的なコーピングモード」が加わった場合、あなたの喉に生じる、この詰まるような感覚は、「この弱虫が！　お前は自分の身を守ることもできないのか！」と言っているのかもしれません。こんなふうに今まさに生じている身体感覚に目を向けて、その感覚があなたに対して何と言っているのか、言葉にしてみましょう。

6. あなたの心の中には、賢くて思いやりに満ちた「内なる声（心の声）」があります。その声と右の身体感覚とを対話させてみましょう。たとえば、心の声は次のように言ってくれるかもしれません。「幼い頃、私は、『自分はダメな存在だ』と思わされてきました。でもそれは本当のことではありませんでした。私はほんの小さな子どもだったんです。相手に立ち向かうことなどできるはずがありません。私は小さかったし、とても怯えていたんです。でも大人になった今、私が体験しているのは、スキーマの活性化にすぎません。私は選択することができます。誰かからこんなふうに扱われることを我慢する必要はまったくないのです」。

7. このような対話を通じて、ナルシシストと対峙するイメージによって引き起こされた身体感覚が、ゆっくりと消え始めたことに注意を向けてください。スキーマと対決する言葉がうまく思いつかない場合は、友人、家族、セラピスト、その他誰でもよいので、あなたをよく知っている人に頼んで、あなたの「心の声」を反映した言葉や文章を作るのを手伝ってもらいましょう。

私たちは、自らの内なるレーダーを作動させることで、内的な心の世界をスキャンし、偏ったスキーマを探し当てることができます。スキーマは真実ではありません。むしろ真実に対する「敵」のようなものです。本章の残りの部分では、ナルシシストとのコミュニケーションにとって役立つさまざまなスキルを学び、練習していくことにしましょう。

ナルシシストの「魅力」と「武装解除」

読者の皆さんは大いに思い当たることでしょうが、ナルシシストは、魅力的な雰囲気と一見楽し気な知性でもって、周囲の人を魅了し続ける力をもっています。彼はあなたに、自分が選ばれた存在であるかのように感じさせます。彼の注意を引いたからには、あなたはきわめて特別な存在でなければなりません。しかし、彼に魅せられて胸がいっぱいになり始めたちょうどそのとき、あなたは、暗がりの中に出口のサインがないか、密かに探し始めていることにも気づいています。自分の「寛大さ」を誇示するため、彼は家の中で最もよい席をあなたに用意することでしょう。その見返りとしてあなたに求められるのは、彼にスポットライトを当て続け、彼の演説の最中は「そのとおりよ！」とうなずき、最適なタイミングで笑い、決してつまらなそうな態度は見せず、大げさに拍手をし続けることです。何があってもあなた自身が彼のステージに一緒に上がることは許されません。

ナルシシストの用いる策略

ナルシシストのもつ魅力は、こちらを誘惑する疑似餌、つまり「おとり」のようなものです。これは非常によくできています。というのも、相手は餌に引っかかるまでは、ナルシシストとの関係が自分にとって高くつくことに気づくことはないからです。以下に、ナルシシストがよく用いる巧妙かつ古典的な策略について、具体的に紹介します。これを読むと、あなたとナルシシストとの関わりにおけるダイナミズムについて、より明確に理解できるようになるでしょう。

- **消え去る**：あなたに対して不滅の忠誠を約束したにもかかわらず、彼はあなたのもとから消え去ります。そのことにあなたが腹を立てると、彼はそれを認めたり反省したりすることなしに、自分勝手で求めすぎであるとあなたを非難します。

●**出来レース**：あなたに意見を求め、それを熱心に聞くふりをしながら、実際にはあなたの意見を否定し、屈辱的な批判を浴びせ、あなたの自尊心をずたずたにします。

●**ジキル博士とハイド氏**：あなたが他の第三者から不当な扱いを受けると、ナルシシストはあなたを必死で守り、ヒーローの座を勝ち取ります。しかし、あなたが彼の意見を遮ったり異を唱えたりすると、彼の態度は豹変し、辛辣で傲慢な言葉を浴びせ、容赦なくあなたを傷つけようとすることでしょう。

●**踏んだり蹴ったり**：ナルシシストは、トラック一台分の薔薇と共に突如あなたの前に登場します。そんなことをされると、あなたはここ数日の彼の不愉快な振る舞いを許してもよいような気になってしまいます。そのためあなたは彼に対して再び愛情と感謝を向けることになりますが、結局のところ、彼の底なしの要求に応えることはできず、彼は再び不愉快な態度をとるようになります。結果として、あなたは罪悪感と苛立ちを抱えたまま、ただ歯ぎしりをし続けるしかなくなってしまいます。すべては彼次第なのです。

●**とりつく島もない**：ナルシシストは、あたかもディベートクラブの会長のように、あるいは小槌を手にした裁判官のように、あなたを会話に誘い込みます。しかしその会話はすぐさま、延々と続く彼の独壇場となったり、会話ではなく論争になったり、やたらと競争的なやりとりになったりします。あなたがそれにどのように反応しようとも（例：無視する、反撃する、弁解する、非を認める）、彼が動じることはありません。

これらの策略はあなたにとってお馴染みのものでしょうか。「すべての項目がそうだ」という人がいるかもしれませんが、気落ちする必要はありません。私と一緒にナルシシストとの問題に取り組んでいるクライアントの多くが、身近なナルシシストには右の五つの策略すべてが当てはまると答えています。皆さんに覚えておいてほしいのは、ナルシシストが自分自身に対して、そして「光り輝くほど素晴らしい彼」を取り巻く周囲の人に対して、きわめて高い基準を設け、その達成を激しく求める、ということです。すでに本書でお伝えしたとおり、ナルシシストは、認められること、称賛されること、支配すること、勝利すること、偉大さを称えられること、を渇望しています。ナルシシストにこのような強烈な欲求があるのは、その内面に、恥辱感、孤独感、不信感といった感情が渦巻いているからです。彼らの示す自分本位な行動は、それらの感情の流れをせき止めるダムの栓にすぎません。

ナルシシストに対する典型的な感情的反応

ナルシシストは明らかに、他の人たちが守るルールを自分が守る気はありません。ナルシシストの用いる策略は不公平で不誠実なものばかりです。さらに悪いのは、ナルシシストのもつパーソナリティが、自らの振る舞いに対して異議を唱えられること、交渉を持ちかけられること、何らかの解決を求められること、妥協するよう求められることを決して受け入れない、ということです。ナルシシストとは、平等な立場で対話や交渉をしたりすることができません。その結果、ナルシシストを相手にした人には、以下のような感情的反応が生じることになります。

● **気持ちの不安定さ**：ナルシシストが「消え去る」そぶりを示したり、不安定な気分の波をぶつけてきたり、いい加減な行動を示したりするせいで、あなた自身の気持ちが不安定になり、孤独感や不安感を抱くようになるでしょう。これらの感情はときに、あなた自身の幼少期における不安定な対人関係の記憶を惹起することがあります。

● **脅かされる感じ**：ナルシシストが「出来レース」の策略を用いると、相手は「脅かされた」と感じます。それはまるで、言葉巧みに誘導され水面につけさせられたつま先を、水中からピラニアに噛まれるような感覚です。ナルシストのやり方が、あなた自身の幼少期の体験の再現であることが実は少なくありません（例：両親が夕食時に「好きなものを選びなさい」と言ったにもかかわらず、あなたが選んだメニューを非難する）。そのような体験の結果、あなたはたとえそれが自分にとって必要のないことでも、「行間」を読み、「正解」を見つけるためのスキルを身につけたのでしょう。

●恨　み：たった一五分前まではヒーローのようにあなたを守ってくれたジキル博士のようなナルシストが、おぞましいハイド氏に豹変したことによって、あなたは彼の高慢さ、身勝手さ、とりつく島のないことに対して、恨みの念を抱いたことでしょう。あなたに対する彼の献身やヒーローのような奮闘は、あなたのためにしていたのではなかったのだと、あなたはまたもや痛感します。これはかつて、母親が友人たちをもてなすテーブルの席に、珍しくあなたを呼び寄せたときのことと似ています。母親に呼ばれ、皆の席に入れてもらうのは気持ちのよいことでした。しかし次の瞬間に、母親があなたを呼んだのは、自分が献身的な母親であることをひけらかし、友人たちに「まあすごい！」「素敵だわ！」と称賛されるためだったことに気がつきます。あなたに与えられたのは、「マザー・オブ・ザ・イヤー」のステージに上がった母親にスポットライトを当てる役だったのです。

●憤　り：相手を「踏んだり蹴ったり」といった目に遭わせながらも、ナルシストはなぜそれほど魅力的なのでしょうか？　そしてなぜあなたは毎回その罠にはまってしまうのでしょうか？　その理由は、あなたが愚かだからなのではなく、彼に大切にされ、優しく接してもらえることでよい気分になれるからです。あなたは、彼が騎士のように勇敢にあなたを守ってくれることを期待し、危険を冒します。しかし結局のところ、あなたがキスをした魅力的な王子さまは、実はただのカエルだったことが明らかになります。彼の示すかりそめの魔法（トラック一台分の薔薇）にまたもや引っかかり、結局はさらなる不快な状況を手に入れたあなたは、憤りを感じます。これは幼少期において親との間に起きたことを彷彿とさせるかもしれません。それはたとえば、あなたが病気になって母親から珍しく愛情のこもった看病を受けて喜びを味わった後に、「お前の世話をしたせいで睡眠不足になった」と母親に訴えられ、母親をそうさせてしまった自分に罪悪感を覚えたときの体験と似ているでしょう。

●無力感：「とりつく島もない」といった策略のやり口は、ナルシシストがふるう熱弁の内容が何であれ、自分が特別な存在であることを誇示するというものです。その結果、あなたは無力感と疲労感に包まれることになります。この状況はあなたに勝ち目がありません（「もし私が負けを認めなければ、彼は一晩中私を寝かせてくれず、持論を延々と主張し続け、自分の声にひたすら酔いしれるのだろう」）。これは幼い子どもが抱く無力感に似ているかもしれません。特に子どもが、親や養育者から、自分の考えや意見を抑え、彼ら（親、養育者）の説く立派で神聖な考えを重んじることを強いられ、彼らに服従させられているような場合、このような無力感は顕著です。

私たちは皆、自分自身を守るためのプログラムが生得的に備わっているはずなのに、先のシナリオでは最終的に、「気持ちの不安定さ」「脅かされる感じ」「恨み」「憤り」「無力感」といった感情に行きついてしまいます。「守る」とはほど遠い状態です。これはどうしてなのでしょうか？　これを理解するためには、再び脳の機能について考えてみる必要があります。私たちがクマに突然遭遇した場合、生き残るために起動するメカニズムはごく限られています。それは、クマと闘って撃退しようとするか、クマから逃げ出そうとするか、あるいは恐怖に震えながら身体が固まってしまいその場に立ちすくむか、の三つです。これは典型的な「闘争‐逃走‐麻痺」の反応です。生存のためのこれらの反応を、スキーマ療法では、「過剰補償」「回避」「服従」と呼びます。脅威をもたらす状況によって反応が異なる人もいれば、どのような脅威であっても常に同様の反応を示す人もいます。

低位回路

ダニエル・シーゲルは、脳が脅威を感じると、皮質下の下部領域の一部（脳幹と辺縁系の領域）が活性化することを私に教えてくれました。これらの皮質下領域が「脅威」の判断を受け取ると（この領域には扁桃体として知られる部分が含まれています）、人はストレスを感じ、脅威に対する行動を準備させるためのメッセージが身体に送られます。それには、アドレナリンのような興奮作用のあるホルモンの分泌も含まれます。これらの反応は非常に素早く生じます。その仕組みは脳にしっかりと組み込まれており、それが「闘争‐逃走‐麻痺」の反応を引き起こします。これは、人間を含むほとんどの動物がもつ、真の危険や致命的な状況に直面した際に活性化される、生存のための重要な戦略なのです。

シーゲルによれば、脅威を感じる状況においては、脳は時に前頭前野の高次機能を遮断することがあり、彼はこれを脳の機能の「低位回路（low road）」と名づけました。前頭前野は、人間の脳のいわば「最高経営責任者」のような部分で、私たちが自らの心を落ち着かせたり、身体の動きを調整したり、推論を行ったり、外部の状況をモニターしたり理解したりすることと深く関わっています。脳の低位回路が機能するということは、これらの高次機能を失うことを意味します。前頭前野の機能が遮断されてしまうと、夜中に聞こえた物音が、侵入者がコソコソと階段を上る音ではなく、水道管の中を単にお湯が流れている音であるということを判断できなくなってしまいます。シーゲルの研究は、生活の中で見られる低位回路の働きを理解したり制御したりする方法に関する知見を提供してくれています（Siegel, 2001, 2007; Siegel & Hartzell, 2004）。

あなたの脳も、ナルシシストとの関わりの中で、脅威を認識した結果、低位回路が作動することがあるでしょう。しかし目の前の状況についてじっくりと考え検討することによって、ナルシシストのペースに踊らされることなく、自分のペースで落ち着いてやりとりすることができるようになります。「オレ様」や「お姫様」のナルシシストが近づいてきたときも、動悸や頭痛、口の渇きなどを感じる代わりに、たとえばバスが近づいてきたときと同じように、トラブルを落ち着いて予測し、自信をもって対応することができます。そうすればあなたは自尊心を失うことなく、ナルシシストにあなた自身の本当の思いを伝えられるようになるでしょう。

「過剰補償」「回避」「服従」のコーピングスタイルを超えて

ナルシシストとのやりとりが上手にできるようになるためには、あなた自身の中に構築された生存のためのシステムの動き方を修正する必要があります。誤作動によって鳴り響く内的な警報をあなた自身が調整できるようになるために、典型的な「闘争 - 逃走 - 麻痺」の反応を具体的に見ていきましょう。そしてこれらの反応をどのように修正できるか、といったことについて検討し、修正後の新たな心構えに基づいた効果的なコミュニケーションのやり方について学ぶことにしましょう。

● **過剰補償（闘争反応）**：相手から言葉による攻撃を受けたと感じたり、相手に無視されたと感じたりした際に、闘争反応を示しやすい人は、頭の中に「わからせてやる」「目に物を見せてやる」といった考えが浮かぶことでしょう。その結果として起こりうるのは、うんざりするような争いや激しい口論だったりします。相手が引きこもってしまう場合もあるでしょう。

［修正］ 闘いをあきらめる必要はありません。ただし相手を攻撃するのではなく、別のやり方で立ち向かう必要があります。たとえば、「わからせてやる」「目に物を見せてやる」といった頭の中の言葉を、「私にも権利がある」といった表現に書き換えることができます。

［コミュニケーション］ たとえばこんな言い方ができるかもしれません。「わざとそうしているのではないの

でしょうが、あなたの言い方や振る舞いによって、あなたが私を見下しているように感じられます。私は失礼な扱いを受けることについて我慢するつもりはありません。私のことを不愉快に感じるのであれば、私をけなしたり無視したりするのではなく、不愉快だと伝えてくれればいいのです。あなたにも権利があるように、私にも権利があります。あなたが私に対してもう少し思いやりをもって接してくれると嬉しいですし、あなたがそうしてくれれば、私もあなたに対して同じように接することができるでしょう」。

●**回避（逃走反応）**：困難な状況から逃げ出す傾向をもつ人の頭の中に浮かびやすいのは、「後にして」「それは後回し」といった言葉でしょう。しかし相手は逃げるあなたをさらに追い回し、要求を突きつけ、しつこく言い寄り続けます。結局あなたは彼に追い詰められ、身動きがとれなくなり、自分自身に見捨てられたように感じてしまいます。

［修正］　あなたを不安にさせる相手との関わりに距離を置きたい、と思うのはかまいません。しかし問題を解決するためには、結局はもとの場所に戻ってくる必要があります。具体的には「後にして」「それは後回し」という頭の中の言葉を、「私にはタイムアウトが必要です」といった表現に書き換えるとよいでしょう。

［コミュニケーション］　たとえばこんな言い方ができるでしょう。「この件があなたにとって重要であることはわかっています。もちろん私にとっても大事なことなのですが、今の私はこれに圧倒されて、いっぱいいっぱいになってしまっています。私に必要なのはまず、ひとりになって自分の考えを整理することです。そうすれば私たちの会話は実りのあるものになるでしょうし、あなたにとってもそのほうがプラスになると思うのです」。

●服従（麻痺反応）：脅威を感じると固まって身動きがとれなくなってしまいやすい人にとって、ナルシシストのしつこい支配から自分を救う唯一の手段は、相手に屈服し、相手からの非難をそのまま受け入れ、同意することとです。頭の中に浮かぶ言葉は「相手が正しい（私は間違っている）」というものでしょう。残念ながらこの言葉を鵜呑みにすればするほど、あなたの弱さや欠点について、相手からさらに非難を浴びることになります。

【修正】反射的に固まってしまうのであれば、台本を準備して練習しておくことが役に立ちます。「私は間違っている」と思う代わりに、「私は完璧ではないかもしれないが、すべてが間違っているわけではない」と思ってみるとよいでしょう。

【コミュニケーション】たとえばこういう言い方ができるでしょう。「あなたは私に腹を立てているようですね。私はそういうとき、あっさりとあきらめて自分の負けを認めてしまう傾向があります。それがさらにあなたをイラつかせてしまうこともわかっています。でも私はわざとそうしているわけではありません。私のこのような傾向は、今あなたとしているようなやりとりの中で、特に引き起こされやすいようです。私は今、こういう場面で自分がもっとちゃんとしていられるように練習をしているところです。あなたにも、私に対してもう少し思いやりをもって接してもらえると嬉しいです。私たち二人の関係には、あなたにも責任があるのですから」。

まとめ

本章では、ナルシシストと上手に付き合うにあたって障壁となるあなた自身のスキーマや反応が、あなたの人生におけるこれまでの体験や生物学的な生まれつきの気質によってどのように形成されたか、ということについて検討しました。そして古い習慣の餌食になりそうなときに、それを察知するレーダーを起動させるための練習を行いました。同時に、身体感覚からの情報に注意を向ける方法も学びました。人間には生存のための反射反応が生まれつき備わっていますが、一方で人間は非常に柔軟な存在でもあります。私たちは自分の頭の中に響く言葉や表現を修正し、コミュニケーションのとり方を新たに身につけることができれば、たとえナルシシストとの難しい関係であっても、相手に自己主張したり自分らしく振る舞ったりできるようになりますし、そのようなことが「できる」という感覚も強化されます。その結果、相手との関係性も変化していくことでしょう。

次の第５章では、身体感覚にまつわる情報に注意を向けるスキルにさらに磨きをかけます。読者の皆さんは、新たな習慣を形成し、柔軟なコミュニケーションスキルを身につける中で、マインドフルな気づきの大切さを学んでいくことでしょう。そして「本当の声」に従って相手とやりとりすることができるよう、新たな台本を書くという作業も続けていくことになります。

第5章 注意を向ける——ナルシシストとの困難な出会いに直面する

目に見えるものは、すべて目に見えないものによって投じられた影である。

マーチン・ルーサー・キング・ジュニア

あなたはこれまで本書を通じ、多くの時間とエネルギーをかけて、実にさまざまなことに取り組んできました。あなたはまず、自分自身のこれまでの生き方を振り返り、人生におけるさまざまなテーマを検討し、過去の体験が自分自身のパーソナリティにどのような影響を陰に陽に与えるのか、ということについて理解しました。あなたはまた、自分の体験と気質とスキーマのつながりについても検討してきました。あなたには、二つの疑問があることでしょう。それは、「なぜナルシシストと付き合うことが、自分にとってこれほど困難なのだろうか?」という疑問と、「なぜ自分はナルシシストに心を奪われ、引き寄せられてしまうのだろうか?」という疑問です。あなたは、自分のスキーマの引き金が、いつ、どのように引かれるかということについて、より正確に予測し、気づくことができるようになっています。そして、自分とナルシシストをよりよく理解するためのスキルを身につけました。今では、ナルシシストに対して、より効果的で確実なコミュニケーションをとるためのスキルを、あなたは身につけ始めています。

次のステップは、「今・この瞬間」に自分自身をしっかりとつなぎとめられるようになることです。「右から左へ聞き流す」というお馴染みの表現がありますね。これは脳のもつ「テフロン加工」のような機能をうまく言い表しています。つまり、あることに気づいたとしても、その気づきはすぐさまするりと滑り落ちて消えてしまうのです。実は、このような脳の機能によって、私たちは大いに助けられています。というのも、そのおかげで、その瞬間に鳴り響く心と記憶の不協和音を、すぐさま手放すことができるからです。ですから、「私には何でもお見通しで、この私が間違えるなんてことは絶対にないわ！」とのたまう女王様ナルシシストが現れ、頼んでもいないのに、あなたの人生の私的な悩みについて考えなしにあれこれと御託を並べているときや、自分がどれだけ素晴らしいのかということを（一見、謙虚さを装っていますが、「装っている」のが見え見え！）延々としゃべり続けているときには、せっかくですから、脳の「テフロン加工」機能を使ってみましょう。あなたは心の中で「消音」ボタンを押し、スキーマの電源を切って、ゆっくりと深い呼吸をしましょう。そして、そうすることが適切であるならば、あなたのコミュニケーションスキルを上手に使ってナルシシストに対して自らの言動の責任を負わせ、そうでなければ、あなたがその場を去ります。以前であれば、「不協和音が鳴り響く」あなたの心が、あなた自身をイライラさせたり、怒らせたりしたでしょうし、その結果、あなたは自分を責めたり無力感を抱いたりしたことでしょう。しかし今のあなたであれば、同じような状況が起きても、あたかも性能のよいテフロン加工のフライパンからふわふわのオムレツがするりと離れるように、あなたの苦悩もあなたから消え去っていくことでしょう。

機械的な習慣から抜け出す

自分は何者なのか、どのように生きてきた結果として今の自分があるのか、といったことを十分に理解することは、ナルシシストとの困難な関わりを改善するうえで非常に有用なツールになります。しかし、このツールを最大限に活用するために、あなたはいくつかの補助的なスキルを獲得する必要があります。それらのスキルの中心にあるのは、自分自身の不健全な習慣を特定し、そのような習慣に基づく行動をとっているときに、自らそれに気づくことができる、という能力です。この力は、身近なナルシシストとの新たな関わりを築くにあたって、その扉を開く鍵となるでしょう。

人間には、自分にとって馴染みのあるものを探し求め、これまでに学習し発達させてきた行動や生来的に備わった行動をとる傾向があります。こうした習慣には、健全で適応的なものもありますが、なかにはスキーマに基づくものもあります。スキーマに基づく習慣は、スキーマという「牢獄」にあたかも囚われてしまったかのように、あなたに感情的かつ身体的な苦痛をもたらします。スキーマに基づく習慣から自らを解放するには、自分自身の内的な部分、特に脆弱な部分をありのままにしっかりと感じ、それについての明確なイメージをもつことが欠かせません。

自分に対するコンパッション（思いやり）も不可欠です。コンパッションによって、自分自身の脆弱性を感じたときに、注意を適切に転換したり、健全に反応したりすることが可能になります。「私は愛されない」「私の欲求を満たしてくれる人などひとりもいない」「私には何の権利もない」「私は他人を幸せにしなければならない」といった昔ながらのいつものメッセージに振り回される代わりに、コンパッションを通じて、自分の視点をより現実的なものに切り替え、長年抱えてきた極端なテーマによる苦しみから心身を解放することができるようになります。自らを傷つける自分自身の思考パターンを手放し、新たなパターンを手に入れることができれば、特にナルシシスティックな人たちとの間で活性化されやすいスキーマやそれに関連する事象について、より公平で現実的な新たな視点を保つことが可能になるでしょう。

では、どうすればスキーマという「古い牢獄」から離れることができるのでしょうか？　記憶が脳の中で多大な影響力をもつことはもうご存知ですね。そして、記憶というものがある限り、スキーマとの付き合いは避けられません。しかし、あなたが新たに作り上げた思慮深く愛に満ちた内的な声が、あなたをきめ細かく守ってくれるようになれば、スキーマが活性化される頻度はぐっと減るでしょう。また、仮に活性化されたとしても、それによるあなたのストレス体験の度合いはずっと軽くなり、より早く回復できるようになるでしょう。ある意味、それで十分なのです。考えてみれば、一年三六五日、一日二四時間の間を通してずっと、スキーマに対して目を向けることなどできるはずはないのですから、この程度まで変化できればそう悪くはありません。時には、古い習慣がいつの間にか復活し、気がついたら馴染みのある独房で、古いスキーマの声を聞かされ、枕に顔をうずめたり壁をボーっと見つめたりするしかなくなってしまっている自分に出会うことがあるかもしれません。けれども、それは一時的な現象にすぎず、そうなってしまったからといって、それはあなたが「生まれつき欠陥がある」とか「失敗する運命にある」といったことを意味するのではない、ということを覚えておいてください。それを忘れずにいられれば、古い独房にはまり込んだ自分を再び救いあげ、「今・この瞬間」に戻してあげられることに、あなた自身が気づけるようになるでしょう。

具体例を挙げます。あなたが何かの社交的なイベントに参加したときに、ナルシシスティックな人物に偶然出会うとします。彼には「パーティ命《いのち》君」と命名しましょう。彼は、もうちょっと具体的に言えば、「僕はパーティで目立つのが大好き。だからパーティで出会った人の名前なんていちいち覚えてられないよ」という人です。あなたは彼を目の前にして、「私にはこの場を盛り上げることなんかできないから、何もしゃべらずに黙っていよう」と考え、「怯えたモード」「不安モード」といったお馴染みのモードに入ります。気持ちが動揺し、胃が痛くなってきます。これが合図です。それに伴う身体感覚や信念に気づきを向けてください。しばらく時間をとって、自分自身の内的な世界に優しく穏やかに注意を向けてみましょう。その際、軽くストレッチをしたり、ゆっくりと数回深呼吸したりしてもよいかもしれません。そしてあなたが自分のために作り上げた「新たな内なる声」に耳を傾け、その声に守ってもらいましょう。その声は、あなたがスキーマの罠にうっかりとはまってしまったときに、真実を伝えてくれます。思い出してみてください。あなたは大丈夫なのです。あなたのその反応は、単に古くてしつこい記憶から生じているにすぎないのです。思い出してください。あなたにはあなた自身の権利と意思があります。高慢で不快な「パーティ命君」に迎合することなく、パーティで楽しい時間を過ごす権利があるのです。自分の内なる世界を大切にすることができれば、あなたは彼との関わりを最小限に留めることができるでしょうし、たとえ彼が目の前にいても、あなた自身の思いと尊厳を保つことができるでしょう。

私のクライアントのひとりは、セラピーにおいて、自分自身の「隠れナルシシズム」の問題と食習慣の変容に取り組んでいましたが、あるとき彼は非常に面白いメタファーを思いつきました。その頃私たちは、他者からの承認を過剰に求める彼の傾向について検討していました。同時に私たちは、人気者でナルシシストのジョーという同僚が近くにいるとひどく動揺してしまう、という彼の傾向についても話し合っていました。彼のメタファーは次のようなものでした。

「ジョーは、僕が『欲しい（want）』と思っているチーズバーガーのような人です。彼が僕を仲間に加えてくれたら、僕は自分を特別な存在だと感じることができるでしょう。でも、僕が本当に『必要だ（need）』と思っていて、しかも実際に食べて美味しいと思えるのは、実はチーズバーガーではなくチキンラップサンドなんです。なぜなら、僕は僕であるだけですでに特別な存在なのだし、ジョーよりももっと健全な人たちと一緒に過ごすほうが、自分を大切にすることにつながるだろうからです。僕の母は、僕を大事にする術を知らず、その結果、僕は自分のことを『愛される特別な存在だ』と思えずに大人になってしまいました。僕のスキーマは、『今のままでは駄目だ。僕が特別な存在になるためには、非凡な人間にならないといけないし、人気者のグループに入らなければならない』と僕に感じさせます。そのせいで僕はジョーに受け入れられたいと思ってしまうのでしょう。ジョーの存在は、僕がスキーマによる痛みから一時的に逃れるための鎮痛剤のようなものです。でも、彼と僕には、実は何の共通点もないんです。彼の存在は、よく言っても僕の人生における『突っ張り棒』にすぎないんです。でも僕は突っ張り棒を必要としていません。僕が必要としているのは真の友人なんです」。

マインドフルな気づきのもつ力

先述のクライアントのように、スキーマの罠にはまって古い習慣に入り込むのを逃れ、自分自身をしっかりと保つためには、マインドフルな気づきを高めることが重要です。これまでの章で紹介したいくつかのエクササイズで、あなたはすでにマインドフルネスを体験していますが、ここではそのスキルをさらに向上させましょう。簡単に言えば、マインドフルネスな気づきとは、自分自身の外側と内側の体験や感覚に対し、十分に注意を払い、しっかりと受け止めることを言います。人間は、自分の感覚システムを意図的に起動し、あらゆる対象に対して選択的に注意を向けることができます。私の友人のローラ・フォートガングは、優れた作家であり、プロのライフコーチとしても評価が高いのですが、彼女はマインドフルネスについて次のように述べています。「マインドフルネスとは、すべての対象に気づいていながらも、そのどれにもとらわれていないという状態です」。私はこの定義をとても気に入っています。なぜなら、何かひとつの対象にとらわれてしまうと、他のすべての対象が見えなくなってしまうからです。

マインドフルネスという新たな感覚のレンズを通して物事を見たり感じたりできるようになると、私たちの心はより柔軟になっていきます。マインドフルな気づきと柔軟性を通じて、私たちは、自分自身の内的な世界や外側の環境におけるさまざまな事象の深みや色彩、動きなどをより明確に感じ取ることができるようになります。たとえば、海を思い浮かべてみましょう。海に対してマインドフルに注意を向けると、打ち寄せる波の音が、より鮮明に、そしてよりきめ細かく聞こえるようになります。顔にかかる水しぶきのぬくもりや、太陽の光のまぶしさも、今よりももっとありありと感じられるようになります。潮風の香りや、その味わいすら感じられるかもしれません。自分の感覚に十分に気づきを向けることができれば、「今・この瞬間」をより彩り豊かに体験できるようになります。

練習の重要性

マインドフルな脳の状態を維持したり向上したりするためには、日々の練習が不可欠です。何かを学び習熟するのと同様に、マインドフルネスについても意図的な練習を繰り返し行う必要があります。自転車や車の運転を例に考えてみましょう。風景を楽しみながら運転できるほどに十分に習熟するためには、手足の場所、姿勢、ハンドル操作、スピード、視覚的な手がかりなどについて、十分に注意を払い、意図的に考えながら運転の練習をしなければなりません。

何年も前のことですが、私は友人にマニュアル車の運転を教えてもらうことになりました。彼は「最初からチャレンジすることが大事だ」と言って、交通量の多い坂道を運転するよう私に指示しました。そのときすでに私には八年の運転歴がありましたが、ハンドルを握りしめる手のひらが汗ばみ、シートにもたれた背中は硬直し、すぐ後ろにいる車を気にしてバックミラーをきょろきょろ見ている自分に気がつきました。心臓は、静寂の中で鳴り響くスタッカートのように高鳴っていました。「左足でクラッチをつなぐ。ブレーキを離す。右足でアクセルペダルを踏む。左足をクラッチペダルからゆっくりと離す。友だちの新車で事故を起こしてはダメよ！」。

マニュアル車の運転という新たなスキルを習得するには、高度な集中力と努力が必要でした。しかししばらくすると、私は自分のために新たに購入したマニュアル車で渋滞の登り道を運転しながら、同時にラジオを聴き、風景を楽しみ、もうすぐ受けることが決まっていた中間試験について思いを馳せることができるようになっていたのです。それと同時に、自分がもはや初めてマニュアル車を運転したときのように操作に集中しなくてもよくなっていることに気がついたのです。車のシフトレバーの操作は、「アクセスしやすいひとかたまりの記憶」となり、私は実になめらかにそれらの操作ができるようになっていました。運転量がさほど多くない人であれば、慣れるのにもっと時間がかかるのかもしれません。しかし、継続的な練習を積み重ねれば、誰でも運転のスキルを向上させることができるでしょう。

読者の皆さんにもそれぞれ、練習を通じて何らかのスキルを獲得したという体験があるかもしれません。いずれにせよ、以下の教示に従ってみてください。

1. 何かのスキルを初めて学ぼうとしたときのことを思い出してください。どれほどの集中力と注意力を必要としたでしょうか。
2. そのときの記憶を思い起こしながら、どれほど多くの感覚（最初に生じた考えや感情に加えて、身体感覚や見えるもの、におい、味など）があなたの中に呼び覚まされるか、それを確認してみましょう。
3. それほど多くの注意や集中を必要とせずにそのスキルを使えるようになり、他の事象にも注意を向けることができるようになるまでに、どれぐらいかかりましたか？

あなたが、芸術やスポーツといった趣味の領域の記憶（例：テニスを始めたときのこと）を思い起こしたとしましょう。「ボールをうまく打ち返すためには、一瞬たりとも集中力を途切れさせてはならない」と、テニスを習い始めた当初、あなたは思っていたことでしょう。しかしながら、ボールを打つことにすべての神経を集中させていた当時に比べたら、ボールを打つのと同時に対戦相手の次の動きを予測することができるようになった今は、注意の向け方がだいぶ異なることが、あなた自身も理解できますよね。

「継続は力なり」ということわざを聞いたことがあるでしょう。コーチがいるかどうかはさておき、何かを学ぶ際には、繰り返しの練習が必要です。私たちは、たとえ完璧にできるようにはならなくても、練習を繰り返すことで、それにまつわる情報や行動が記憶として定着していきます。何だって練習することができます。テニスのバックハンドを打つ練習。ピアノの演奏の練習。そして、威圧的な相手の前で萎縮せずにすむようになる練習。何であれ、次のようないくつかの目標を心に留めつつ、とにかく練習を繰り返しましょう。

- 新たな習慣を獲得する。
- 望ましくない習慣を手放す。
- ほどよく、あるいはよりよく行動する。
- すべてを記憶に組み込み、熟達感を高めていく。

ナルシシストとのやりとりにおいてマインドフルネスはどのように役立つか

ナルシシストに対応するうえで大切なのは、「注意を向ける」というスキルを練習し、習得することです。あなたがナルシシストとのやりとりにおいて、あきらめ、服従し、肩を落としてうなだれているとします。あなたが自分自身のそのような反応に注意を向け、気づくことができれば、ポジティブな変化を起こそうとすることが可能になります。あなたは、その「肩を落とし、うなだれた姿勢」が過去の習慣に基づくものであることを理解し、あなたの心が敗北を勝手に予測してしまっていることに気づくでしょう。それらの理解や気づきを得た瞬間に、あなたは、強く自信に満ちた態度で、「顔を上げ、胸を張った姿勢」を選択することができます。同時に、相手の顔や手、身体の様子などに注意を向け、相手が「ただのひとりの人間にすぎない」ことを思い起こすことができます。そう、ナルシシストの彼だって、魅力と欠点を兼ね備えたひとりの人間にすぎないのです。心身の調和を取り戻し、より現実的な視点で状況をとらえることができれば、「べき」とか「ねばならない」といった考えやスキーマの重荷を下ろすことができます。自分が大丈夫であることを「知る」だけでなく、「感じ」られるようになります。

気づきは発見を生み、発見は自由を生み出します。その自由によって、あなたは、あなたを取り巻く世界の中で自分がどのように振る舞うのかに対し、真の責任を負えるようになります。あなたはこれまで身近なナルシシストに対して、罪の意識を感じたり、服従したり、無力な存在でいたりすることしかできませんでした。しかし自由を得たあなたは、これまでとは異なり、たとえナルシシストの前であっても、自分を偽ることなく、健全で成熟した大人の自分のままでいられるようになります。「今・この瞬間」に注意をしっかりとつなぎとめ、ナルシシストが心の奥に隠し持っている恥や欠陥の感覚（彼らはそれらを懸命に隠そうとしますが、隠しきれるものではありません）に対する共感を保つことができれば、彼があなたに悪影響を及ぼしそうになったときにも、上手に対処し、新たな自信につなげていくことができるでしょう。自らの自動的な反応に気づくことができれば、あなたは以下の点についてはっきりと認識できるようになります。

- 突然生じる不快な感覚は、スキーマの活性化によるものである可能性が高いこと。
- 自分の記憶によって惹起された思考や感情は、現在の状況とはまったく関係がないかもしれないこと。
- 「今・この瞬間」における自分の反応は、自分が選択できるということ。
- 証明するべきことも隠れる必要もまったくないこと。
- 自分にも権利があること。

マインドフルな脳の状態を作り、その状態を高めていくことで、思考や信念や予測はより柔軟になっていきます。それはまるで、念入りなトレーニングやエクササイズで鍛えられた筋肉のようなものです。筋肉を鍛えるときに相応の痛みを伴うのと同様に、マインドフルネスの訓練においても、時には痛みを感じながらも定期的に練習することが必要です。マインドフルネスを習得することで、あなたは多くを得ることができるでしょう。もうすでに、練習を始めてみたくなっているのではありませんか。以下に、心に気づきを向け続けるためのシンプルな方法を具体的に紹介しましょう。

エクササイズ●マインドフルな脳を作る

これまでにも述べたとおり、新たなスキルを身につけるには練習が不可欠です。以下に紹介する練習を、一日二回、各五分ずつ行うようにしましょう。もちろん練習の回数や時間を増やせば、マインドフルネスの体験はより強固なものとなり、新たに習得した気づきのスキルはさらに定着しやすくなるでしょう。練習は、必ずしも静かな場所で行う必要はありません。その気になれば、いつでもどこでも練習ができます。とはいえ、話しかけられたりするなどして、練習が中断されてしまわないように気をつけましょう。

練習では、目は閉じていても開けたままでも、どちらでもかまいません。目を閉じたほうが、自分の感覚の世界をより深く探究することができますが、開けることを選んでもまったく問題ありません。まずは次の教示文を繰り返し読み、手順に慣れてください。マインドフルネスの練習そのものが習慣化するまでは、手順を録音しておくのもひとつの手です。練習の際は、教示されるすべての感覚に注意を向けましょう。

1．まず呼吸に注意を向けます。呼吸をコントロールしようとせず、あなたのいつもの自然な速度の呼吸を続けてください。以下のような手順でさらに注意を細かく呼吸に向けます。

一度目の呼吸では、お腹がふくらんだりしぼんだりする感じに注意を向けてみましょう。

二度目の呼吸では、肺（胸部）がふくらんだりしぼんだりする感じに注意を向けてみましょう。

三度目の呼吸では、吸った息が鼻の穴を通るときの冷たい感覚に、そして吐く息の温かさに注意を向けてみましょう。

2．右記「1」の手続きを三回繰り返します。お腹の動き、肺（胸部）の動き、吸う息と吐く息の温度のそれぞれに、順番に注意を向けます。

3．目を開けている場合は、自分が今いる場所にも注意を向けてみましょう。閉じている場合は、自分が今いる場所はどういう場所か、イメージしてみます。周りに置いてある物は何か、どういう色か、大きさはどうか、どういう形か、どんな特徴があるか、どんな動きをしているか、見えている物すべてに、しっかりと気づきを向け、一つひとつにラベルを貼ります。

4．今度は聞こえてくる音に注意を向けてみましょう。何の判断もせず、自分の耳に入ってくる音声をそのまま聞きます。それら一つひとつにも、ラベルを貼ってみましょう。窓から聞こえる芝刈り機の大きな音。遊んでいる子どもたちのはしゃぎ声。もっと微かな音もあるでしょう。換気ダクトを通るヒューっという機械音。時計のチクタクという音。机の上のノートパソコンから聞こえるブーンという音。それらすべてに注意を向けます。

5．鼻の穴の中の感覚にも注意を向けてみましょう。鼻の穴を通る空気は、どんな感じがするでしょうか。な味や感じがするでしょうか。その一つひとつにラベルを貼ってみましょう。

7．何かが身体に直接触れている部分に対して注意を向けます。肌に触れ合う服の感覚。顔に当たるそよ風。座っている椅子のクッションの硬さや質感。足の裏が触れている床や地面の感覚。足の指の隙間に入った砂の感覚。それぞれに気づきを向けます。

8．最後に、自分自身の身体の内側、皮膚の下にある世界に注意を向けます。可能であれば、心地よい深い呼吸を続けながら、簡単なストレッチをしてみましょう。ストレッチをしながら、頭のてっぺんから始めて、身体全体を上から下までゆっくりとスキャンします。顔、首、手足、指、そしてつま先。筋肉や内臓の感覚にも注意を向けます。活力。疲労。緊張。うずき。痛み。しびれ。力強さ。吐き気。弱々しさ。それらにただ気づきを向けます。そしてそれらの感覚の中にある感情にも気づいていきましょう。内臓の感覚とつながっている、悲しみや恐怖や怒りといった感情が何かあるかもしれません。ただそれらに注意を向け、一つひとつにラベルを貼りましょう。評価することなく、ただ観察します。注意をそこに静かに留めたままにしてください。

マインドフルネスにあたっては、オープンで平穏な状態を保ち続けましょう。これは、先入観や予測をもたずにひたすら練習を続ける、ということを意味します。これは簡単なことではありません。なぜなら、私たちの思考は必ずや、この練習を阻止するかのようにそそのかしてくるからです。思考が口をはさんできたら、まずそのことに気づき、その考えにラベルを貼り、それが思考であることを認め、最後に手放しましょう。たとえばマインドフルネスの練習の最中に、「馬鹿馬鹿しい！　こんなことして、何になるというのかしら?」といった考えが浮かぶかもしれません。そうしたら、まずはそのような考えが浮かんだこと、そしてそれが単に「判断する思考」にすぎないことを確認しましょう。そして「そういう考えが浮かんだのね」と自分自身に言い、その考えを手放し、マインドフルネスの練習に戻りましょう。

活性化されたスキーマに基づく考え（例：「誰も私が自分の欲求を満たすことを助けてくれない」「私はどうせ一生孤独で満たされないんだ」）が侵入してきたら、第4章で紹介した「観察、理解、特定、分化」のプロセスを用いてください。お馴染みの考えが浮かんできたことに気づいたら、その考えを観察し、それが自分の過去の人生におけるテーマやスキーマと関連しているかどうかを検討してください。関連しているのであれば、それらのテーマやスキーマを特定し、ラベルを貼り、それが自分の過去のどの体験に由来しているのか、ということについて考えてみてください。

たとえば、「今、こんな考えが浮かんできたわ。これって私の中の『情緒的剝奪スキーマ』から来ているのよね。私はそれをわかっている。このスキーマは、私の中にいる小さな女の子を私に感じさせるわ。その女の子は、愛情と共感を求めているのに得られなかったから、悲しみに暮れ、孤独感を抱いているの。このスキーマが活性化されて、この女の子が出てくると、私は自分の欲求が決して満たされることはないだろうと思ってしまうのよね」といった具合です。そして次に「でもそれは過去のことよ。そして今は過去じゃなくて今。過去と今は違うのよ」と口に出して、分化のプロセスをうながしましょう。最後にその考えをゆっくりと手放し、マインドフルネスの練習に戻ります。

スキーマが関連するような考えは、非常にしぶとく、手放そうとしてもなかなか消え去るものではありません。そのようなとき、呼吸が私たちを「今・この瞬間」につなぎとめる役割を果たしてくれます。思考の波にさらわれそうになったとき、呼吸が私たちをマインドフルネスの練習に優しく戻してくれます。自分が非常に動揺していることに気づいたら、エクサイズのところで示したとおりのやり方で呼吸に注意を戻してください。お腹や胸の動き、息を吸ったときと吐いたときの空気の冷たさや温かさに、あらためて注意を向け直すのです。

マインドフルネスによって得られるもの

マインドフルネスという「気づきと発見の実践」を積み重ねることにより、私たちは多くの素晴らしいギフトを手に入れることになるでしょう。しかし同時に大して素晴らしくもないギフトも手に入れることになります。覚えておいていただきたいのは、記憶は脳と身体の両方に保存されているため、さまざまな身体感覚が刺激となって記憶が活性化する場合があるということです。幸いなことに、私たちの意識がより明晰になり、調和のとれた気づきをもてるようになると、それが真実なのかそれともスキーマによる虚構なのか、あるいはそれが今のことなのか過去のことなのか、といったことを容易に見分けられるようになります。これは、ナルシシストという最も厄介なタイプの人たちと関わる際、自分が冷静でいられるためには、まさに不可欠な能力なのです。

脳の素晴らしさを解明し、それを人々に伝えようと奮闘しているダニエル・シーゲルは、次のように述べています。「マインドフルな『注意モード』にあるとき、脳は内的な気づきを得ることができる。われわれは、感情、思考、身体感覚を区別することができる。同時にそれらを心身の調和の中で統合的に感じることもできる。逆に、マインドフルな状態でないとき、心は自動的なデフォルト状態に陥っている。そのようなとき脳は何かを受容するのではなく、ただひたすら反応するのみである」(Siegel, 2007)。

とはいえ、前にも述べたように、そもそも私たち人間のもつ特性や、日々の忙しい生活を考えると、私たちが常にマインドフルな状態で十分な気づきを向け続ける、ということは不可能です。常に完全に覚醒し続けようとしたら、私たちに必要な自動的なデフォルト機能が働く余地がなくなってしまいます。注意を払うとは、選択をするということであり、それはある種の自己制御だからです。食生活に気を配ったり意識的に運動したりすることが、健康や活力、長寿につながるのと同じように、思考や感情、身体感覚に意図的に注意を向けることで、私たちの中に「気づきのセンサー」が内蔵され、それが私たちによいものをもたらしてくれることでしょう。気づきのセンサーがあることで、私たちは、それを取り入れることによって自分に喜びをもたらす瞬間に気づくことができます。一方で、ナルシシストと共に生活するにあたっては、手放すほうが役に立つあなた自身の考えや感情もあることでしょう。気づきのセンサーがあれば、それらの考えや感情についてもその場で気づくことができるのです。

ナルシストのもつ四つの「仮面」とその付き合い方

読者の皆さんは、ナルシシズムに関する知識を手に入れ、身近にいるナルシストについて理解をし、同時にあなた自身のスキーマとコーピングスタイルについても丁寧に検討し、気づきの練習や脳の柔軟性を高めるための訓練をしっかりと行ってきました。ここまで来れば、日常で最も遭遇することの多いナルシストの四つのモード（仮面）について理解し、それぞれのモード（仮面）に対応する際の具体的な戦略について学ぶ準備が、十分にできているといえるでしょう。その四つのモードとは、具体的には「自己顕示モード」「いじめモード」「権利要求モード」「依存・自己鎮静モード」です。

自己顕示モード

「自己顕示モード」をもつナルシシストは、他者から崇拝されたり、羨望の的になったりすることに飢えています。彼女（ここでは女性のナルシシストを想定してみます）は、あからさまに自慢することによって崇拝や羨望を得ようとするかもしれません。あるいは一見感じよく控えめな自分を演出することによって、それらを手に入れようとするかもしれません。彼女は「ありのままの自分ではダメだ」「自分は望まれない存在だ」といった感覚に苦しんでいるのですが、おそらく本人はそのことに気がついていないでしょう。しかし彼女は、誰かが自分のことを「すごい」と思ってくれれば、崇拝や羨望に対する自分の渇望は一時的に満たされ、恥の感覚がなくなることを学習によって知っています。彼女は他者からの拍手喝采の中に自分の価値を見出そうとするのです。そういう彼女は、他者には「自分を褒めたたえてくれる人」としてしか関心がありません。

そのような彼女を目の前にして、あなたがするべきことは、「今・この瞬間」をしっかりととらえることです。

彼女は明らかにあなたからの称賛を欲していますが、それに惑わされずスルーしましょう。相手の求めに応じて称賛するのではなく、あなたと彼女の間にある、ありふれた、そしてシンプルな「ちょっとしたいいこと」について、彼女に伝え返しましょう。たとえば友人のバネッサがそのようなナルシシストだとします。これまでのあなたであれば、こう言って、彼女を称賛したかもしれません。「まあ、バネッサ！　いったいどうすれば、そんなに素晴らしいことができるのかしら？　あなたってなんて素敵な女性なんでしょう！」。しかし今回は代わりにこう言うのです。「バネッサ、ランチを一緒にできて嬉しいわ。約束を覚えていてくれてありがとう」。これが、日常的な「ちょっとしたいいこと」です。彼女は、あなたからの称賛を得るために、自分が非凡であり、光り輝く存在であるというイメージを演出し、そのように振る舞おうとしますが、そこに焦点を当てる代わりに、彼女の思いやりや、飾らない優しさといったことに注意を向けましょう。たとえ彼女がボランティア活動で素晴らしい実績を上げていたり、並外れたファッションセンスをもっていたりしたとしても、それを話題にするのではなく、「いぶし銀」のような、より平凡でありふれた特徴を見つけ出し、それについて率直に、けれども控えめに承認するようにするのです。

たとえば、彼女が、とある病院で毎年行われているチャリティーイベントの次期大会長を依頼されたとします。そのイベントには、地域の著名人が多く関わり、絢爛豪華なパーティが行われます。彼女はあなたに対し、自分が大会長を頼まれた理由について、いかに自分の評判がよいかとか、いかに自分の普段の活動が認められたかとか、いかに自分が著名人と豊富なコネクションをもっているかとか、いろいろと事細かに話してくるかもしれません。しかしあなたはそれらの話題に反応することなく、ひととおり話を聞いたら、「病院への寄付で助かる人はたくさんいるものね。バネッサ、あなたがそれを手助けすることになったことは、とても素晴らしいことだと思う。成功を祈っているわ」と言うことができるでしょう。

あなたは、自らのスキーマによって仕掛けられた罠にはまらないよう、動じずに、落ち着いて、自分をしっかりと支えます。彼女のエゴが放つ、まるで一四カラットのダイヤモンドのような輝きに惑わされないように気をつけましょう。そして、あなたが揺らぐことなく本当の自分であり続けることができれば、あなたのその率直な言動が、バネッサの長年の切実な欲求（自らを大げさに演出しなくても、ありのままの自分を受け入れてもらいたい）を、かえって満たすことができることを知っておいてください。

いじめモード

「いじめモード」をもつナルシシストは他者の言動や動機に対して強烈な不信感を抱いています。彼は、相手が自分を支配しようとするのではないか、相手が自分を馬鹿にするのではないか、相手が自分を利用しようとするのではないか、といったことを非常に恐れています。彼は、虚しく寂しい心を抱え、恥と欠陥の感覚をもちながらこれまで生きてきたため、本当の意味で自分のことを気にかけてくれる人は誰ひとりいないと固く信じています。彼は、他者を批判したり支配したりすることによって自分自身を守ろうとします。そして彼自身が強く求めている権威や名声を得るために、相手が自分のことを弱く無力であり、愚かでさえあると感じるよう仕向けてきます。

あなたがそのようなナルシシストに対峙するには、「今・この瞬間」をしっかりとつかみ、本書を通じて新たに得た洞察を活用しましょう。あなたは落ち着いて、堂々としています。あなたは「いじめモード」にある彼の目を真っ直ぐに見つめ、彼の言葉と行動があなたにどのような影響を与えるか、ということについて慎重に伝えていきます。たとえば、そのナルシシストは、あなたの同僚のブラッドだったとしましょう。彼は、あなたが提案したプロジェクト案に対して難癖をつけまくっています。そこで、あなたは次にように言うのです。「ねえ、ブラッド。私の仕事があなたの期待に応えられていないからといって、そんな声で、そんなふうに批判されてしまうと、正直言って受け入れることが難しくなってしまうわ。あなたが私の仕事ぶりに失望し、不満を感じていることはわかっているし、残念ながら、私の仕事にうまくいってない面があるのも事実だと思う。でもそんな意地悪な言い方をする必要はないんじゃないのかしら。あなたが私を故意に傷つけようとしているとは思わないけれども、ときどきあなたがあまりにも私に対して批判的になりすぎるように感じてしまうの。それは私にとってつらいことだし、何の助けにもならないわ」。

あるいは、ジョーという重要他者がいるとします。彼はナルシシストです。彼は、仲間たちと一緒にいたときに、あなたに気にかけてもらえなかったと感じ、「いじめモード」に陥り、あなたを責めてきました。そこであなたはジョーに対してこのように言います。「ジョー、もちろん私はあなたのことを気にかけているわ。それにもちろんのこと、私に無視されたと感じてもらいたくもないわ。私があなた以外のことに注意を向けるとあなたはイライラし始め、私の注目を集めたくなることも、よく理解しているつもり。あなたはそんな自分の気持ちを、私に悪態をついたり、私を何度も呼び捨てで呼んだりするのではなく、私にはっきりと伝える責任があるのではないかしら。あなたがそういう態度を私にとると、私はあなた自身のことや、あなたの気持ちを思いやるのが難しくなってしまうの。それはお互いにとって助けにならないと思う。何より私自身がそういうのは嫌なの」。

どちらのシナリオでも、あなたがこれまでしがちだった反応（要求にひたすら応じる、謝る、反撃する、泣き寝入りする）を回避することができるでしょう。あなたの中にはどうやらすでに有能なサポーターがいて、そのサポーターは勇気と尊厳を与えると共に、あなたを心地よく抱きしめてくれているようですね。

権利要求モード

「権利要求モード」をもつナルシシストは、自分だけは特別な「マイルール」を作ってもよく、自分の望むものは望むときに与えられてしかるべきだと信じています。彼女（ここでは女性にしてみます）は、自分は他者より上位にいるように振る舞い、特別扱いされるのが当然だと思っています。彼女には「ギブ・アンド・テイク」という考え方を受け入れる余地はありません。彼女は人から「ノー」と言われることを嫌い、相手に無理な要求をすることに何のためらいも感じないようです。彼女は他人の気持ちに関心がなく、「共感」の価値を理解することができません。

このようなナルシシストに対峙する場合にも、まずは「今・この瞬間」をしっかりととらえ、頭に血が上った状態からゆっくりと脱却し、静かにと呼吸をして、たかぶった神経を鎮めましょう。そして「本当のこと」を彼女に伝えてみるのです。たとえば、そのナルシシストはあなたの友人のリーヌで、ディナーを共にする約束をしていたとします。これはいつものことなのですが、彼女はあなたに何の連絡もせずに三五分も遅れてやって来ました。そのレストランは予約をした人全員が到着してからテーブルに案内するシステムをとっていたため、あなたは席が埋まっていくのを横目に、入り口のバーカウンターでずっとリーヌを待ち続けていたのです。リーヌは気取った足取りで現れましたが、あなたには何の説明も謝罪もありません。リーヌが到着した時点でレストランは満席となっており、二人を案内するにはしばらく時間がかかる旨をスタッフから伝えられると、リーヌは激昂して、店のマネージャーを呼びつけ、「この店の『馬鹿みたいな』システムのせいで、私は大迷惑を被っているじゃないの！　どうしてくれるの！」と怒鳴りつけます。あなたは、彼女が自分勝手な主張を大声で繰り広げているのを見て、恥ずかしくなります。同時に、彼女があなた自身やあなたの貴重な時間に対して何の配慮も示さないことに腹が立ってきます。

あなたは、リーヌが彼女ならではの権利要求的な熱弁をふるっている場に一緒にいるときに、「この場から消えてしまいたい」と自分が願っていることに気づくのは、これが初めてではありません。これまでのあなたであれば、後ずさりして、リーヌの無礼で恥ずかしい振る舞いに対する謝罪の意をこめて、弱々しく微笑むのが常でした。そして困ったように目をきょろきょろさせ、内心で「ああ、彼女ってこういう人だったわ」と思うのがせいぜいでした。しかし、今のあなたは違います。あなたはリーヌを脇に呼び寄せて、こう言います。「リーヌ、そんなふうに振る舞うと、不快だし、恥ずかしいわ。そもそも、あなたは私の気持ちをほとんど考えてくれていないでしょう？　私にはそれがとても残念だわ。たとえ私にとってそれが不快でも、あなたは自分のやりたいように振る舞い続けるだけ。あなたはその場を支配して、自分のやり方で物事を進めるのがとても上手だし、あなたがそういう自分にとても自信をもっていることは私にもわかっている。そういう能力が役に立つ場面もあるでしょうね。でも私の気持ちや権利を無視してまで、そういうことをするのはいただけないわ。いずれにせよこの件について話し合うには、あなたは興奮しすぎているようね。だから今日のディナーは延期することにしましょう。あなたが落ち着いているときであればいつでも、私はこの件について話し合いたいと思っているわ」。

なんて素晴らしい！　あなたは萎縮することもなく、弁解することもなく、彼女自身に自分の言動の責任をとってもらうことができたのです。

依存・自己鎮静モード

「依存・自己鎮静モード」をもつナルシシストは、自分が何かを回避していることに気づいていません。自分自身にスポットライトが当たらないと、彼の心には、孤独感や恥辱感や疎外感が生じますが、彼はそれらの感情を認識していません。そしてそれらの感情が意識に上ってきそうになると、バタンと蓋を閉じるようにして感情を閉ざしてしまいます。彼はワーカホリックかもしれません。または大量にお酒を飲んだり、マラソンに没頭したり、ネットサーフィンにのめり込んだりしているかもしれません。あるいは、難解な話題、あるいは論争を呼ぶような話題について、あれこれと持論を繰り広げて、あなたをうんざりさせるかもしれません。彼がそうするのは、必ずしも相手の注目を得ようとしているからではなく、むしろ寂しさや心細さといった感情に心がズキズキするのを避けようとしているからです。あなたが単に彼の心のドアをノックしてみても、彼は出てこないでしょう。彼にとっては、自分の感情や欲求や願望が明らかになるということは、裸の自分を見られるようなものであり、そのような危険を冒すわけにはいかないからです。彼があなたに望んでいるのは、あなた自身にどのような感情が生じるかはさておき、彼が感情を遠ざけたり感情に蓋をしたりすることをそっと見逃してくれることです。

しかし今のあなたは、そのようなことはもうしません。あなた自身にできることは、まず「今・この瞬間」をしっかりととらえ、彼が故意に仮面をかぶっているのではないこと、そして彼があなたに距離を置くのはあなたのせいではないことを認識することです。もし二人の関係があなたにとって大切なものであるのなら、あなたは自分自身に対する責任と、彼との関係における自分自身の役割に対する責任を引き受けて行動する必要があります。たとえば、そのナルシシストがあなたの夫のアルだと想定しましょう。彼は周期的にワーカホリック状態になるのですが、今、まさにその状態にはまり込んでいます。あなたは思いやりをもって彼と向き合い、こう伝えます。「アル、あなたにとって仕事がどれほど重要か、ということは私もわかっているわ。あなたが仕事を一生懸命頑張ってくれるおかげで、私たち家族はお金に困ることがないし、いろいろなチャンスを手に入れることができている。でも、そのせいで私はとても寂しい思いをしているし、あなたが必要以上に頑張りすぎているのではないかと思うと、とても心配になるの。こういう気持ちをあなたに打ち明けずにひとりで抱えているなんて、私にはできないわ。だからこそ、この件についてあなたと話し合って、お互いに歩み寄りたいと考えているの。お願いだから、私のこの思いをはねつけたり、『俺は知らない』と言ったりしないでちょうだい。だってこれは私にとって、とても大事なことなんだもの。もし二人が納得できる解決策が見つけられなかったら、私は専門家の助けを借りようと思っているの」。

あなたはもう、「お前は俺の仕事のことがわかっていない」などと言う彼の主張をそのまま受け入れたり、彼に謝ったりする必要はありません。あなたがするべきことは、彼の住む孤独な暗闇に手を伸ばし、優しくしっかりと彼の手をつかんで、引き上げることです。

まとめ

マインドフルネスを通じて、今やあなたは目覚め、深い気づきを得ていることでしょう。あなたは本章を通じて、自分自身の感情、身体感覚、思考に対する新たな付き合い方を学び、それによってパワーを得ました。あなたは、自分の人生の旅路において、マインドフルネスとそれに基づく気づきがどれほど重要か、ということを理解しています。ナルシシストが身近にいる場合は、その重要性が特に増します。

先に予告をしておくと、ひとつ先の第7章では、ナルシシストの脳の仕組みを理解したうえで、あなたの得たマインドフルネスに関する気づきを駆使することによって何が起きるか、ということについて一緒に見ていきます。具体的には、「共感的局面化」という技法を用いることによって、ナルシシストを逃さずに、彼自身に責任を負ってもらう術を学んでもらいます。この技法は多くのケースで有効ですが、ナルシシズムはスペクトラムを成しているため、効果のありようはさまざまです。あなたが少々頑張ればよい影響を与えられるナルシシズムもあれば、どんなに努力してもあなたの手に負えない危険なナルシシズムもあります。後者の場合、あなたは新たに得たマインドフルネスのスキルを用いて、そのような危険な関係を無理して続ける必要がないことに思いが至るかもしれません。そこで次の第6章では、重症度と危険度の高いナルシシズムについて解説し、そのような危険な関係からあなた自身が安全に離れるための方法について検討することにします。

第6章
出口を見つける――危険性の高いナルシシズムを回避する

あなたの足下に私の夢を広げます。どうかそっと歩いてください、私の大切な夢なのですから。
ウィリアム・バトラー・イェイツ

二人の関係を変えるためにあなたに何かできることがあるとしても、親密な関係にあるナルシシストに対して闘おうとすることが賢明な判断とはいえない場合があります。それは、ナルシシストがあなたの（そしてあなたの子どもたちの）安全、安心、信頼を脅かしかねない場合です。このような危険性の高いナルシシストは、たいていの場合が男性です。男性にナルシシストが多いのは、より攻撃的になりやすい気質的な傾向があること、主要なロールモデルである男性の攻撃行動を学習しやすいこと、社会文化的な強化、そして、スキーマを活性化するようなストレスや葛藤に対して生物学的により脆弱であること、といった理由が考えられます。

危険性の高いナルシシストは、自らの言動を決して悔やんだりしません。それどころか、倫理的な規範をまったく持ち合わせていない人もいます。極端なケースでは、彼らの独善的な頑なさは、いわゆる社会病質者（ソシオパス）と同様の特徴を示すことさえあります（ソシオパスは現在、「反社会性パーソナリティ障害」と呼ばれています）。この種のナルシシストは、他人、ひいては人間存在そのものに対して完全に無関心であったり、強烈な軽蔑心をもっていたりすることがよくあります。あなた自身がそのようなナルシシストに巻き込まれていることに気づいた場合、まず自分自身を守るための手段を考え、ナルシシストとの関係から離れるための手段をとってください。

危険性の高いナルシシストの特徴

危険性の高いナルシシストに特徴的な行動について見てみましょう。以下のリストを読んで、あなたの身近にいるナルシシストにこれらの行動が見られるかどうか、よく考えてみてください。そして、その人物がこれらの行動をとる頻度や強度についても振り返ってみましょう。これらの行動のうち、あなたの身近にいるナルシシストの示すものがほんの一部で、またそれらがたまにしか見られないのであれば、その人物との関係は修復できるかもしれません。けれども、もしこれらの行動が頻繁かつ広範囲に生じていて、それによってあなたの安全が脅かされているのであれば、その関係からあなた自身が抜け出す方法を見つけることが最適であると思われます。

経済的・法的な面の安全に対する脅威

- 過度のギャンブル
- 過度の浪費
- 仕事に就かない
- 飲酒運転の容認
- 違法薬物の購入、使用、または販売
- 児童ポルノの視聴
- 買春行為

- 脱　税
- 汚職や詐欺への関与
- 窃　盗

身体的・情緒的安全に対する脅威

- 身体的もしくは心理的虐待。
- あなたや子どもたち、他者、場合によっては自分自身に危害を加える。
- 公衆の面前であなたや子どもたちの名誉を傷つけるような言動をとる。
- 物を壊す、物を投げる、子どもを奪い去ると脅す、経済的に迫害する、ペットに怒りをぶつける。
- あなたや子どもたちが一緒のときでさえ、薬物使用後や飲酒後に運転すると強く主張する。

対人関係や地域社会に対する脅威

- 浮気したり、見境なく性的な行動に及んだりする（買春行為、ストリップクラブ、違法なポルノグラフィの視聴、アダルトチャットルームの利用などが含まれる）。
- 子どもたちの前で、不適切な物質を使用したり言動を示したりする。
- ほとんどあらゆることについて、病的に嘘をつく。
- 近所の人や他の地域住民と激しく口論する。
- 権限をもつ機関から注意されても、行動を改善しない（たとえば、大音量で音楽をかける、外見に必要な配慮をしない、騒音を立てたり自己顕示的な態度を示したりする）。

近年、男性パートナーのこうした行動に関して相談に訪れる女性クライアントが増えています。彼女たちは、パートナーとの関係が家族の将来や子どもたちに与える影響について憂慮し、深い悲しみを抱き、さまざまな困難な問題を抱えています。多くのケースで、彼女たちは私のオフィスに到着した途端に、不倫やポルノグラフィの強迫的な視聴（時には恐ろしい暴力シーンを伴うものもあります）、売春宿やストリップクラブへの出入り、アダルトサイトのチャットへの参加など、パートナーのさまざまな性的逸脱行為に関する数多くの証拠を並べ、涙ながらに話し始めます。彼女たちのパートナーは、しばしばこれらの性的な行為に多大な時間とお金を費やしています。

こうした行動は一般的にナルシシストの男性によく見られるものですが、女性たちはパートナーのそのような行為が明るみに出ることを恥じる感覚がとても強く、積極的に話題にすることがあまりありません。そのため、本章では、これらの性的な逸脱行為に焦点を当てて検討することにします。もしあなたが、身体的暴力をふるったりあなたの安全を脅かすような行動に出たりする傾向のあるナルシシストと親密な関係にあるのであれば、直ちに外部の支援を探してください。同様に、ナルシシストの行動があなたを経済的、法的な安全の面で脅威に陥れるものである場合も、あなた自身と子どもたちを守るためのプランを立てたり、あるいはその関係から離れたりするなど、必要に応じた支援を受けるために、専門家に相談に行くことをお勧めします。

言い訳に次ぐ言い訳

自分の犯した悪事がいったん発覚すると、ナルシシストはそのダメージを最小限にするために、即座にそれを否定したり嘘をついたりします。彼はたいてい、「どんな男も同じだ」と言い訳をしたり、「お前は太りすぎている」とか「退屈だ」とか「お堅い」とパートナーを非難したり、パートナーが子どもたちや仕事や他のことにの

め り込みすぎていると文句を言ったりします。ここで留意すべきことは、寂しさや性的な欲求不満を解消するためには、彼の示す問題行動の他にもさまざまな行動がありうる、ということです。当然のことながら、ナルシシストは、パートナーの考えや気持ちに対して聞く耳をもちません。ましてや自らの問題について話し合ったり、自分のとった行動を検証したり、問題解決に取り組んだりすることに対してまったく関心を示しません。

ナルシシストの彼は、それらの性的逸脱行為は男性として当たり前の性的関心に基づくものであると主張します。孤独感や不快感に耐えられない傲慢なナルシシストの男性にとって、この言い訳は完璧な合理化です。「自分は、親密な関係にある相手以外との性行為に興じることのできる、絶対的な権利を与えられた人種の一員である」とは、なんと都合のよい合理化でしょうか。「自らのペニスが命じることに自分は逆らうことができない」とは、なんと便利な言い訳でしょうか（彼は彼を取り巻くあらゆるものを支配しているのに、その唯一の例外が自らの生殖器であるとは、なんと奇妙なことでしょう）。しかし、よく考えてみてください。彼の言い分が真実であれば、つまり相手を傷つけるような性的行動が男性にとって当然のことであるのであれば、なぜ彼は自分の行為を秘密にするのでしょうか。なぜ彼はそれが発覚したときに即座に否定したり、パートナーを非難したりするのでしょうか。

とはいえ、こうした性的行為に一度足を踏み入れると、本質的に男性の脳はそれに対して依存的な状態になりやすいといえます。作家で哲学者のロジャー・スクルートンは、人が一度ポルノ依存に陥ると、「ポルノグラフィが推奨する道具化したセックスを見続けることによって、ファンタジーを通じて楽しむ以外の方法でセックスを楽しむ能力に対して自信を失い始める」ということを指摘しています（Scruton, 2010）。

砂糖に対する反応とよく似ていますが、脳は性的な刺激に対して依存してしまうことがあります。脳機能に関するいくつかのデータからは、ポルノグラフィやパートナー以外との性的活動における依存的で刺激的な興奮は、その人がかつてパートナーとの性行為において感じていたエンドルフィンの増加を伴う満足感に勝ってしまうことが示されています。これは、深く心に根ざしている寂しさと空虚感（これらは、彼にとっては「退屈」として認識されていることでしょう）を遮断したいという慢性的な欲求を抱えるナルシシストにとって、彼のコーピングスタイルを強化することにつながります。他に気が紛れることをしていたり周りにちやほやされたりしているとき以外は、彼はひとりで行える自己刺激的な活動を探し求めています。そして結果的に、彼は、手っ取り早く興奮を与えてくれるもの（性的なものも含む）に手を出してしまうのです。それらは永続的な依存に陥る危険性があるものばかりです。しかし、刺激に対する彼のこうした貪欲な欲望は、根底にある（そして耐えがたい）情動的な飢えから気を逸らすためのものであり、結局は満たされないままになってしまいます。

インターネットの普及によって、ポルノグラフィ、テレフォンセックス、そしてその他の男性のエゴを満足させるために作られた類のものに簡単にアクセスできるようになったことで、ナルシシストの彼は、それらの中で崇め奉られ、心地よさを感じることができるようになりました。加えて、ポルノグラフィや買春などを通じた親密性の不要な性的活動は、ナルシシストの彼にとって、なんら互恵性を必要としない手っ取り早い欲求の解消方法となります。ナルシシストが相手に与えることが苦手だということを考えれば、何も期待されないこと、誠実に相手とやりとりをする必要がないこと、誰にも配慮しなくてよいといったことは、彼にとって非常に都合がよいことです。さらに都合のよいことに、彼の性的ファンタジーにおける対象者は、しばしば彼に絶対的な魅力を感じているようなふりをし、彼の「性的な能力」や「ペニスの大きさ」（本当のところは「財布の大きさ」なのでしょうが）に熱狂し興奮しているように振る舞うのです。貪欲に承認を求めている彼のような人物にとって、これがいかに魅力的なご馳走であるか、皆さんにはよくおわかりのことでしょう。

境界線を引く

ナルシシストのこうした行動によるダメージが一様に同じではないように、これらの行動をとるすべてのナルシシストが、危険性の高いナルシシストのカテゴリーに属するわけではありません。重要なのは、あなたの身近にいるナルシシストがそのスペクトラム上のどこにいるのかを見極めることです。秘密の行動が発覚した際、中程度のナルシシズムを有するナルシシストの反応は、口ごもったりしどろもどろになったりすることもあれば、パートナーを怒ったり非難したりすることもあります。あるいは自分の「男として当然」の行動にあなたが悩みすぎていることが滑稽であるといった片づけ方をする人もいるでしょう。「すべての男がする」ことを自分はしただけだと自己正当化し、男には誰でもそうする権利があると主張するのです。

危険性の高いナルシシストも、同じように反応するのですが、パートナーに対してより強烈な怒りや感情的な興奮をぶつけます。あるいはきわめて残忍な態度や恥の感覚が欠如した反応を示します。そして自分の行動を改めることに対して非常に消極的です。それどころか攻撃性を増し、あなたに対してより攻撃的な性行為に及ぶことがあります。また反対に、あなたに対する性的な興味を完全に失う場合もあるでしょう。

関係に留まるか、離れるかを決める

危険性の高いナルシシストの場合、最も優先されるべきことがらはあなたの身の安全です。特に、ナルシシストの怒りや暴力、あるいはナルシシストによる脅威が増悪している場合、また彼が言葉による、もしくは心理的な虐待を続けたり、それに対して罪悪感に乏しかったりする場合、あるいはあなたに対して軽蔑した態度や不適切な言動をとり続けることに加え、あなたがそれに対して抗議するとさらに傲慢な態度や憎しみに満ちた反応で応じる場合には、必ず身の安全を図りましょう。

多くの女性が、自分たちの関係において最もつらく恐ろしい出来事が、彼がこうした危険な行動をとることだと言います。危険性の高いナルシシストは、自分自身の平和のために、そして子どもたちのために、非常に思慮深い言葉遣いになったり穏やかな声色を用いたりすることができますが、それでもなお、彼はこの上なく冷淡に相手を脅し、追い詰めることができるのです。繰り返しますが、このような状況で最優先するべきことは、あなた自身の安全を確保すること、そして彼との関係から逃れる方法を考えることです。けれども困ったことに、最も危機的な状況においてでさえ、魅惑の王子さまの仮面を外すことをしないため、彼の危険性の高い行動の根深さを見極めることは非常に難しいといえます。以下の事例は、危険性の高いナルシシストが、自らがはまっている悪質な逸脱行動による罪から言い逃れるために、どのように事実を捻じ曲げてしまうか、ということを示しています。

✱ サマンサとトッドの物語 ✱

サマンサとトッドは結婚一八年になる夫婦で、小学校に通う子どもが二人います。長年もの間、サマンサはトッドのきわめて尊大な態度に追従してきましたが、最近になって彼がたびたびインターネットでポルノ動画を視聴し、アダルトチャットルームを訪れていることを発見しました。トッドは初め、その事実を否定しましたが、彼がそれらを長期にわたって習慣的に行っている証拠をサマンサから突きつけられました。するとトッドは逆ギレし、「だから何なんだ！　こんなのどんな男もやっていることだ！　何か文句あるか！」と叫んで自分を守ろうとしました。サマンサは二人の関係を何とか修復したかったため、頑張って食い下がりました。彼女は彼に説明を求めると同時に，彼のこういった行動に自分は耐えるつもりはないと伝えました。しかしトッドはさらに怒るばかりです。この頃になって，彼の内面に潜む危険性の高いナルシシズムの存在が出現し始めました。彼はサマンサを見下ろし，こぶしを固く握りしめて，「お前は俺を信じていればいいんだ！　これ以上よけいなことを言ったらどうなるかわかっているよな！」と脅すように言いました。

サマンサは怯みませんでした。彼女は勇気を振り絞って，トッドに説明するよう求め，彼の行動によって自分がいかに傷つき，裏切られたと感じたかを伝えました。トッドはしかし，これはナルシストとしては当然の反応ですが，サマンサに責任転嫁をして彼女を非難しました。もちろんこの非難は無情で不当なものです。「お前が俺にガミガミ言わなければ，お前がそんなに太った身体にならなければ，お前が俺たちの性生活にもっと気を遣っていれば，俺はポルノなんか見ることはなかったんだ！」。

サマンサは打ちひしがれました。「そんなことを言うなんて信じられない！」といった表情で彼を見つめて泣き崩れてしまいました。トッドはそんな彼女の顔を，せせら笑いながらのぞき込み，こう言いました。「泣いたって無駄さ，サマンサ。ちょっとは落ち着いたらどうだ。これはお前の問題なんだから自分で何とかすればいい。お高くとまるのもいい加減にしろよ！　お前なんかクソくらえだ！」。サマンサは，トッドに言われたことを鵜呑みにしないよう必死で抵抗しながらも，胸の内には激しい怒りと苦痛がこみ上げてきました。彼女は再び彼に立ち向かい，彼の行動について説明すること，そしてそのような行動を止める約束をするよう求めました。

しかしトッドは冷酷で頑なな態度を崩しません。彼は「こんなくだらない話はたくさんだ！　お前にももううんざりだ！」と言い放ち，椅子を蹴飛ばし，コーヒーカップを流しに投げつけます。カップは粉々に割れてしまいました。彼は玄関のドアを叩きつけて家を出て行ってしまいました。

サマンサは床に倒れ込んでしまいました。孤独感でいっぱいです。そして今起きた出来事に完全に打ちのめされ、顔を両手で覆って泣きじゃくりました。隣の部屋では、子どもたちがすべてを聞いていました。子どもたちも呆然として床に座り込み、身を寄せ合って泣いていました。

しばらくして、トッドが戻ってきました。無言で不穏な休戦状態が始まりました。サマンサは最初、ひとりになることへの恐れ、離婚を切り出した場合にトッドから報復されることへの恐怖、トッドが子どもたちの共同親権を得るかもしれない不安から凍りつき、身動きがとれませんでした。無念さや無力感からくる吐き気が常に胃のあたりに絡みつきます。しかしサマンサは今回のことで、トッドという人がどういう人であるのか、はっきりとわかってしまったのです。そこで決意を固めました。数週間がたち、数カ月が過ぎました。その間サマンサは、トッドの動向に慎重に注意を払いつつ、法的な助言を求めて法律事務所を訪れました。友人、家族、そしてセラピーによる支援を通じて、サマンサは自らの意志と自信を強め、トッドとの法的な争いに挑むことを決断しました。それは大変な恐怖を伴う決断でした。

離婚後、サマンサの生活はさらなる困難に直面します。トッドは子どもとの面会の約束を守りませんでした。彼の言い訳は「仕事が忙しい」というものでしたが、実際にはひとりで好き勝手に遊んでいたのです。子どもたちがトッドの家を訪れたときも、自分の仕事とパソコンを邪魔しなければ何をしてもよいと言って、子どもたちの世話をまったくしませんでした。帰宅後、そのような父親の態度に傷ついた子どもたちをなだめながら、サマンサは子どもたちに対し、二人が傷つき混乱するのは当然のことであること、父親自身が解決するべき問題を抱えていること、しかしこれは父親に対する悪口ではないことを伝えました。

これも予想どおりだといえますが、トッドによる慰謝料や養育費の支払いはすべて滞っていました。その結果、サマンサは長時間の労働を余儀なくされています。そのせいで子どもたちと過ごす時間が減ってしまうことを彼女は大変残念に思っていますが、自分たちの安定と安心を守れたことには喜びを感じています。長期的に考えれば、子どもたちにとってもこれが最良の選択であったということも理解しています。

中程度のナルシシストとの関係修復について

幸いなことに、ほとんどのナルシシストは「危険性の高いナルシシズム」のカテゴリーには属しません。とはいえ、あなたがさまざまな理由によりナルシシストとの関係に留まることを決意していたとしても、あるいはパートナーが変わってくれることを本当に信じていたとしても、ナルシシストからの持続的な虐待やあなたを傷つけてくる言動に耐える必要はありません。多くの場合、中程度のナルシシストは、専門的な支援を受けることを通じて、最終的には謝罪をしますし、自らの行動を変えることを約束します。なかには、彼の性的な行動があなたに与えた影響、彼に対するあなた自身の感情、あなたとの性的な関わりに対して深く理解できるようになるナルシシストもいます。しかしそれはあくまでも専門家による支援を受けた場合の話です。そのような支援がなければ、こうした変化が生じたり、たとえ生じたとしてもその変化が持続することは非常に難しいでしょう。ナルシシストのパートナーによる裏切りの後で、彼に対する信頼を再構築するためには、以下の三点に向けた懸命な努力が必要です。

- 傷つけられたほうのパートナーが、ナルシシストのパートナーに自分のことを本当に理解してもらえたと感じられるようになること。

●傷つけられたほうのパートナーが、ナルシシストのパートナーへの信頼を回復し親密な関係を取り戻し、自分が安全だと感じられるために必要なことは何かを明らかにし、それを相手に伝えられるようになること。

●傷つけられたほうのパートナーが、十分な安全を感じる状況において、ナルシシストのパートナーが変化したことを認め、彼が示す態度が真に共感的だと感じ、それを受け入れられるようになること。これは、ナルシシストのパートナーが認めてもらいたいと願っているか否かにかかわらず、傷つけられたほうのパートナーが本心からそう感じることができなければならない。

この三つは一見したところ、裏切られた側、傷つけられた側のパートナーにその責任が負わされているように思われるかもしれません。しかしそうではありません。この三つについて検討してみれば、これらがうまくいくかどうかはすべて、裏切った側、傷つけた側、すなわちナルシシスト自身が自ら変化するための取り組みの度合いにかかっていることが、おわかりいただけることでしょう。

あなたがナルシシストのパートナーに「理解されている」と実感するために必要なのは、ナルシシスト自身があなたのこと（あなたが本当はどういう人間であるかということ）をしっかりと理解できるようになることです。そのためには、ナルシシストの彼は、どうしたら他者（あなた）と共感的に気持ちを通わせることができるか、ということについて学ぶ必要があります。彼は、「自分は恥ずべき悪い男だ」と感じたくないがゆえに、無意識的に自己防衛をしたり、すぐにカッとしたりしがちです。したがってそうなることを回避するためのスキルを、誰かに教えてもらう必要があります。そのようなスキルを身につけることなしに、彼があなたからの信頼を取り戻すことはできないでしょう。

次に、もしあなたが自分の欲求を表現したりパートナーへの信頼を回復したりするにあたって、今よりもっと十分な安全や安心を感じる必要がある場合（すなわち今のままではパートナーとの間に安全や安心を感じられないので、あなたはパートナーに対して欲求を表現できない場合）に、ナルシシストの彼がするべきことは、自らの幼少期という「暗い水の中」に思い切って飛び込み、そこに沈んでいる幼少期の体験が詰まった「器」を探索することです。つまり、ナルシシストのパートナーは、自らの依存的な自己刺激行動や自己破壊的行動傾向について、理解しようとしなければなりません。これは、彼があなたに対して憤りや恨みの感情をもつことなく、自分の犯した罪の責任を負い続け、今後は身の潔白を示しつつあなたの信頼を取り戻すためには不可欠なことです。このことはまた、今回明らかになった困難な事態になぜ彼が陥ってしまったのか、ということについて、より客観的な視点に基づき、彼とあなたが共有できるようになることにもつながります。客観的な理解を深めることは、今後の彼の問題行動の再発防止に向けて、非常に大きな助けになるでしょう。

三番目の、「ナルシシストの変化と共感的な態度を、あなたが受け入れられるようになること」というのが、最も難しい課題かもしれません。これが達成されたときに初めて、あなたはパートナーに対して、「今はすべての面でよくなっているわ。これがありのままのあなたなのね！」と心から言うことができます。重要なのは、この前提として、安全や安心の感覚があなたの中にしっかりと得られているということです。また同様に重要なのは、このような変化は、ナルシシストが真の変化を遂げたときにのみ生じる、ということです。そのためには、彼は辛抱強くなければなりません。あなたとの間に以前のような親密さを取り戻すためには時間がかかることを理解しなければなりません。彼は、特定の刺激によってあなたの状態が左右されることを理解しなければなりません（例：彼の裏切りが発覚したのと同じ日を迎えたときの状態の悪化。いわゆる記念日反応）。そして最後に、彼は自分の犯した罪に関するあらゆることについて、その後は自分が潔白であることを、折に触れてあなたに対して宣言し続けなければなりませんし、二人の間の亀裂に関しては自分に責任があることをその後も認め、引き受け続けなければなりません。彼がそうし続けることによって、ようやくあなたは癒され、再び自分に価値があると感じられるようになり、もう一度彼に対して本来の自分を出してもよいと思えるようになることでしょう。そして最終的には、二人の関係において互恵性や寛大さが取り戻され、あなたは彼を許せるようになるでしょう。

これらすべてが実現することを想像するのはとても難しいことかもしれませんし、実際にまれなことではありません。しかし適度な動機づけ、忍耐強さ、変化のための適切な支援があれば、実現しうるのです。私はこれまでセラピストとして、そうした変化を目の当たりにする機会を得てきました。うまくいくケースでは、二人のパートナーが、解決のための道のりを懸命に探し求め、争いを避けるために互いに努力し、欲求を互いに満たし合い、そして最終的には性的な逸脱行動などをはるかに上回る、以前よりもずっと良好で、ずっと正直で、より満足のいく関係性を作り上げることができます。

回復のプロセスはとてもゆっくりとしたものであり、そこでは多くの苦しい感情が表面化します。それは、怒り、悲しみ、恐怖、悲嘆など、人生の物語においてはある意味お馴染みの感情です。治療に取り組むカップルは、自分たちの関係性における不快な現実をどのように取り扱えばよいか、しばしば尋ねてきます。私は、不信や怒りや苦悩に満ちた今の不安定な関係性を克服し、安心と信頼を取り戻していくことに同意したカップルに対しては、美しい建造物を想像することを求めるようにしています。そして、通常、そうした建造物において好まれたり注目されたりするのは、完全な状態（例：整然と並んだレンガ、単色による彩色、ピカピカに磨き上げられた石）よりも、むしろ不完全さ（例：数々の傷が刻まれたレンガ、複数の色の混ざり合い、風化してざらざらになった石）であることを伝えます。これらの建造物は、長きにわたる時間の経過や自然災害、そして戦争などを乗り越えて今もなお存在しており、また、それらの建造物を大事に思う人々によって手入れをされ続けてきました。これは忍耐を必要とするカップルの関係性を表すメタファーです。このような建造物は、存続を揺るがすようないくつもの困難を乗り越えて、頑健に存在し続け、喜びと悲しみの両方を併せ持つような複雑な色彩に富み、不完全であることがかえってその特徴を際立たせ、そして何よりも、その存続を望む人々によって念入りに手入れをされ続けているのです。

あなたとナルシシストの彼との間に子どもがいる場合は、子どもたちに対する愛情と関心が、ナルシシズムによるダメージを回復し、失われた存在を取り戻すにあたって、非常に大きな動機づけとなるでしょう。残念ながら、このような家庭の子どもたちは、家庭において安心感を得ることができず、しかし何とかそれを得ようとして、両親の仲裁役を果たそうとすることが少なくありません。もうこれ以上、子どもたちにそのような思いを与えてはなりません。すでに本書で述べたとおり、ナルシシスティックに怒りをぶつけたり、尊大な態度で接したり、いわれのない非難を浴びせたりすることは、子どもたちに重大なダメージを与えることになります。多くの子どもたちは、親のナルシシスティックな行動を模倣し、その考え方や対人関係のもち方を内在化します。あるいはナルシシストではないほうの親における、受動的であったり、自己犠牲的であったり、自分や子どもを守れなかったりするなどのコーピングスタイルや、問題のある特徴を身につけてしまう可能性もあります。

まとめ

あなたの身近にいるナルシシストが、もし危険性の高いナルシシストであれば、まず重要なのは、あなた自身と子どもたちの安全を確保することです。これはいくら強調しても、しすぎることはありません。とはいえ、ナルシシストは実に巧みに自身の魅力を演出するため、彼とやり直せるか否かを見極めるのはなかなか難しいことでしょう。ナルシシストとの相互作用における彼のありようを、あなた自身の過去の体験のフィルターを通すことなく、注意深く、マインドフルに観察してみましょう。観察の結果、自分の思いが彼に通じるかもしれない、彼が変化することが可能かもしれないと思えるのであれば、本書で示すコミュニケーションスキル（彼の中に存在する、傷ついてダメージを受けた部分にアクセスするためのスキル）を試してみてください。彼との関係が長期にわたるものである場合、このような試みは非常に困難なものになるかもしれませんが、やってみる価値は大いにあります。

あなたが彼とは別れずにその関係を回復することを選ぶ場合、最も効果的なツールとなるのは「共感」です。次の第7章では、関係の改善のためにどのように共感を活用すればよいか、ということについて解説します。そこで目指すのは、相手に対して共感を戦略的に用いつつ、あなた自身の欲求もしっかりと満たしていくことです。

第7章 「共感的直面化」を活用する――対人的効果の高い戦略を用いる

もし私たちが敵の秘密の歴史について知ることができたなら、一人ひとりの人生の中に、すべての敵意を取り除くのに十分な悲しみと苦しみを見つけるだろう。

ヘンリー・ワーズワース・ロングフェロー

身近にいるナルシシストが、たとえ危険性の非常に高いカテゴリーに属さなくても、「感じの悪いハイド氏」のモードにある場合、その彼と一緒にいるあなたは、まるで「敵」と共に過ごしているかのような感覚に陥ります。あなた自身のスキーマが活性化され、混乱したり、言葉を失ったり、がんじがらめになったように感じたりするでしょう。ナルシシストは、部屋中の酸素をすべて自分ひとりで吸い込んで、周囲を息苦しくすることができる存在です。ナルシシストが示す屈辱的な言動に対して、あなたはうんざりし、怒りを覚え、時にはそういった感情を彼にぶつけたり、ぶつけるようなそぶりを示したりすることもあるでしょう。しかしそれによって疲弊するのはあなた自身です。その疲弊に気づく前に、苦痛や無力感に襲われるかもしれません。結局のところあなたは、ナルシシストの攻撃的な態度に屈服し、彼がハイド氏モードから脱して、いつもの楽しく魅力的なモードに戻ってくれることを、ひたすら待ち続けることになります。

しかしながら、本書をここまで読み進めたあなたは、マインドフルネスとコミュニケーションのスキルをすでに手に入れています。ですからもうそのような状態に陥る必要はありません。あなたは嵐の真っただ中において、動じることなく、堂々としていることができるのです。ナルシシストに何を要求されても、自分の価値や品位を貶めるような妥協をする必要はありません。あなたにはあなたの権利があります。あなたの要求や願望は正当なものです。あなたは生まれながらにして価値のある存在です。あなたには守られ支持されるべき価値があるのです。

ただし、あなたが身近なナルシシストとの関係をよりよいものに改善し、彼との関係においてより価値のある達成を手に入れるには、「正しい心」と「内なる知恵」以上の何かが必要になります。それは、「ナルシシストとはどういう人物か」という真実を知ることです。それには、彼の抱える問題や成育歴について「頭で知る」ということだけでなく、彼の内的な世界について「感情レベルで理解する」ということが含まれます。あなたの内側で、彼の心を「感じる」のです（ただし、危険性の高いナルシシストの場合、これは不要です）。これは「心を読む」こととは異なります。ここで必要とされるのは、「心を読む」ことではなく、いわゆる「共感する」ということです。

初めに重要なことを述べておきます。身近なナルシシストが、あなたを危険にさらしたり虐待をしたりするような存在である場合、本章で紹介するアプローチを適用してはなりません。そのような場合は、これとはまったく異なる手続きが必要です。その手続きに沿って、避難したり、あなた自身の安全を確保したりしなければなりません。身近なナルシシストが暴力をふるったり虐待をしてきたり、何らかのかたちであなたの安全を脅かしてきたりする場合は、直ちに助けを求めてください。

「共感」と「コンパッション」の違い

「共感」という言葉は、誤解を受けやすいようです。多くの人は「共感」と「コンパッション（慈悲、思いやり）」を混同しがちです。この二つはどちらも、他者の苦しみや喜びに直接的に関わる文脈において用いられる言葉ではありますが、ナルシシズムについて検討する場合、両者のもつ意味はまったく異なります。

多くのクライアントは、ナルシシストと向き合う際に「共感」を用いるよう私がアドバイスすると、非常に驚きます。彼女たちは、「共感」という言葉について、自分たちに繰り返し苦痛を与えてくる不愉快な存在（すなわちナルシシスト）に対して同情の念を抱くよう私が求めていると解釈するからです。しかしそれは誤解です。では、共感とコンパッションの違いは何でしょうか。

共感とは、他者の体験を本当の意味で「理解する」能力のことです。それは他者の体験を、感情的にも、認知的にも、そして時には身体的にも理解することです。一方、共感は、あなたが他者の感情や行動について同意することでも、許可することでも、支持することでもありません。共感はシンプルに、他者の感情や行動がその人にとってどのように「感じられたか」ということを理解することです。「共感の状態」にある場合、あなたは相手の思考や感情や身体感覚を、自らの心と身体において体験的に理解します。それはまるで、相手の体験が自分自身の中で共鳴しているような感じです。そのときあなたは相手に対して十分に「寄り添って」います。

例を挙げます。親しい友人でもある同僚が、身体を激しく震わせながら混乱した様子で出勤してきました。彼女は、車で職場に向かう途中で、危うく事故に巻き込まれかけたことについて話し始めます。彼女はその瞬間、すなわちトラックが自分の車に向かって突進してきた瞬間、そして自分が事故を避けようとして車のハンドルをとっさに切った瞬間をありありとイメージしています。そして自分がどのように車を止めたのか、不幸なことにトラックと衝突してしまった別の車の運転手をどのように助けようとしたのか、といったことについて語ります。その場で起きていたかもしれない別の恐ろしいシナリオや、自分が生き延びて無事であることがいかに幸運であるかということについても口にしながら、彼女の目には涙があふれてきます。彼女は言います。「考えてもみて。月曜日の朝にこうして仕事に来られるというのは、とても幸せなことなのね」。あなたは、彼女が無事であったことがとても嬉しいと彼女に伝えます。ここで伝えているのは、「あなたの事故が恐ろしいものだったに違いないことを自分は想像できる」といったことにすぎません。これはまだ共感ではありません。

あなたは、彼女が表現したとおりに彼女が体験した出来事を心に思い浮かべます。あなたは、起きたかもしれないありとあらゆるシナリオを頭の中でありありとイメージします。あなたは、彼女が語る体験（鳴り響くクラクションの音、止めた車のほんのわずかな先でトラックと別の車が衝突したその衝撃）を聞きながら、あなた自身の身体がしめつけられるように感じます。あなたは、友人が不幸にも怪我をしたり死んでしまったりという知らせを告げる電話がかかってくる場面を想像して、胸の鼓動が速まるのを感じます。あるいは、あなた自身のこれまでの人生で体験した、似たような出来事について思い出すかもしれません。友人でもある同僚が、しばらくして息を整えコーヒーを飲んで、「もう大丈夫よ」と言ったとき、あなたは彼女が落ち着きを取り戻しホッとしていることを感じるのと同時に、あなた自身の中にも同様の感覚（落ち着き、ホッとする）が生じていることをしっかりと感じ取ることができます。もうおわかりでしょう？　これが共感です。

一方で、コンパッションにもこうした共感的な理解や気づきが必要となりますが、コンパッションの場合、それがさらに深く強くなります。コンパッションは、相手を慰めたい、相手を元気づけたい、相手の痛みや苦しみを取り除きたい、といった積極的な願望を伴います。それは相手の体験に対する明確なフェルトセンスを含む、より深く共感的な感覚に根ざすもので、相手に対する深い同情や思いやり（あなたの共感的な感覚によってもたらされたあなた自身の悲しみの感情）を伴います。コンパッションは、他者の痛みに対する共感を含みつつ、共感をさらに超えた深い感覚であり、相手の痛みを癒し、相手に安心感をもたらすために、思いやりをもった具体的な行為を起こさざるをえないような感覚を伴います。

先の例に戻ると、コンパッションを伴う場合は、あなたは友人を安心させるために彼女を抱きしめ、こう言うかもしれません。「お願い、あなたのためにコーヒーを持ってこさせてちょうだい。座って少しゆっくりして、リフレッシュするといいと思うわ。心配しないで、あなたの仕事は私が代わりにやっておくから。何か私にできることがあれば何でも言ってちょうだいね。話したければいくらでも話を聞くわ」。コンパッションには、相手の苦痛を取り除くために何かを望んだり、イメージしたり、実行したりすることが不可避的に含まれるのです。

ナルシシストは自らの脆弱性をさらけ出すことはめったにありません。したがってあなたがナルシシストとの関係において共感やコンパッションを使うチャンスは、なかなかないことでしょう。しかしたとえそうであっても、ナルシシストという著しく厄介な相手に対して共感する能力をもつことは、場合によってはコンパッションまでをも用いる能力を身につけることは、相手とより満足のいく相互作用を得るために、そして願わくはより満たされた関係性を構築するために、非常に役に立つのです。

「感じられた」ように感じる

子どもの健全な発達には、親や養育者から、その子に寄り添った情緒的な関わりを与えられることが不可欠です。これがすなわち「共感」です。子どもが安心や承認を求めて親の目を見上げたときに、親は今その子が体験している感情が、喜びなのか、不安なのか、混乱なのか、悲しみなのかを理解していることを意識的に伝え返します。親は、子どもの感情や欲求を受け止め、承認し、自分が体験していることを子ども自身が理解できるよう手助けします。「おお、よしよし、私のかわいい子よ！　寝室の壁にお化けがいるように見えて怖くなっちゃったのね。だからここにひとりでいられなくなっちゃったのね。もしかしたら、それは月の光に何かが照らされて揺れた影だったのかもしれないわ。でも、またそれが見えるといけないから、一緒に行って、何だったか確かめてみましょうね」。

寄り添った関わりへの欲求が適切に満たされない場合、その子どもの中に、「理解されない」「無視された」「虚しい」「寂しい」といった感覚が生じたり、そのような関わりを切望したにもかかわらず満たされなかったことへの恥辱感が生じたりします。それがひいては、「自分は弱い」「自分は愚かだ」「自分は愛されない」といった極度に否定的な自己イメージの形成や、他者との関わりを断ったり回避したり他者を攻撃したりといった自己破壊的な行動パターンの形成につながってしまいます。このような環境では、「他者に理解されたい」という欲求が極端に過小評価されてしまいます。本来であればこの欲求は、感情と対人関係における健全な発達において不可欠な「共感的な気づき」の能力を養うにあたって不可欠なはずなのに、です。

ナルシシズムの特徴のひとつに、「目に見えるわかりやすいものを不適切な方法で得ようとする」ということがあります。ナルシシストは「理解された」という感覚をもたないまま、称賛、特に自分のパフォーマンスに対する他者からの称賛を求めようとします。彼らは、自分が非凡な成功者であることの証しとして、自分だけの「特権」を必死で得ようとします。彼らはまた、自分を完璧にコントロールし、感情を自制しようとします。そして自分は非常に強いから他者を必要としないのだ、という感覚を得ようとします。けれどもその根底には、「理解されたい」「認められたい」「愛されたい」「受け入れられたい」といった、人間にとって根源的な願望が抑圧されてしまったことによって生じた、強大な恥の感覚が横たわっています。寄り添った情緒的な関わりに対する彼らの欲求は満たされておらず、自らの存在を「物語」としてとらえることができていません。その結果、彼らは他者との関わりにおいても共感的な体験ができなくなってしまっているのです。

ナルシシストが関心をもつのは、他者と寄り添い合うことではなく、他者からの称賛を追い求めることです。

彼／彼女らの頭の中はこんなセリフでいっぱいです。「自分はうまくやれているか？」「彼女は俺のことが本当に好きなんだな」「皆、俺に釘づけのようだ」「私は彼に強い印象を与えたに違いない」「皆、私の言ったことが気に入ったかしら」「困ったことになったぞ。あいつらに思い知らせてやる！」。ナルシシストの「すべてが自分のことばかり」という視野狭窄的な態度は、他者と真に交わることを妨げます。ましてや、共感的な関係を築いたり共感を伝え合ったりすることは難しいでしょう。その結果、ナルシシストと関わる人たちは皆、寂しさや虚しさを感じたりイライラしたりする羽目になります。

しかしながら、脳に損傷がある場合を除けば、ほとんどすべての人は共感の能力を有しています。つまりナルシシストの共感力を育てることは、困難ではあるものの不可能ではないということです。そのためには、ナルシシズムを理解し、ナルシシストの治療に熟練した専門家によるしっかりとした支援が必要です。残念なことに、ナルシシストが自発的に治療を受けに行くようなことはめったにありません。したがってナルシシストが治療を受けるには、何らかの強制力（治療を受けなければ、重要な人や何かを失うことが明確であるという現実的要請）が必要だということになります。

前にも述べましたが、共感とは相手に同意したり相手の行動を許したりすることではありません。共感に必要なのはシンプルに「理解する」ことです。私たちは他者に共感するために、自らの内的なイメージや物語、身体感覚などを知的にも情緒的にも呼び起こし、他者の経験や意図を想像したり感じたりしようとします。私たちはそれが映画のキャラクターであっても、目の前の家族であっても、あるいはおそらく鏡の中の人物であっても、相手が見たり聞いたりしたことを自分が理解するために、自らの感情や思考や身体の反応を用います。こうすることで私たちは相手の体験の本当の意味を知ることができます。その結果、相手に対する不適切な責任追及や非難、そして有害な怒りや無力感や罪悪感から自分を解き放つことができます。私たちは他者の心の痛みや喜びを理解するために、自分自身の脆弱な部分に触れなければなりません。そしてこれこそがナルシシストにとって非常に困難な課題となるのです。

共感はまた、スキーマのフィルターを通して生じる歪んだ認識から私たちを解放し、「何が真実か」ということに対する気づきを与えてくれます。その結果、偏った信念や不必要な自己防衛から私たちの感情は解放され、自己変革に至る道筋が明確になります。

知的にも情緒的にも「理解している」という共感の状態は、ナルシシストと付き合う際に不可欠なバランス感覚を私たちに与えてくれます。ナルシシストの言動や対人関係のありようは、あなた自身の古いスキーマによる思いこみや感覚を引き起こす、大きなパワーをもっています。そのせいであなたは、自分が本当はどんな人物であるのかということや、あなた自身の価値を見失ってしまいかねません。あるいは対人関係における自分自身の能力への自信をなくし、意見を発言する勇気を失ってしまうかもしれません。自分の考えはナルシシストの彼の考えほど「大胆で」「素晴らしい」ものではないと思い、恥ずかしさや劣等感を抱いてしまうかもしれません。しかし共感を用いれば、ナルシシストがどのような人物で、なぜそのように振る舞うのか、ということについて深く理解できるようになるため、そのような状態に陥らずにすみます。その結果あなたは、ナルシシストの責任を負わないための勇気をもてるようになり、自分の意見を主張し、彼の責任は彼自身に負わせることができるようになります。最もよいことは、あなたが、煩わしい怒りの感情や、防衛的な思いや、服従させられるような感覚といった重荷を感じることなく、彼との関係において率直に自分を表現できるようになることです。あなたは彼を理解しています。時には彼に対して申し訳ないと思ったり、そういう気持ちを彼に伝えたりすることがあるかもしれませんが、その際も、あなたは彼に屈することも、自分の権利を放棄することもありません。

やがて、ナルシシストに対するあなたの共感（彼の苦しみをあなた自身が感じること）は、コンパッションにまで深まるかもしれません。とはいえコンパッションは常に生じるものではありません。また、コンパッションに至るかどうかは、あなた自身の心の傷つきの程度や、相手のナルシシズムの重症度や激しさにもよるでしょう。

それらのダメージが大きすぎなければ、あなたはナルシシストを助けたり、慰めたり、受け入れたり、場合によっては許したりしてもよいと思えるようになるかもしれません。ナルシシストがあなたの基本的な権利と欲求を侵害するのでなければ、あなたが彼に対してコンパッションを向けることは、完全に正しく、必要なことであると言ってもよい場合さえあるかもしれません。

「共感」の科学

神経科学者たちは、一九八〇年代から一九九〇年代にかけて、カップやフォークを握るといった行動や、笑ったりしかめっ面をしたりするといった行動を、それを自分がするときと、他の誰かがするのを観察するときの両方の場合において、同じように活性化する非常に興味深いタイプのニューロンを発見しました（Iacoboni, 2009）。これは、あたかも鏡で自分自身の反応を見ているかのように脳が反応する、ということを示しています。このことから、これらの脳細胞は「ミラーニューロン」と呼ばれています。

機能的磁気共鳴画像（f-MRI）による測定を用いて行われた、共感に関する最新の脳科学研究からは、他者に対する人間の共感的な気づきの程度を左右する要因として、出来事や状況などの文脈に加え、生物学的な特徴やパーソナリティ特性、そして感情状態などを含む個人の気質が影響することが明らかになっています。また、人とつながったり寄り添ったりといった向社会的な反応は、相手に復讐したり罰を与えてやりたいといった動機づけが強い場合には、抑制されてしまうこともわかってきました。このような向社会的な反応が特に抑制されるのは、自分が不公平に扱われていると感じたり、相手に故意に傷つけられたと感じたりした場合だということも明らかになっています。

このような研究結果は、ナルシシストについて何を教えてくれるでしょうか？　ここからわかるのは、ナルシシステムは自分自身を守るために、心をかき乱す苦痛な感情から自分を切り離し続けようとしているということです。そこには、「自分はパートナー（あなたのことです）の欲求を満たせていないかもしれない」という恐れも含まれます。そしてもちろん彼は、その恐れも感じないようにしています。だからこそ、あなたが自分の傷ついた気持ちや孤独感を涙ながらに訴えたとしても、彼は苛立ち、スキーマが活性化され、そして感情は閉ざされてしまうのです。彼はあなたの感情に触れたり理解したりすることができません。同様に、自らの脆弱性を感じることもできません。そうする代わりに、彼は独善的なモードに入り、怒ったようにため息をついてみせたり、皮肉な言葉を返してきたりします。あなたがわざと彼に罪悪感を抱かせようとしているのではないか、と曲解することだってあるでしょう。その場合、あなたは彼に報復されることになります。

✱ スーとドンの物語 ✱

ドンはたった今、彼の父親が亡くなりかけているという知らせを、義理の姉から受けたばかりです。ドンと父親との関係は苦痛に満ちたものでした。父親はドンに対し、あれこれ要求するばかりで、決して満足することはなく、一度も「愛している」と言ってくれたことがありません。その父親の人生がもうすぐ終わりを迎えるのです。ドンの妻であるスーは、義理の姉が悲しみや同情をドンに電話で伝えようとしている間、彼が不機嫌そうに咳払いをしたり、迷惑そうな様子を見せたり、目玉をギョロギョロさせたりしているのを見ていました。

スーや他の誰かがドンに気遣いや思いやりを示しても、ドンがそれに対して常に冷淡な反応を返すことを、スーは長い間目にしてきました。スーはかつて、ドンのそのような冷淡さに対してイライラしたり、時には傷ついたりしましたが、今では、それが自分のせいではなく彼自身の問題であることが理解できるようになっています。スーは気づいていました。ドンは心の底で，父親がいつか自分を理解し，「愛しているよ」「我が息子を誇りに思うよ」と言ってくれることを夢見ているのです。そしてそのようなファンタジーを手放すことがあまりにもつらいので，そのつらさを感じないようにするために，彼は必死になって「冷淡」でいるのです。スーはまた，ドンがこのようなファンタジーを「ファンタジー」として認めたり，父親に対する彼の願いが叶わないことを受け入れたりするためには，専門家の助けが欠かせないこともわかっていました。自分が父親にそのような欲求を抱いていることを，ドン自身は恥ずかしすぎて到底認めることはできないだろうからです。

義理の姉と電話で話しているドンの表情や，その不機嫌そうな唸り声を見聞きしているうちに，これは彼のいつもの反応パターンであることにスーは気づきました。同時に彼女は，自分自身の感情がドンに共鳴するのを感じ取りました。彼女は，自らの幼少期に，父親がたびたび泥酔しては夜遅くに帰宅したときのことを思い出したのです。父親はものすごい勢いでスーの部屋に入ってきて，彼女を叩き起こし，彼女がしてしまったほんの小さな過ちに対し，そして時にはしてもいない過ち（すなわち父親の勝手な想像によって作られた過ち）に対し，ひどく罵ってきました。母親は隣の寝室で，「本日の過ち」について夫（スーの父親）から次に罵られるのを，声を潜めて待っています。自分を守ってくれる人は誰もいなかったので，スーは自分を強く保つことしかできず，隣室で父親が母親に怒鳴ったり物を投げたりするのを聞きながら，ただただ涙を流し，恐怖に耐えていました。いったん混乱が落ち着くと，姉がスーの部屋にこっそりと入ってきて，「ただ静かにしていい子にしていればいいのよ」と言ってきます。姉はこうも言いました。「心配ないわ。『日はまた昇る』と思えばいいのよ」。スーは姉が部屋から出て行ったときに感じた大きな不満を思い出します。「だから何？　このままじゃ何も変わらないわ！　……いえ，ちょっと待って。私がもっと頑張ればいいのよ。

そうするわ。明日からもっと頑張る！」。

スーの個人的な体験はドンのものとはまったく異なっていましたが、彼女は自分の体験を通じて、夫が心の底に埋め込まれた恐怖や傷つきを掘り起こしたくないと思っていることを、彼の表情から読み取り、その思いに共感しました。ドンの声のトーン、姿勢、身振り、顔の表情によって、スーは彼が何かにとらわれ、それに必死に耐えていることを感覚的に理解しました。ドンを慰め、ケアしたいと思いましたが、そうしても彼は抵抗を示し、拒否するだろうということもわかっていました。スーはかつて、ドンに対して自分の思いや恐怖や弱さを表すと、きまって「お前は愚かだ」「感情的すぎる」「ものを知らなすぎる」などと罵られていました。しかし、彼女は長年にわたって自らの問題に取り組んできたことによって、感情を表すことが、愚かでもなく感情的すぎるのでもなく無知の表れでもないことを、今ではしっかりと理解しています。

実はスーはすでに、彼女を見下したような物言いをドンがするのを止めさせることに成功していました。彼女はまた、勇気と粘り強さと共感でもって、ドンの現在の言動が、要求的で剝奪的な彼の父親の影響によるものであることを、ドン自身が理解できるよう手助けしていました。ドンが彼女に対して屈辱的な言葉を浴びせかけたときには、それ以上の関わりをきっぱりと拒否することができるようになりました。ドンはそれでもなお、スーに対し、自分の不満を非言語的にアピールするということを続けていました。スーは、ドンの言動が自分のせいではないと知っており、彼の感情を自分自身の幼少期の傷つき体験と結びつけることができていたので、彼の非言語的な不満のアピールについても、彼の苦しみを理解するためのきっかけとしてとらえることができました。とはいえドンはいつも、自らの苦悩を分厚い防御壁の内側に隠そうとします。ドンはどんな自己分析やセラピーを受けることも拒み続けています。そのため、彼は記憶にとらわれたまま、「強くあること」「誰にも頼らないこと」といったコーピングに固執し、自分を動揺させるような感情はすべて見ないようにし続けていたのでした。

ドンの「感情を完全に封印したい」という願望は，親が電話をしているときに，その親の気を引こうとする小さな子どもを静かにさせるのと似ています。子どもは，激しく親を引っ張ったり泣き叫んだりして，自分の存在や混乱を知らせようとします。この場合，親にはいくつかの選択肢があるでしょう。たとえばある親は，怖がらせたり脅したりして，静かにするよう子どもに強要するかもしれません。何回かそういうことを続ければ，子どもも静かになるでしょう。しかし残念なことに，静かにすることを強要された子どもは，自分の苦痛をしょんぼりと自分ひとりで飲み込んでしまうようになります。子どもを膝の上に乗せて，電話で話を続けながら子どもをなだめようとする親もいるでしょう。子どもの混乱が激しければ，いったん電話を切って，子どもの世話を優先する親がいるかもしれません。

ドンは，最初に示したような親の対応（静かにするよう強要する）を受け続けたため，感情を押し殺し，気を逸らすことによって自分をなだめる方法を早くから身につけました。大人になった現在，彼は自己鎮静化のためにさまざまな行動をとります。それはたとえば，たくさんお酒を飲んだり，ネットサーフィンに没頭したり，大量の電子機器や技術装置を買い込んだり，といったことです。これらはすべて，「しつこくつきまとう」感情を黙らせ，押し込めるための行動です。

スーは，ドンの言動が好ましいものではなく，彼のそのような反応が自分たちの関係にとって役に立つものでもないことはわかっていましたが，それでもなお，彼に対して共感的な思いを抱いていました。とはいえドンのこのような言動は，二人の性的な関係にもダメージを与えていました。ドンはスーだけでなく自分自身に対しても共感力を欠いていました。彼の破壊的で遮断的なコーピングのあり方は維持され，強化される一方でした。ドンが壁を作れば作るほど，そしてその壁を厚くすればするほど，スーは彼に拒絶されていると感じます。そんな中でつかの間の性行為の誘いがあったとしても、スーがそれに乗れるわけがありません。スーが誘いを断ると、もちろんドンは自分が彼女に突き放されたと感じ、目玉をギョロギョロさせ、不機嫌に咳払いをしてそっぽを向きます。このようなやりとりがパターン化され、二人はそこから抜けられなくなっています。

このような状況は、自らの拒絶的な言動がスーに与える影響をドン自身が共感的に理解し、彼女の抱く孤独感や寂しさをある程度思いやれるようにならない限りは、改善されることはないでしょう。ドンの共感力の欠如はスーの努力不足のせいではありません。スーは、自分がドンに締め出され、孤独な気持ちでいること、そして親密さや愛情や喜びといった感情が欠けた関係において、性的な関係をもとうとは思えないことを、これまで何度も彼に伝えようとしてきました。スーは彼のことをもっと知りたいと思うと同時に、もっと彼に自分を理解してもらいたいと望んでいました。

相手を映し出す鏡

体験を互いに共有し合うことによって、私たちは新たな知恵を得ることができます。こうして新たに獲得した知恵は、誤った信念や混乱、そして自己破壊的な行動から逃れるための道筋を私たちに示してくれます。相手における「内的なビジョン（心のありよう）」がいったん明確に理解できれば、私たちは相手のもつ強みや体験中の困難についてもしっかりと理解し、感じ取ることができるようになります。人間関係において、相手に対することのような明確な理解に共感が伴うと、私たちは互いに相手を映し出す鏡のような存在になります。私たちは誰しも、重要他者の頭と心に映し出された自分自身の姿を見ることによって成長することができます。それはたとえその重要他者とものの見方が違っていても可能です。私たちは皆、「相手に理解された」と感じることを望んでいます。自分がどんな人間で、この世界の中でどんなことを体験したりどんな反応をしたりしているのか、ということを、判断されることなく、無視されることもなく、あるいは軽く扱われることもなく、相手にそのまま理解されたいと望んでいるのです。仮に馬鹿げたことのように見える体験であっても、それをそのまま理解されたいのです。そしてこのようなかたちで理解し理解されることは、親密な人間関係で直面する困難な状況を乗り越えるための、重要な基盤になります。

たとえばドンの性的な誘いに、スーが次にように答える場面を想像してください。「ごめんなさい、今はそういう気持ちになれないの。こんなふうに断るとあなたが動揺してしまうことはわかっているけど、これまでずっと孤独感を抱いてきた私が、今ここで性的な気持ちを高めるのは、とっても難しいことなのよ。あなたが自分ひとりの世界に閉じこもってしまうと、私は拒絶され、切り捨てられたと感じるの。私はもっとあなたと関わっていたいのに、あなたが何を考え感じているのかわからないと、本当に寂しく孤独でたまらなくなってしまうの」。

スーがこのように言った結果として予想されるのは、ドンが彼自身の「欠陥スキーマ」のフィルターを通じてスーの言葉を解釈し、あたかもスーに「あなたは自分のことしか考えられないろくでなしで、パートナーとして失格だ」と言われたかのように受け取る、ということです。しかし、もしドンがこう受け取る代わりに、スーの苦しみを共感的に感じ取ることができたらどうなるでしょうか？　もしドンがスーにこのように言われたとき、自分の中に湧き上がる恥や無力感などのつらい感情を上手に受け止められたらどうなるでしょうか？　これまでとは異なる別の扉が、彼の中で開くかもしれません。

「スー、君の気持ちがやっとわかった。僕が距離をとったり、よそよそしかったりすると、君は孤独や寂しさを感じ、性的な親密さも感じられなくなってしまうんだね。僕の感情を君ともっと共有し、君にもっと関心を示すことが、君にとってとても大切なんだということも今ではよくわかっている。自分の苦しみにどう対処するか、そのやり方が君と僕とでは違うんだね。僕はそういうとき、どうしても心を閉ざしてしまうのだけれど、それは君にとって、いや僕たちにとって、あまりよいやり方ではないのだろう。今の僕なら、いつもではないけれど、君の苦しみを感じることができるし、今後もっと意識すれば、今よりもっと気がつけるようになると思う。それに僕は、君がお父さんとの間でどれほどの苦しみに耐えてきたのかも知っている。君のお父さんはもっと君を大切にするべきだったのに」。

読者の皆さんはおそらく「うーん……私の身近にいるナルシシストがこんなふうに反応するなんて、まず考えられないわ」と思うことでしょう。そして事実、それは正しい認識です。専門的な支援がなければ、ナルシシストが前述のドンのように反応するようになることはまずありません。あるいは、その問題に真摯に取り組まなければ自分が痛い目に遭う、というような強制的な状況に置かれなければ、ナルシシストが自ら変わろうとすることはないでしょう。残念ながら、専門的な支援があっても、ナルシシストが変化することが難しい場合がありま す。ナルシシストをめぐる対人関係は、放っておくとほとんどの場合、浸食され、腐敗し、修復不可能な状態に陥ってしまうのです。

しかしまだ希望はあります。あなたの身近なナルシシストが治療を受けるなり自己分析を行うなりしようというのであれば、彼のそのような意思決定に対するあなた自身の喜びをしっかりと表現すると共に、彼が早々に「これで十分」と思って治療を中断してしまうことを防ぐ関わり方をする必要があります。その際重要なのはバランスのとれた働きかけです。すなわち、彼の示す小さな改善（例：少しだけ気づきが深まる、実際の行動が少し変わる）に対して喜びを示しつつ、さらに改善してほしい点を明確かつ具体的に指摘するのです。たとえばこんなふうに言ってみることができるでしょう。「あなたが頑張って、私の気持ちや考えに対して思いやりを示そうとしてくれているのはよくわかる（ここで具体例を挙げる）。そのことがとても嬉しいし、前よりもっとあなたを身近に感じられるようになったわ。ただ私がこう言ったからといって、『もうこれですべてが解決した』というわけではないの。もちろん私はあなたの努力を認めているけれども、まだすべてが解決したわけではないから。これは一種のジレンマね。このジレンマをあなたにも理解してもらえたら嬉しいわ」。

彼の身になる

ここまでよろしいでしょうか。さて、真に挑戦するべきときがやってきました！　身近なナルシシストとの関わり方を学ぶために私のところに通ってくる多くのクライアントに私が言うのは、「あかりをともし、変化のための道案内をするのはあなたです」ということです。これはすなわち、クライアント自身が自らの共感力を高めることによって、結果的にナルシシストが変化し、今度はあなたがナルシシストから共感されるようになる、ということを意味します。同時に私がきっぱりと彼女たちに言うのは、「あなたがひとりであかりを持ち続けてはならない」ということです。ナルシシストは、自らが変化することによって、あなたがともすあかりに報いる必要があります。このような過程において、あなたは彼の進歩や変化について、注意深く測定し、評価していきます。もし事態が限界を超えた場合には、取り組みをストップする決断をしなければなりません。あなたはいつでも自分の考えを変え、異なる選択肢を選ぶ権利をもっています。

これは非常に骨が折れることであるのは重々承知しています。しかし考えてみてください。身近なナルシシストがあなたの人生において重要な役割を果たす人であるならば、彼との関係に終止符を打つ前に、関係改善のためにできるだけのことをすること、そして「自分はできるだけのことをしたのだ」と納得することは、とても意味があることです。あなたはすでに、あなた自身の感情の図書館において、スキーマに基づく「作り話」ではなく、あなた自身に関する真実の物語を読むことを選択していますね。そんなあなたなら、身近なナルシシストや彼との関わりについて、スキーマではなく、真実に基づく視点から、公平に注意深く理解することができるのではないでしょうか。

「ナルシシストの履く靴に、あなた自身の足を入れてみる」というのは、彼の内的な世界を理解し、実際に感じ取ってみることを意味します。そのために役立つ技法がいくつかあります。たとえば、ナルシシストがあなたに対してひどい扱いをし始めたら、目の前にいる大の大人であるその男性に、誰からも愛されることのない孤独な少年の顔を重ね合わせてみます。少年の顔を思い浮かべながら、彼が何を体験しているのか、イメージしてみるのです。彼の苦しみ、欠陥や恥の感覚、孤独感、空虚感。あるいは、周囲からの関心や愛情や承認を得るために達成しなければならない条件を、突きつけられたときの彼の思い。その条件をクリアするのが到底不可能であることを知ったときの彼の思い。あるいはごくまれに、そのような条件を達成したときにだけ与えられる、「お前は世界中で最高に素晴らしい完璧な少年だ！」というメッセージを聞いたときの混乱。あなたはその少年に共感し、少年としての彼を抱きしめます。以前のあなたであれば、こんなふうに彼に共感することなど、到底できなかったでしょう。

この素晴らしい技法は、私がナルシシズムの問題をもつクライアントを、治療的な限界設定の中で再養育するための方法を学び始めた際、親友でもあるジェフリー・ヤング先生に教えてもらったものです。ナルシシストの治療において重視されるのは、ケアすることとガイドすることの両方をバランスよく行いながら、彼の内なる「愛情を剝奪された孤独な子ども」を再養育することです。ナルシシストに対する治療的再養育法においては、共感と限界設定の両方が含まれ、子どもの頃に欠けていた体験が彼に提供されます。セラピストは、ナルシシストが自らの子どもの部分を育み、世話できるようになるための手本を示します。この過程を通じて、自分自身にダメージを与えるスキーマが癒され、子ども時代の体験が書き換えられます。

あなたは、ナルシシストの内なる子どもに対して共感を深め、コンパッションをもつことが、ナルシシストがボートを転覆させようとする際のリカバリーの手段として非常に役立つことを見出すでしょう。目の前のナルシシストが、いつものように深く考えることなく不快なことをあれこれと言い始めたら、彼の中の「脆弱なチャイルドモード」をあなたの心の眼でしっかりととらえ、見つめてみましょう。そうすることであなたは彼を十分に理解することができるようになります。すなわち、彼の内なる子どもが自分の脆弱性を感じるのを避けようとするがゆえに、そのように振る舞っているということを。そしてその子どもは、時に過度に甘やかされることがあっても、基本的には怯えていたり、悲しんでいたり、愛情を奪われていたりしているのだということを。

ヘンリー・ワーズワースの詩『虹』の中に、「少年が長じて大人となる」という美しいフレーズがあります（Wordsworth, 1892）。彼はここで、成長した大人の心の中に今もなお存在し、その心を密かに取り仕切っている「内なる子ども」について語りたかったのでしょう。それはたとえばスキーマであったり、今では時代遅れになってしまった生活様式であったりするかもしれません。大人のナルシシストも、実はそのことにうっすらと気がついています。自分の中に、さまざまな傷つき体験をした子どもが残っており、それが今現在の対人関係を蝕もうとしていることを。

こんな方法はいかがでしょうか。あなたの身近にいるナルシシストの子ども時代の写真を手に入れるのです。写真があると、ナルシシストに対して共感やコンパッションをもちやすくなります。あなた自身の子ども時代の写真を見ることも役に立ちます。子ども時代の自分自身の写真を見ることで、自分の中にある脆弱な部分に気づき、それにコンパッションを向けたりそれをケアしたりしやすくなるからです。私のクライアントの中には、このような目的のために、ナルシシストや自分の写真をラミネート加工したものを持ち歩き、視覚的な手がかりとして常に活用している人が何人もいます。

ナルシシストに自身の責任をとらせる

あなたの感情のタンクを、共感やコンパッションで満たすということは、何もナルシシストの不適切な言動に対して「目をつぶる」ことを意味するのではありません。もちろん、あなたが彼を理解し寛大に対応することは大切ですが、それと同じように、彼が高圧的な態度を示したり、あまりにも利己的であったり、あなたを支配しようとしたり、あからさまに不快な態度をとったりした場合は、その責任は彼自身にとってもらうことが重要です。あなたは、可能であれば共感的な態度で彼に直面化をうながしたいと考えていることでしょう。以下に、身近にいるナルシシストに対して、共感的直面化をどのように用いることができるか、五つのストーリーをもとに解説します。ストーリーに登場するナルシシストは、あなたの状況に応じて、友人、配偶者、上司、同僚、兄弟姉妹、その他の家族などに自由に置き換えてみてください。各ストーリーは、次の五つのスキルにそれぞれ焦点を当てたものになっています。これらのスキルはすべて、あなたがナルシシストとの間に、より満足のいく有意義な関係を形成するのに役立つものです。

- 「過失」と「責任」を区別する。
- 制約を設ける。
- 互恵的なルールを設定する。
- ポジティブなフィードバックを与え、よりよい気づきをうながす。
- 統合的にツールを用いる――「コンパッション」と「共感的直面化」。

「過失」と「責任」を区別する

夫のスティーブンは、あなたを駅まで迎えに来るはずでしたが、約束の時間より二〇分遅れてしまいました。彼は、あなたに挨拶もせず、遅れた理由の説明や謝罪も一切なく、「もう二度と君を迎えになんか来るものか！」と怒鳴り始めました。彼はまくしたてます。「もうたくさんだ、シャローン！　俺が遅れたことについて何も言ってくれるなよ。俺は同僚とのゴルフを途中で切り上げて、ここに来たんだ。しかもゴルフ場に携帯電話を忘れてしまったんだ。そうしたら今度は渋滞にはまってしまい、やっとの思いで駅にたどり着いたら、ほらやっぱり君はイライラしている。やってられるかよ！」。

腹を立てたあなたはスティーブの頭をハンドバッグでぶん殴り、車から飛び降りて電車に戻り、もう二度と彼と会うことはありませんでした……などという空想があなたの頭をよぎり始めたかもしれませんが、それは脇に置いておき、もっと生産的な戦略を考えてみましょう。

あなたはしばらく黙って、落ち着きを取り戻すことにします。そうすれば、スティーブンは、自分の醜悪な物言いが車内でこだまするのを聞くことができるかもしれません。あなた自身も、この事態が自分の責任ではないことを思い出す必要があります。スティーブンはまたもや彼自身の罠に自らはまってしまったのです。次にあなたはしばらくの間、彼の顔をじっと見つめます。そして彼の不愉快そうなしかめっ面の奥にある、「迷える小さな男の子」を探すのです。あなたは一呼吸置き、自分の中の共感的な部分をかき集めてこう言います。「スティーブン、あなたは、同僚へのきまり悪さや、約束に遅れて私をがっかりさせることへの恐れを感じていて、そうした感情から自分を守ろうとしているのね。わかるわ、実際私は少しイライラしていたし、心配もしていたから。携帯を忘れて私に電話をできなかったのであれば、あなた自身さぞかしイライラしたことでしょう。遅れたことに私が怒るだろうと予想していたのも理解できるわ。私は本当は怒っていたのではなくて、がっかりしていただけなんだけれども、私はこれまで自分のこういう気持ちをあなたに伝えてきていなかったから、私の気持ちがわからなくても当然よね。私はあなたのすべての感情を大事に受け止めたいと考えているの。でも、あなたがこういうふうに私に対して批判的になったり敵意を向けてきたりすると、私はあなたを思いやることができなくなってしまうの。私はあなたと気持ちがつながっていたいのよ。そのためには、あなたの感情だけでなく、私自身の感情も大事にしながら、あなたとコミュニケーションをとる必要があるの。今じゃなくていい、あなた自身が少し落ち着いたときでいいから、私を傷つけたことについては謝ってほしいの」。

二人の間に静寂が訪れ、しばし考えるための時間が生まれます。スティーブンが一瞬、ハッとした表情を見せたことに、あなたは気づいたでしょうか。しかしそれはほんの一瞬のことで、彼はもとのスティーブンに戻ってしまいました。「おいおい、わけのわからない心理学用語を使って俺を攻撃するのはやめてくれよ。俺が怒っているのは、こうなることは予測できていたのに、迎えに行くと言わなかったら、どうせ君がイライラするだろう、ということもわかっていたからなんだ。それだけのことなんだよ。すべてを俺のせいにするのはやめてくれ。そうでなくても今日は大変な日だったというのに！」。

あなたは再び空想の中で彼をぶん殴りそうになっているかもしれません！　そうです、これはとっても骨の折れる作業なのです。それでもなお、あなたは忍耐強く、彼が自らの責任を負えるよう、責めることなく彼をうながしていきます。「ねえ、スティーブン。今日はあなたが迎えに来てくれると聞いて、私はとても嬉しかったわ。あなたが遅れたことを私は責めているのではないの。あなたにはどうすることもできない事情でそうなってしまったのだから。あなたの気持ちが動転していることだって、仕方のないことだと思う。でも、あなたが自分の感情を表現するときに、私を非難したりやり込めたりするのは間違っていると思う。それを受け入れることはできないわ。あなたのそういう言動によって私は傷つくし、私たちの関係にもよくないと思うから」。

彼は再び黙り込みます。そしてゆっくりとうなずきました。嵐の前の静けさ……でしょうか？　ところが彼は顔を上げ、柔らかな声で「うん、わかったよ」と小さくつぶやきました……そう、これが変化の始まりです！

このストーリーにおいて、あなたは自分自身のスキーマに基づく感情と、思慮深く安定した思考との間でバランスを保っていました。以前のあなたであれば、スキーマが容易に活性化され、そのせいであたふたし、無力感や怒りを感じるばかりでしたが、今のあなたはスキーマが活性化されないように自らを制御することができます。あなたは、自分の中でスキーマが活性化されそうになるのを感じますが、その瞬間に、スティーブンの抱える問題について新たに得た理解、今もなお抱いているスティーブンに対する愛情、そして自分自身に対するコンパッションを自分の中にしっかりと携えて、これまでとは異なる新たなやりとりをスティーブンとの間に構築することができるでしょう。あなたは「過失」ではなく「責任」を強調し、あなた自身の欲求を承認することにより注意を払うよう彼に求めます。そしてスティーブンの内なる小さな子どもに目を向け、「小さなスティーブン」があなたに受け入れられたい、そして愛されたい、と願っていることを理解し、実際に受け入れて愛します。そして最終的には、先のことはわからないけれども、この時点では二人の結婚生活の改善を試みることを選択しました。

もう一度言いますが、これは非常に骨の折れる作業です。あなたはこのストーリーよりももっと悪いストーリーを予測したかもしれません。あるいは、この程度のストーリー展開では納得がいかない、という人がいるかもしれません。とはいえ、たとえ最初は十分に満足できないにせよ、このストーリーにおいて変化のプロセスは開始されました。習慣を変えるのは、誰にとっても難しく骨の折れることです。そのことを心に留めておきましょう。脳は可塑性をもつ臓器ですが、可塑性を通じて永続性のある変化を起こすためには、時間をかけて辛抱強く継続的に練習をし続けることが必要です。変化を起こすためには、登るのが不可能にさえ思われる急な坂道を、自分がこれまでどのようにギアチェンジしながら登る努力をしてきたか、ということを考える必要がありま す。状況に合わせて、あなたは何度もギアチェンジをしなければなりません。コミュニケーションにおいても同様です。新たなコミュニケーションによって新たなストーリーを作るのであれば、最初はあれやこれやと工夫が必要だし、それを難しいと感じることもあるでしょう。しかし、あなた自身の知恵と内なる声に基づく新たな関わり方を何度も繰り返すうちに、好きな歌の歌詞を覚えるのと同じように、あなたの中にそれらがしっかりと定着することでしょう。「今・この瞬間」に対して穏やかな、しかし同時にしっかりとした気づきを向け続けることについて、あるクライアントは「生き生きと目覚める」ようだ、と表現してくれました。これは、その瞬間に起きていることを自分自身が十分に体験できている、ということを意味します。私たちはマインドフルネスと共にあることによって、古い不適応的な録音テープから聞こえてくる偏った信念に打ち負かされることがなくなるのです。

制約を設ける

小さな娘を抱えているあなたに、上司から電話がかかってきて、急な仕事で郊外に出張してほしいと伝えられたとします。娘と別々の一夜を過ごさなければならないのはこれが初めてで、あなたの心は罪悪感と心配でいっぱいになります。夫は今夜は夜勤で、ベビーシッターに頼む時間的な余裕もなかったので、あなたは気が進まないけれども娘の世話を夫の母親（義母）にお願いすることにしました。数時間後、娘の様子を確かめるために外出先から自宅に電話をかけると、すでに義母の「専制君主」ぶりは存分に発揮されていました。義母は「すべき」「ねばならない」の塊のような人です。たとえば義母は、「風水的によくないから」、ドレッサーと電気スタンドを子ども部屋から別の部屋に移動したと言いました。これは第三者であれば、「悪意がある」というよりは、「少し面白い」話として受け止められるエピソードかもしれません。

とはいえ、あなたにとってはもちろんこれは苦痛な体験です。しかしあなたはここで、「これは共感的直面化を使って、ナルシシスティックな義母に対して制約を設けるチャンスだ！」と考えることができました。あなたはまず、義母の行動を理解し、さらに義母の行動の根っこにある彼女の過去の体験について理解しようと試みました。そのうえで、現在の義母の行動については義母自身に責任を負ってもらうことにします。自宅に戻ったあなたはまず、直前のお願いにもかかわらず、娘の世話を引き受けてくれたことに対して義母に礼を述べ、感謝の気持ちを伝えました。そのうえで義母の「いただけない」行動について言及しました。「お義母さん、物事の秩序をきちんと保つことを、あなたがとても大切にされていることは私も理解しているつもりです。実際にご自宅をお義母さんのルールに則ってきっちりと整えていらっしゃる。それは素晴らしいことだと思います。でも、私たちの家にはそのルールを持ち込まないでいただきたいのです。私たちは、お義母さんとうちの娘がよい関係を結んでくれることを願っています。でも、家事や育児については、たとえそれがお義母さんには気に入らなくても、私たちのやり方を尊重してもらいたいのです。我が家の家事や育児について、よくわからない点があれば、どうか遠慮なくお尋ねください。こうすることによって、お互いに不満を募らせることなく、よい関係を保つことができると、私は思っています」。

これを読んだ読者の中には、こう思った人がいるかもしれません。「ふざけないでよ！　私の身近にいるナルシシストは、私がこんなふうに言ったとしても、無視するか、言い返すかするに決まっているわ！　さもなければ第三次世界大戦が勃発するでしょうよ！」。なるほど、ナルシシスティックな相手が、そういう反応を返してくることはもちろんあるでしょう。しかしたとえそうだとしても、あなたはあなたなりの制約を設定し、同時にできる限り共感的に対応し続けるのです。

もしナルシシストがあなたを無視したり反撃したりしてきた場合は、あなたは次のように言って、自分の主張を続けることができます。「どうやらあなたは誰かに反論されることに慣れていないようですね。もちろん私はあなたと言い争いがしたいわけではありません。この件についてはむしろ議論するのではなく、私たちの意向に沿っていただきたいのです。私がこのように言うことであなたが不快に感じるのであれば申し訳ありません。でも決してそれが目的ではないのです」。それでもなお彼女が怒りや攻撃を向けてくるのであれば、自分がそうした扱いに耐える必要がないことを思い出しましょう。落ち着きを保ちながら、こう言えばいいのです。「このような言動をあなたが続けるのであれば、もうこれ以上話をすることはできません」。それでもさらに彼女がこの話に固執するようであれば、あなたから話を中断するか、その場を離れるかしましょう。その場合、覚えておきたいのは、少なくともあなた自身は相手に共感することと自分を守ることの両方を用いて関係改善を試みた、という事実です。このストーリーのように、義理の家族がナルシシストである場合は、パートナーの協力も求めましょう。義理の家族に対して制約を設けようとする場合は、パートナーと二人で団結して取り組むことが必要です。

互恵的なルールを設定する

土曜日の夜です。ボーイフレンドのクリスが、また彼のお気に入りのレストランで一緒に過ごそうと誘ってきました。この予想通りの誘いに、たいていはあなたも乗り気なふりをしてきました。彼は普段、レストランの味やサービスについて批判的ですが、このレストランは彼をセレブのように特別扱いしてくれるのでとても気に入っています。彼がそのお店に入ると、入店を待つ人の行列があっても、マネージャーは即座に彼をあたたかく迎え入れ、すぐに席に通してくれます。一方あなたは、彼と一緒に入店する際に、待っている人たちがイライラしながら自分たちをじろっと見てくることに恥ずかしさを感じ、ついうつむいてしまいます。そんな事情もあって、この土曜日は、別のお店を新たに開拓してみたいとあなたは考えていたのでした。

そのことをあなたが提案すると、クリスはたちまちしかめっ面になり、あなたを遮ってこう言いました。「僕は知らない店に行って、モルモットのような扱いをされるつもりはないよ。そんな店に入るのに待たされるのも嫌だし、味だってたかが知れているに違いない。ありえないね」。彼はあなたの提案を無視して、「いつものお店」

に「いつもの時間」に行くのだということを一方的にあなたに伝えて話を終え、新聞を読むのに没頭し始めました。

あなたはクリスが新聞を読んでいる間に、すかさず財布にしまってあるクリスの幼い頃の写真を取り出し、それを眺めます。そうすることであなたは「小さなクリス」と出会うことができるからです。ちなみに財布の中には、あなたとクリス両方の小さな頃の写真が入っています。あなたは、クリスの内なる「小さなクリス」について思いをめぐらせます。小さなクリスは、父親には虐げられ、母親からは溺愛されていました。その結果、彼は他者と何かを分かち合ったり、公正に振る舞ったり、ギブ・アンド・テイクの関係を結んだりすることを、学ぶことができませんでした。その結果、小さなクリスは、人と関係を築いたり深めたりすることについて混乱しがちで、いつも居心地の悪さを感じていました。あなたはさらに少し時間をとって、あなた自身の「内なる子ども」についてイメージし、思いをめぐらせます。「小さなあなた」は、大人から怒鳴られたり叱られたりすることをいつも非常に恐れていました。「小さなあなた」はまた、相手にがっかりされたくないがゆえに、あるいは自分が罪悪感を抱きたくないがゆえに、いつも最大限に相手を喜ばせようとしていました。「小さなあなた」はそれ以外になす術がなかったのです。

あなたはイメージの中で「小さなクリス」と「小さなあなた」に微笑みかけます。そして深く穏やかに呼吸をしてから、クリスに話しかけます。「ねえ、クリス。さっきの件についてきちんと話し合う必要があると思うの。あなたが『ロイヤルカフェ』での食事をどんなに楽しみにしているか、私は知っているわ。あそこに行けば、丁重にもてなしてもらえるし、あなたの好みの食事をあなたの望むように出してもらえるものね。それがあなたにとってどれほど重要か、ということもわかっている。私だってあなたと一緒にあのお店に行くのはとても楽しいわ。ただ、お店に行って他の人たちは席が空くのを待たなくてはいけないのに、私たちだけはすぐに席を用意してもらえるというのは、私にとってはけっこう気まずいものなの。だから私は、たまにはいつもとは違うお店を試してみたいと、さっきあなたに言ったのよ。そう言われてあなたはどんなふうに感じたの？　それを教えてほしい。さっきみたいに私の提案を頭ごなしに否定されたり無視されたりすると、悲しくなってしまうわ。別のお店を試すことが、最高の結果をもたらすとは限らないのは、もちろんわかっている。でもこれまでとは違う何か新しいことにチャレンジするのも、たまにはいいんじゃないかしら。クリス、あなたはどう思う？」。

あなたが話している間、クリスはあなたとまったく目を合わせません。あなたが話し終えると、彼は新聞越しにあなたを見て、皮肉な口調でこう言います。「僕がいつもの店に行くのを楽しみにしていることを、君が知っているのであれば、どうして新たにチャレンジする必要があるの？」。彼は再び新聞に目を落とします。

あなたは落ち着きを保ちながら、このように言います。「クリス、私があなたに対してそうするように、あなたが私に話をするときは私のほうを見てくれると嬉しいわ。あなたは、私があなたを丁寧に扱うことを望んでいると思うけれども、私も同じことをあなたに対して望んでいるのよ」。クリスが顔を上げます。あなたは続けます。「どうもありがとう。私はあなたが望むことを尊重したいと思っているし、あなたも私に対してそうであってほしいと思っている。それが『お互い様』ということではないかしら。私は、二人が一緒に過ごすときにどうするか、ということについて、お互いに歩み寄りたいだけなの。つまりギブ・アンド・テイクね。それがうまくいくためには、お互いに相手を大切にすること、つまり相手の感情や意見や要望を聞き、配慮することが必要だと思うの。ときどき感じるのは、私たちには互いに異なるルールがあって、それが食い違っているということ。これではよくないと思う」。

どうやらクリスは苛立ってはいないようです。彼は落ち着いた声のトーンで言います。「わかった。この件については近いうちにちゃんと話そう。でもお願いだ、今日は勘弁してほしいんだ。次の機会には、君の言うとおりに、新たなことにチャレンジしてみよう。でもそれは今日じゃない。心の準備がまだできていないからね」。あなたは彼があなたの意見を取り入れてくれたことに感謝して、彼が本当の意味であなたの気持ちを理解してくれたかどうかはひとまず脇に置いておき、彼の約束を受け入れます。

ここでは、クリスはあなたに謝罪はしていません。あなたの発言に少しだけ理解を示し、約束をしただけです。あなたは、彼が本当の意味であなたの発言を理解したかどうかについては確信がもてません。しかし彼は皮肉な態度をとることをやめ、これまでよりも優しい声のトーンで話し、あなたと目を合わせました。ここで重要なのは、公平性や互恵性、そして相互性について、あなたが彼に提案ができた、ということです。この後の展開における進歩の基準は、彼が自分の約束を快く守れるかどうか、ということになるでしょう。あなたは今後も彼の言動を観察する必要がありますし、二人の関係において彼だけでなくあなた自身の欲求が満たされることがいかに重要であるかということを、繰り返し伝える必要が出てくるかもしれません。彼がそのことを忘れてしまったり、もとの自己中心的な言動に戻ってしまったりした場合は、あなた自身の「がっかりした気持ち」を彼に伝えることが必要になるでしょう。

ポジティブなフィードバックを与え、よりよい気づきをうながす

あなたが自宅で、毎年恒例の親戚が集まってのディナーの用意をしていたとき、電話が鳴ったので取ると、それはナルシシスティックな兄であるリックからでした。彼はあなたに挨拶をした後に、不意の用事がいくつかできてしまったのでディナーに遅れると伝えてきました。これは非常に珍しいことでした。これまでのリックは、このような家族や親戚の集まりには連絡なしで遅刻してくることが多く、たとえ連絡があったとしても、「いいかい？　僕は着くのが遅くなるよ。だいたいなんでこんなに早くから集まらなくちゃいけないんだよ。そんなの窮屈だし、馬鹿げているよ！」と言ってガチャンと電話を切るばかりだったのです。しかし今回は違いました。彼はこう言ったのです。「やあスーザン、また僕のいつものパターンだと思うかもしれないけど、そして実際に僕のせいでディナーが遅れてしまって皆には本当に申し訳ないんだけれども、家でいくつか急なトラブルがあっ

て、どうしても二〇分ほど遅れてしまいそうなんだ。何か僕に持ってきてほしいものがあるかな?」。

あなたは自分の耳を疑います。「これは間違い電話?」。しかしすぐに気を取り直して、こう言います。「リック、電話をくれてありがとう。トラブルがうまく解決するといいわね。遅れてくることを知らせてくれて本当に助かるわ。あと、できれば取り分け用のスプーンを二つか三つ、持ってきてくれると嬉しいわ。とにかく電話をくれてありがとう」。あなたはリックとの間でこのような会話ができたのは初めてであることに気がつきます。あなたは何年もの間、ナルシシスティックな兄との関係において率直なコミュニケーションを心がけ、共感的直面化を通じて二人の関係性を育むことに力を注いできました。今、その努力が報われたのです! あなたは続けてこのように言います。「ねえ、リック。あなたが私に思いやりを示そうと努力してくれていることに、本当に感謝しているの。おかげで私はあなたとより親密になれたように感じることができているわ。本当にありがとう」。

リックは答えます。「ああ、努力しているとも! このことが僕たちにとって本当に問題だったということが、今の僕にはわかっている。気づかせてくれたことに感謝している。スーザン、こちらこそありがとう」。

ナルシシストとの関係において、適切な行動に対してポジティブなフィードバックを与えることは、望ましくない行動に直面化するのと同じぐらい重要です(もちろん相手がナルシシストでなくても、このことは重要ですが)。リックは依然として遅刻をしています。彼が抱える時間管理に関する問題はなんら改善されておらず、彼は今後もこの問題に取り組む必要があるでしょう。しかし、彼が自分の行動に対して思慮深くあろうとしていること、そして責任をとろうとしていることは注目に値します。あなたは長い間、手元にあるさまざまなツールをフル活用しながら、彼の「心の土壌」を耕してきました。彼の言動に見られるポジティブな側面(他者に配慮しようとする、優しさを行動に示す)を明確に指摘することは、まさにあなたが彼を導きたい終着点である「ごく普通のやりとりの中で自分が愛されていることを感じ取れるようになる」ために必要なことなのです。

あなたはリックとのやりとりにおいて、自分の感謝の気持ちを、「素晴らしい!」「すごいわ!」「それって完璧よ！」といった大げさな表現を用いることなく伝えることができました。以前のあなたは、彼の注意を引いたり彼をいい気持ちにさせたりするために、彼の高級車や高い語彙力に対して、そのような大げさな表現を使っていましたが、今回はそうしないでいられました。あなたは彼を大げさに称賛する代わりに、実にシンプルに、彼が思いやりや配慮を示してくれたことに感謝の意を表したのです。ナルシシストは、対人関係において心地のよいつながりを感じるためには、「ただ、自分らしく、ありのままでいればよい」ということを、子どもの頃に学ぶことができませんでした。そこでありのままの自分を奥底に沈め、外見を派手に取り繕って生きてきたわけです。ですから彼は今になって「ただ、自分らしく、ありのままでいればよい」ということを学ぶ必要があります。周囲からの「一時的な媚びへつらい」が「優しさ、受容、愛情」に置き換えられたとき、彼は「自分が何かを証明する必要はないのだ」ということを実感できるようになるでしょう。彼は「輝かしいスター」としてトップに君臨し続ける必要はないのです。

統合的にツールを用いる――「コンパッション」と「共感的直面化」

今日は木曜日です。あなたはプレゼンテーションとスタッフミーティングで大忙しだった一日を終えて帰宅しました。今週は、これまで働いてきた中でも本当にハードな一週間でした。あなたは夫のエドに「ただいま」と言ってハグをした後、今日は本当に疲れたので、夕食の前にジムに行って、少し疲れを癒してきたいと伝えました。エドは口では「もちろん君の好きにすればいい」と言います。しかし彼の表情はみるみるこわばり、彼がイラつき始めたことにあなたは気づきます。あなたが何かを言おうとするのを制して、彼はこう言いました。「なあカレン、君のわがままにも、君のくだらない仕事にも、俺はもううんざりだ！　そんな仕事なんかとっとと辞めて、もっと自分のするべきことを見つけたらどうだ。俺はこれまで、夕食が遅くなることにも、君の熱心なジム通いにも、散々我慢してきた。でも、もうたくさんだ！　俺にだって、君の帰りを待っているよりも、もっと大事なことがあるんだ。俺と一緒にいるためなら、何でもしてくれる人たちだっている。君の目に、俺はどう映っているんだ？　単なる馬鹿者か？」。彼はあなたをにらみつけます。

あなたは唖然とし、「ああ！　またいつものが始まった！」と思います。胸がドキドキし、首に寒気を感じ、顔が赤くなっていくという、お馴染みの感覚が生じてきます。あなたは彼に反論をするために大声を上げたくなるかもしれません。または別の部屋に逃げ込んで泣き出したくなるかもしれません。あるいは即座に謝罪して「エド、あなたが正しいわ」と降参したくなるかもしれません。思い出してください。これらは「闘うか、逃げるか、固まるか」の三つのストレス反応でしたね。しかし今回のあなたはこれまでとは異なります。あなたは一瞬立ち止まり、呼吸を整え、脅威に対するこれらの典型的な反応に巻き込まれることなく、自分に生じた感情を理解し、自らの内なる思いをしっかりととらえます。もしあなたが動揺しすぎて、彼に対して共感的直面化を使うことが難しいようであれば、少し時間をとって自分を落ち着かせ、目の前の問題に取り組む前に「今・この瞬間」に立ち戻るようにしましょう（後ほど、「タイムアウト」については説明します）。落ち着きを取り戻したら、エドの目をしっかりと見つめ、彼の内なる「小さなエド」が、寂しさや恥辱感で苦しんでいることに気づきを向けます。同時に、あなた自身の内なる「小さなカレン」にも気づきましょう。その小さな少女は、自己主張が苦手で、自分の感情を大事にできずにいます。

次に、落ち着いた声でこう言って自分自身を守ります。「ねえ、エド。私はあなたのその言葉は信じない。あなたが嘘をついている、というのではないのよ。私は知っているの。本当は私にそばにいてほしいのね。でもそれを私に伝えるのが、あなたにとってはとても難しいのね。今週のように、私が忙しくてバタバタしていると、自分が私にとってどうでもよい存在のように感じてしまうのね。そう感じることで、あなたがどれほど動揺するかもわかっているわ。でもだからといって、私をけなしたり私の仕事を非難したりする言われはないと思う。あなたが私を非難すればするほど、私はあなたを労わることができなくなってしまう。あなたが怒って私にきつく当たれば当たるほど、私は傷つくし、あなたに対して怒りを感じてしまう。あなたの感情は私にとってとても重要よ。でもあなたの感情にあなた自身が気づくことができなければ、私たちはそれについて話し合うことさえできないわ。私はあなたの本当の感情についてきちんと話し合いたい。あなたはどう思う？」。

エドはあなたに不信の目を向けます。あなたは逃げもせず、闘いもせず、屈しもしません。そのおかげで、エドの防衛が一瞬緩み、彼の抱く不信感や不快感が少しだけ緩和されます。そしてこう言います。「俺の感情を君なんかに解説されたくない。もうすでに伝えたはずだよ……でもそうだな、確かに俺は怒っているのかも。そうだ、これは怒りだ」。

あなたは、彼の内なる「小さなエド」が、本当は母親や父親にそばに来て、自分を抱きしめ、苦痛を取り除いてくれるのを望んでいたのに、そうしてもらえなかったから、腕を組み、地団太を踏んでいる姿をイメージします。「小さなエド」は自らのつらさに耐えるために武装するしかなかったのです。あなたはそれを感じます。彼の声のトーンはすでに少し変化しています。先の彼の言葉は「怒り」を示していましたが、声のトーンは、怒りそのものではなく、むしろあなたにしっかりと向き合っているように感じられます。むしろあなたの発言をうながしているかのような感じです。そこであなたはさらに彼に近づいて、こう言いました。「聞いて、エド。あなたが怒っているのはわかったわ。でもあんなふうに怒りを表現されてしまうと、私はあなたから遠ざかるしかなくなってしまう。でもあなたは私を遠ざけようとしているのではないでしょう？　あなたが望んでいるのは、私があなたの話をもっと聞き、あなたをもっと愛することでしょう？　あなたの怒りのさらに奥にある感情を、あなた自身に見てほしいの。そして、そばにいる私にもわかるように、あなたの傷ついた気持ちについて話をしてほしいの」。

エドは、あなたに握られた手をそのままあなたに委ね、弱々しいけれども優しい声のトーンで、このように言いました。「カレン、聞いてくれ。今週が君にとって大変な一週間だったということはわかっている。ただ、俺にとっても実は大変な一週間だったんだよ。それだけなんだ。悪かった。ジムに行ってきてくれ。俺は大丈夫だから」。

あなたは、彼のこのような変化をとても嬉しく感じます。あなたは「本当のエド」に出会うことができたのです。あなたは、怒りの火を吐くドラゴンの仮面の背後から、「小さなエド少年」を救い出しました。あなたは自分自身に対してそうしたのと同じように、彼の脆弱性を優しい知恵で包み込みます。ドラゴンに対して、たったひとつの武器で、しかも今まで一度も使ったことのないような武器で立ち向かうには、とてつもない勇気が必要です。そしてその武器とは「コンパッション」そのものです。あなたは、エドが耳を傾けてくれたこと、そして自らの感情に気づいてくれたことに感謝します。あなたはこの後少しだけジムに行き、その後は二人で特別な時間を過ごそうと提案し、エドはそれを承諾します。

エドに罰を与えたり責任をとらせたりしないこのようなやり方は、彼の問題行動をかえって助長してしまうのではないか、と思う読者がいるかもしれません。あるいは、身近なナルシシストに対してこのような言い方は絶対にできないと思う人もいるでしょうし、そのナルシシストがあなたに対して無関心を貫くのであれば、このような働きかけは実際に役に立たないかもしれません。「誰がそんな我慢をする必要があるのかしら？　別れたらいいじゃない」と思う人もいるでしょう。こうした反応は、すべて正しいものだと言えます。ナルシシストとよい関係を築くのはとても骨の折れることであるため、そんなことを目指すよりは、彼との間に何らかの制約を設定するか、あるいは関係を解消するといったことのほうが最善であると考えてもおかしくありません。あなたが彼に対して、共感的直面化を適切に行ったりコンパッションを十分に注いだりしても、何の成果も得られないこともあるでしょう。あるいはあなた自身があまりにも傷ついており、ナルシシストとの関係をよくしたいとも思えなかったり、そのための力が尽きてしまったりしている場合もあるでしょう。それならそれでかまいません。あなたの決断に、良いも悪いもありません。あなたのこれまでの長い苦労の結果としての選択なのですから。しかしここまで本書を読んでくれたあなたの場合、身近なナルシシストとの関係に留まって関係改善を図る、という選択肢も手に入れています。自分自身の権利と欲求を守りながら、マインドフルネスを通じて気づきを得る力を身につけることができれば、共感的直面化を用いた手法があなたにとってより満足のいく結果をもたらしてくれることを実感できることでしょう。

変化のために「活用できるもの」を創り出す

先述したように、ナルシシストとの関係を改善するには、何か「活用できるもの」が必要です。言い換えると、それなしでは関係の改善は見込めません。先ほど紹介したいくつかのストーリーでは、お互いの関係が崩れそうになったときに、むしろそれを活用して変化が生じました。ストーリーで提示した関係は、配偶者や恋人、義理の家族、兄弟姉妹など重要な対人関係です。前述のストーリーにおいては、すべての当事者が相手とのつながりを保つことを選択しました。変化のために「活用できるもの」が奏効するのは、あなたとナルシシストとの関係性に問題が生じており、なおかつナルシシストがあなたを失いたくないと思っている場合です。あなたを失いたくないと思っているナルシシストとの関係を改善するには、配慮なしに、あるいは批判的にナルシシストを脅かすことは得策ではありません。そんなことをしたら、かえって醜い争いが繰り広げられてしまいます。そんなことをする代わりに、あなたにとって二人の関係がどれほど大切なものであるかということを強調し、関係改善のために二人が共に協力する必要があり、その協力がなければ関係が悪化してしまうであろうし、そのことをあなたが恐れているということを伝えることができます。そして、このように伝えること自体が、変化のために「活用できるもの」そのものなのです。

次に、身近な人間関係に変化を創出するための三つの手法を紹介します。それは、「故意ではないことを『当然の前提』とする」「ミクロからマクロへと、ボトムアップでアプローチする」「タイムアウトをとる」の三つです。

故意ではないことを「当然の前提」とする

これは、「疑わしきは罰せず」と言ったほうがわかりやすいかもしれませんね。あなたはナルシシストに対して、次の三点を伝えます。すなわち、①彼は自分の発した言葉が、他の人をどれほど傷つけているかということを知らないのではないかということ、②彼が相手を意図的に批判したり非難したりしようとしているのではないと、あなたは知っているということ、③そうは言っても彼の言動によってあなた自身が傷ついているということ、です。思い出してください。ほとんどのナルシシストは、相手を傷つけようとしているのではなく、単に自分を守ろうとしているだけです。それにもかかわらず、彼らの言動は相手を傷つけてしまいます。そして「相手を傷つけた」という点において、彼は相手に責任を負うのです。あなたは、「ナルシシストである相手の善意を信じている」ことを前置きとして相手に伝えることから、話を始めるとよいでしょう。そうすることによって、破壊的で防衛的な議論を回避し、よりよい方向への変化に向けて進み続けることができます。

ミクロからマクロへと、ボトムアップでアプローチする

これは、あなたとナルシシストとの関係が、ナルシシストと他の人たちとの関係の「予行演習」となることを意味します。いわば「試着」のようなものです。彼はあなたに対し、他の人たちが自分のことをどう思っているかについては「まったく気にしない」と断言するかもしれません。しかしあなたは知っています。ナルシシストを含む私たちすべての人間は、他者から好かれたいし、受け入れられたいと願っています。むしろナルシシストは特にそうかもしれません。あなたが彼との個人的な関わりの中で見聞きする彼の好ましくない行動は、ミクロコスモス（小宇宙）における小さな現象かもしれません。しかし実際には、彼はマクロコスモス（大宇宙）におい

て、すなわち、世間一般における他の人たちとの関わりの中で、同じように好ましくない行動を示しているに違いありません。

あなたはまず、彼の特権意識や尊大な態度は、彼の子ども時代の体験を鑑みると十分に理解できるものであるということを、共感的な態度で彼に伝えます。彼が幼い頃、あるときは甘やかされ、別のあるときは愛されずに無視される、という混乱した体験をしていたことをあなたは知っています。そして、彼がルールを無視したり他者からの注目を得ようとしたりするのは、そうすることによって自分の居場所や地位を得ようとしているのだ、というあなたの理解を伝えます。さらに、あなた自身は彼の言動の成り立ちを知っているから、彼に対して開かれた態度を保ち、彼を受け入れようと努めることができるけれども、こうした彼の背景を知らない人たちは、彼の言動を傲慢だと思うかもしれないし、彼と一緒にいたくないと思うかもしれないし、自分の本当の気持ちを彼に話そうとはしなくなってしまうだろう、ということを伝えます。彼は、あなたの示すコンパッションと深い知恵から目を逸らすことはできません。またこのように伝えられることによって、これまでの孤独な自分のままでいることもできなくなってしまうでしょう。結果的に二人の関係は改善していくのです。

タイムアウトをとる

ナルシシストの変化に向けて「活用できるもの」の効力を発揮し続けるためには、彼にあなたの話をきちんと聞いてもらう必要があります。もしあなた自身の怒りが沸騰しており、そのせいで暴言を吐きそうだったり、関係を断ち切りそうだったりしているのであれば、その怒りのスイッチを押した状況を冷静にとらえ、怒りを鎮めるために、少し時間をとることが必要です。そのほうが、相手に話を聞いてもらいやすくなるでしょう。カップルの問題や怒りの問題に関するセルフヘルプ本には、感情に圧倒されたり怒りがエスカレートしたりする際に、「タイムアウト」をとることが有効であると書かれていますが、このアドバイスは非常に適切です。タイムアウトは、感情を鎮めたり内省したりするにあたって非常に役に立ちますが、同時に、生理学的なストレス反応（闘争、逃走、麻痺）を軽減する効果があることも認められています。

夫婦関係および離婚の予測因子に関する研究で国際的に著名なジョン・ゴットマンは、カップルの関係が崩壊しかねない出来事があった後に、関係修復のためにコミュニケーションをとる際は、とにかく気持ちを落ち着かせることが不可欠であると述べています（Gottman & Silver, 2004）。彼によれば、関係が適切に修復され、幸せに向かっていると報告したカップルは、自分たちの関係を傷つけないかたちで話し合いができる一方で、関係の脆弱なカップルは、話し合いでかえってダメージを大きくしてしまったり、関係修復の段階に入る前に、混乱した心身の状態を落ち着かせる時間を必要としたりすることがわかっているそうです。

タイムアウトは一般的に「お互いが一時的に距離を置くこと」と定義されます。具体的には、どちらか一方が隣の部屋に行くなり散歩に出るなりして、二人で決めたある一定の時間を互いに離れて過ごします。これは、争いのもとになった問題について再び話し合う前に、あるいは話し合いはしないにせよ二人が同じ空間で一緒に過ごす前に、一定の「冷却期間」を設ける、ということです。スキーマ療法においても、自らのスキーマが活性化し、心身が圧倒されたり怒りに飲み込まれそうになったりしたときには、一時的にその場を離れて呼吸を整え、感情が落ち着くのを待つことを奨励しています。それでは、タイムアウトを行う場合、具体的にはどのようなことをして落ち着きを取り戻すとよいのでしょうか？

呼吸法

マインドフルネスの実践において用いる、優しく穏やかな呼吸（第5章を参照）が役立ちます。タイムアウトの間、気持ちを落ち着けながら、呼吸に注意を向け、お腹や肺がふくらんだり縮んだりするのを感じます。同時に、吸い込んだ息の冷たさや、吐き出す息の温かさを感じます。一呼吸ごとに、穏やかな静けさの中に、そして同時に生き生きとした「今・この瞬間」の中に、自分の心身を浸していきます。

「スキーマフラッシュカード」を用いる

容易に活性化し、あなたを罠にはめるスキーマを選び、フラッシュカードを一枚か二枚、作りましょう。スキーマの活性化にリアルタイムで気づきを向けられるよう、フラッシュカードを持ち歩きます。フラッシュカードは、健全な反応をあなたから引き出す際に役に立ちます。一枚のフラッシュカードごとに、第4章で学んだ四つのステップ（観察、理解、特定、分化）について記載し、さらに「自己鎮静」という最後のステップを加えてください。「自己鎮静」では、自分を落ち着かせるための健全な方法を探す、ということをします。

1. **観　察**：自分が今体験している感情に気づく。
2. **理　解**：今自分に起きている行動や感情に関連しているスキーマを見極める。
3. **特　定**：スキーマによって生じた感情や行動に名前をつける。
4. **分　化**：過去から生じている反応を手放し、「今・ここ」の視点で自分をとらえる。
5. **自己鎮静**：現在の瞬間において自分自身を落ち着かせるための健全な方法を探す。

以下に例を挙げます。

1. （観察）私は自分がナルシシストに対して、激しい怒りを感じていることに気がついています。
2. （理解）私の「情緒的剝奪スキーマ」と「自己犠牲スキーマ」が活性化しています。「やって当たり前」と思われていることに腹が立つし、「わかってもらえていない」と感じているからです。
3. （特定）私は彼に対して怒りをぶつけ、彼を罰したいと感じています。またジャンクフードをドカ食いしたいという欲求が高まっています。

4．（分化）これらの感情は、私が小さかった頃に感じたものです。そのときの私は、自分の存在に気づき、受け入れてもらうには、他の誰かのために多大な犠牲を払わなければなりませんでした。でも、今の私にはそのようなことをする必要はありません。私は選択することができます。私はもう無力な女の子ではありません。私はこの関係において私自身の権利をもっています。ナルシシストに対して怒りをぶちまけることは役に立ちません。ジャンクフードをドカ食いすれば、一時的に気が紛れるかもしれませんが、私の痛みがそれによって癒されることはありません。私には怒りを感じる権利がありますが、私自身が怒りそのものになる必要はありません。私はひとりの有能な大人であり、ナルシシストの抱える問題や、それによって引き起こされる問題行動について理解しています。もちろん私自身の問題や行動についても理解しています。私は、私自身の感情のよき代弁者になれますし、脆弱な自分を効果的に守ることができます。私は問題のある行動をとらずに、自分自身を支え、守る必要があります。

5．（自己鎮静）怒りのモードやドカ食いへの誘惑にはまる代わりに、私には次のことができます。

- 五分間、日記を書く。
- 私がこのような状態になったときに、どうやって私を慰め安心させればよいかを知っている友だちに電話をする。
- 再びこういう状況にはまったときに、彼に何をどう言ったらよいか、彼とどのように話し合いをすればよいか、といったことを書き出して、リハーサルする。

気分転換を図る

タイムアウトをとる間に、健全な気分転換を図ることは、あなたの気持ちを落ち着かせ、穏やかにしてくれるために役立つでしょう。例を以下に挙げます。

- 詩を読んだり書いたりする。
- 音楽を聴く。
- クロスワードパズルをする。
- 部屋の片づけをする。
- 「やることリスト」を作る。
- 踊ったり歌ったりする。
- 身体を動かす。
- 瞑想する。
- 入浴する。
- マッサージをする。

治療関係における「共感」の役割

ナルシシストをパートナーや家族にもつ人たちの多くが、私にこう尋ねます。「ナルシシストに対する個人セラピーやカップルセラピーでは、いったいどんなことが行われているのですか?」「ナルシシズムの問題に適切に対応してくれるセラピストを見つけるには、どうしたらよいでしょうか?」「セラピストにはどんなことを期待すればよいのでしょうか?」「ナルシシズムの治療において最も効果的なアプローチは何ですか?」。

ナルシシズムを扱うセラピストは、ナルシシストの話を単に傾聴し、彼らの不平不満や強固な回避を受け止め、承認するだけでは、役に立つことができません。むしろ、ナルシストの怒りや批判に対して、きっぱりとした態度で対応しなければなりません。セラピストが必要以上に受け身的であれば、ナルシストはそのようなセラピストを相手にして、自慢をしたり、文句を言ったり、称賛を求めたり、場合によってはセラピストを侮辱したりするなどして、時間を無駄に使うだけでしょう。セラピストが必要以上に萎縮してしまえば、ナルシシストはそれを敏感に感じ取り、セラピストの優位に立とうとし、治療の場を自分が牛耳ったり、あるいは治療を早々に止めてしまったりするでしょう。セラピストはナルシシズムについての知識が豊富である必要がありますが、それだけでは足りません。セラピストとして「本物」である必要があります。セラピストがあまりにも「知的」でありすぎると、ナルシシストの競争心と遮断モードをかえって強化してしまう恐れがあります。

セラピストはまた、対応の難しいこうしたクライアントを理解し、感情的に共鳴することができるよう、個々のクライアントに対して誠実な好奇心をもち、自らの共感力を活用できなければなりません。これは、クライアントの内的な世界を体験的に理解しようと努めることを意味しており、セラピストは必ずしもクライアントに同意する必要はありませんし、無理にコンパッションや同情を感じたりする必要もありません。実際に、「共感的直面化」はこうしたクライアントの治療において最も重要な技法のひとつであり、私自身もナルシシスティックなクライアントに対してはこの技法を多用します。それはたとえばこんな感じです。

「そうですね、確かに私は、あなたのお父さんがあなたに対し、『お前には特権が与えられている』というメッセージを与えたということを理解しています。でも実際には、世の中はそのようなルールにはなっていません。そしてこの世の中でうまくやっていくためのルールを、お父さんはあなたに教えてくれませんでした。それはたとえば、自分の言動が相手を傷つけてしまったときにどうすればよいかとか、自分が誰かに愛されていると心から感じられるようになるにはどうすればよいか、といったことです。そういったことについて、あなたはお父さんから教わることができなかったのです。そして残念ながら、あなたがたった今私にしたような話し方は、私にとっては非常に不愉快なものですし、静かに耳を傾けられるようなものではありませんでした。そのような話し方をするのであれば、あなたの話を聴く人たちは皆、その攻撃的なトーンのために、あなたの話を聴くことが難しくなってしまうでしょうね」。

治療における「共感的な気づき」は、クライアントに対して何らかの制約を設けたり、親切心や良心の欠如した自らの行動についてクライアント自身に責任を負ってもらったりするにあたって、大きな基盤となります。共感的な気づきがあればこそ、私たちはさらなる探究の扉を開くことができます。ナルシシストの示す強固な回避と感情的な遮断に対して辛抱強く取り組むことは、彼が長らくとらわれてきた自滅的なパターンと感情的な苦痛を変容するために大いに役に立つでしょう。

最後に、セラピストは、セラピストとして誠実であり、真実を伝え、マインドフルな状態を保たなければなりません。治療関係において刻一刻と変化する体験にその場で気づき、適切に対応しなければいけません。ナルシシストのもつ他者への不信感は根強く、特に自分をケアしてくれようとする人にその不信感は向けられます。しかしながら治療の過程を通じてもたらされるさまざまな発見によって明らかになった真実は、治療関係において安心感と信頼感をもたらし、二人の間には絆が形成されます。セラピストは、ナルシシスティックなクライアントに対して本当のことを伝えることができなければなりませんし、批判的になることなく制約を設けられるようになる必要があります。セラピストはこれらのプロセスを通じて、クライアントの中に埋もれている脆弱な部分の中核的感情欲求を満たし、彼の中のヘルシーアダルトモードを強化していきます。その結果、彼自身の再養育が促進されるのです。

まとめ

ナルシシストとの治療において、変化を引き起こすための取り組みは、非常に困難なものになるかもしれません。すべての人が、変化のために心の準備が整っているわけではありません。変化を望まない人もいます。変化に対する興味すら抱いていない人もいるでしょう。治療において最初の障害となるのは「恐怖」です。それには、スキーマに埋め込まれた傷ついた感情に気づくことへの恐怖も含まれます。たとえ治療における目標が、それらの傷つき感情を癒すことであっても、それに気づくこと自体にクライアントは恐怖を抱くのです。しかし、本書を通じて紹介した脳についてのさまざまな情報を鑑みれば、それでも変化は可能であることをあなたはもう知っているはずです。すでに希望を取り戻し始めているという読者もいることでしょう。

この章では、行動面において起こすことのできる変化について述べました。あなたは本章を通じて、変化をうながすために最も重要な手法について、具体例も含めて学んだことでしょう。それらの手法とはすなわち、共感的直面化、コンパッション、自分自身を守ること、制約を設けること、そして変化のために「活用できるもの」を創り出す、ということです。

次の最終章では、役に立つ新たな概念と用語をさらに紹介し、あなたの取り組みをさらに促進していきます。同時に、これまでに本書で述べてきたさまざまな情報を整理したり、詳述したりもします。それらのすべてを、あなた自身の状況とニーズに合わせて使っていただければと思います。

第8章

困難な状況を最大限に活用する

――ナルシシストとの対話における七つのギフト

天賦の才能（ギフト）がない芸術家は存在価値がないが、努力をしなければ天賦の才能も価値がない。

エミール・ゾラ

私たちは皆、自分なりのコミュニケーションスキルをもっています。それは、生まれもった気質と、その人が他者と関わり、つながる手段として選択し、磨いてきたスキル（話し言葉や書き言葉、しぐさ、表情、行動、ボディランゲージなど）の組み合わせによるものです。本章で述べる「コミュニケーションのギフト」とは、いわゆる「口が達者だ」といったような、あらゆることをただひたすらしゃべり続ける能力についてではありません。むしろそれは、適切な文脈に沿って誠意に基づいて行われる「本物」のコミュニケーションから得られる、個人的かつ対人的な恩恵だといえます。そしてそれは、「何を話すか」ということではなく「どうやって話すか」ということについて、注意深く思いやりをもって相手と話す際に与えられる恩恵でもあります。

「ギフト」という言葉にいくつか異なる意味があるのと同じように、ナルシシストとのコミュニケーションにおけるギフトにもさまざまなレベルのものがあります。ギフトとは、「誰かが他の誰かに対して自発的に与える何か」のことでもありますし、「与えるという行為そのもの」でもあります。ギフトという言葉はまた、生来の性質や能力を指して用いられることがあり、そのような文脈においては「生まれつきの才能」を意味することになります。一方、コミュニケーションの文脈においては、ギフトという語は、「他者の心に触れるために生得的に備わっている能力」に関連することでしょう。しかしそのような才能や能力は、意識したり練習したりすることによって伸ばすことができます。自分の内なる知恵に耳を傾け、自らの人生に対する理解を主体的に深めてきた人は、ギフトを伴うコミュニケーションをとることができます。本書をここまで読み進めてきた読者の皆さんは、まさにそれができる人たちです。そうした人たちは、観察することや傾聴すること、そして自分の外側の世界を丁寧に探索することの大切さを知っています。そして、相手に対する思いやりを保ちつつ、上品に、そして思慮深く、自分を表現し、相手と対話します。幸いなことに、私たちは誰しも、この才能を伸ばすことができます。

本書を通じてあなたはこれまでに、自分自身について、そして身近にいるナルシシストとの関係について多くのことを学んできました。新たな知恵を得て、今この瞬間にしっかりと存在し、真実とそうでないもの（フィクション）を見分けるためのスキルを身につけ、磨いてきました。その過程において、あなたは新たな気づきを得、ナルシシストに対していっそう共感的で寄り添う心をもつことができるようになりました。その結果、あなたはナルシシストがまとっている幾重もの仮面をはがし、彼の中核にある脆弱で孤独な魂に触れられるようにまでなりました。

あなたは防衛的になることなく、自分を守ることができます。なぜなら、自分を守るために防衛的になる必要など何もないことを、今のあなたは知っているからです。あなたは相手につっかからずに、むしろ相手に対する思いやりをもちながら、自らの要求を伝えることができます。ナルシシストとのやりとりでは、うまくいかないことや不愉快になることは避けられませんが、あなたはそれをほどよく予測し、動揺せずにその可能性を受け入れることができます。なぜなら、たとえナルシシストとの関わりにおいて、不快なやりとりが発生したとしても、それを修復し立て直すためのスキルをあなたはすでに手に入れているからです。「誰も他人を変えることなどできない」という新たな気づきによって、あなたの心はすでに重荷を取り除かれています。しかし、もちろんできることもあります。あなたがこれまで学んできた自己表現と傾聴のスキルは、相手に対してポジティブな影響を与えることが可能です。それによって変化が生じうる新たな場を切り開くことができるようになりました。あなたには、これまでに磨いてきたコミュニケーションの技法を通じて、あなたからの「ギフト」を相手に与えたり、相手と分かち合ったりする豊かな可能性が秘められているのです。

「フォース」を活かす

スターウォーズの「フォースと共にあらんことを」というフレーズはお馴染みですね。ジェダイの騎士は皆フォース（宇宙の至る所に存在する感覚的なエネルギー）を駆使することができ、団結して敵に抵抗し、暗黒の世界に光を創り出す力をもっています。これは適切なコミュニケーションのあり方ときわめて似ています。私はここで、ジェダイの哲学と同様のアプローチを、フォース（FORCE）というスペルを使って提案しようと思います。それはすなわち、「柔軟性（Flexibility）」「オープンな姿勢（Openness）」「受容的態度（Receptivity）」「信頼と自信（Competence）」「啓発的態度（Enlightenment）」の五つです。

あなたの心が積極的にこの「フォース（FORCE）」の状態にあるときは、他者とのやりとりはより本質的で満足のいくものとなり、暗闇の中に明るい光が輝くように、互いに知恵を分かち合うことができます。コミュニケーションが難しい相手と接するときは、高い共感性と研ぎ澄まされた集中力を活かし、このフォースの要素のすべてをいかんなく発揮することにしましょう。

フォース（FORCE）

●柔軟性：あなたの発言や質問の仕方や相手への反応を、状況に合わせて調整しましょう。頑なで凝り固まった自らの気持ちや考えに抵抗し、それらを捨て去りましょう。

● **オープンな姿勢**：決めつけたり予想したりせずに、きちんと相手の話に耳を傾けましょう。早合点しないように気をつけ、さまざまなことを発見していくような姿勢を保ちましょう。

● **受容的態度**：自らの発言や声の調子に合わせたアイコンタクトや表情やボディランゲージを用いましょう。あなたが他者と関わる準備ができており、抑え込んだり遮ったり検閲したりせずに、相手の考えや感情を受け入れられることを示すためです。

● **信頼と自信**：コミュニケーションをとるときには、信頼できる共感的な聞き手になり、はっきりとした態度や深い感性を示しましょう。誠意ある人物としてのロールモデルになりましょう。ただし、承認されることを目的に、そうしてはなりません。

● **啓発的態度**：好奇心をもちましょう。お互いの気づきを分かち合うことに関心を示し、相手を励ましましょう。語る言葉や言外の表現を通じて、相互の気づきや理解が生まれる雰囲気を作りましょう。無知の闇に知識の光を当てるよう心がけ、相手にも同じようにするよう働きかけましょう。

冷静な状態にあるときのあなたは、自分自身の「フォース」をうまく活用することができます。効果的なコミュニケーションの技法にはフォースのすべての要素が含まれています。しかし皮肉なことに、強要されたかたち (forced) でフォースが用いられると、それらの要素の効力は失われてしまいます。フォースは、春に木の芽が芽吹くのと同様に、自然に、そして優雅に示される必要があります。「そんなことはとてもできない」と思う読者がいるかもしれませんが、その原石は確実に皆さんの中にあります。もしあなたが「自己犠牲スキーマ」や「服従スキーマ」に苦しめられてきたのであれば、「冷静になる」ことは「自己中心的になる」ことではないと、しっかりと認識する必要があります。「冷静になる」というのは、端的に言えば、相手と自分のギブ・アンド・テイクのバランスを均等にするということです。それはすなわち、あなたがこれまでにしてきた、「ナルシストに一方的に与える」というやり方から脱出することを意味します。「冷静でいる」ということは、「明晰な意識をもち、安定した自信に満ちている」ということであり、自分の考えや気持ちをはっきりと示す、ということなのです。この本が、そしてあなたがこれまでに探し当ててきたさまざまな情報源やサポート資源が、その方向へと導いてくれるでしょう。

新たに身につけたスキルによって、ナルシシストとの間に実りある相互関係が作られることになれば、これまであなたが抱えてきた重荷は確実に取り除かれ、解放されることになるでしょう。対人関係において満たされるという体験は、人生が与えてくれる最も素晴らしい贈り物となるでしょう。また、ナルシシストに対して役に立つコミュニケーションのスキルに熟達すれば、他の人間関係における困難にも、それを応用し、役立てることができるようになります。この世で最も相手をイライラさせることのできる人種（すなわちナルシシスト）とうまく付き合える、というのは、結局のところすべての人に対してうまく対応できるということを意味するのです。

あなたのギフトを贈る

あなたは本書を通じて、ナルシシストとの対人関係をうまく切り抜け、その関係をよりよいものにするための数々の手法を身につけてきました。今後、あなたはそれらの手法をさらに上手に、そして同時並行的に活用できるようになっていくでしょう。もちろんそれは簡単なことではありませんが、時間の経過と共に必ずできるようになります。これまでに学んだ手法が何であったかをここで振り返っておきましょう。それはすなわち、スキーマを理解する、障害になりうることを予測する、マインドフルな状態でいる、内省する、穏やかな注意を呼吸に向ける、共感的直面化を用いる、コンパッション（思いやり）を深める、といったことでしたね。これらすべての手法が、困難な対人関係において統合的に用いられることで、あなたの内なる「フォース」が発動し、その結果、あなたは生き生きとした張りのある声で、そして毅然とした態度で、自らを守り、主張することができるようになります。

これはテニスのプレーに似ているかもしれません。相手の動きを予測し、ボールが飛んできそうな場所に移動し、ボールからは目を離さず、必要に応じて自らの反応を調節し、ラケットを力強くしっかりとボールに当ててそのまま振りぬく。そして、次の一連の動きに備える。これらの動作やスキルを同時にうまく行い、満足のいくショットを打てるようになるためには、練習が必要です。

ここまで紹介してきたのは、ナルシシストへの対応における困難に焦点を当てたコミュニケーションスキルでした。以下に、これらのスキルの効果をより高めるための一助となるよう、他の一般的なコミュニケーションスキルをいくつか紹介します。

● **表現を意図に合わせる**：あなたが意図したとおりのことを相手に受け取ってもらえるよう、話の内容や話し方を工夫しましょう。何を相手に伝えたいのか、ということを常に意識して、それを相手が確実に受け取れるように、言葉を選び、表現の仕方を工夫します。たとえば、怒ってはいるものの、その背後にある寂しい気持ちをむしろ相手に伝えたいのであれば、怒りよりも寂しさや孤独感を伝えることを意識して表現する必要があります。

● **モデリング（手本を示す）**：あなたが相手にどのような応答を期待しているのか、その見本を示しましょう。たとえば、あなたが相手に対して敬意をもって穏やかに話すことを続ければ、相手からも同様な反応が返ってくる可能性は高まります。

● **現実的な見通しをもつ**：相手のこと、相手が現実的にできること、自分自身のこと、自分自身が現実的にできること、について現実的に理解しましょう。たとえば、「伝えにくいことを伝える」ことに挑戦するには、それに適した日というのがあります。自分の心身の状態に十分に注意を向け、よく考えて「伝える日」を選びましょう。

次に、「コミュニケーションにおける七つのギフト」について具体的に紹介します。これらの七つのギフトは、これまでに検討してきた、ナルシシストとの関係をうまく切り抜け、彼らとの関係をよりよくするための知識と手法を、さらに効果的にしてくれるものです。またこれらのギフトは、厄介な相手との関係だけでなく、すべての対人関係をさらに豊かにしてくれることでしょう。各ギフトを小さな場面を例に挙げて紹介します。その大半はカップルのやりとりとして描かれていますが、それはパートナーのみならず、その他のあらゆる対人関係（恋人、親、友人、きょうだい、上司、隣人など）にも当てはめることができます。これらのギフトを効果的に使いこなすには、アイコンタクトをしっかりととり、自信をもってゆっくりとはっきりとした声で話し、相手の話にじっくりと耳を傾けることが重要です。そしてもちろん、「フォース（FORCE）」、すなわち、柔軟で（Flexible）、オープンで（Open）、受容的で（Receptive）、自信に満ち（Competent）、啓発的な（Enlightened）心の状態を保つことを忘れないようにしましょう。

七つのギフト

自己開示を伴う誠実なコミュニケーションをとることによって、あなたは相手に対して価値ある「ギフト」を贈ることになります。このようなコミュニケーションの中で自分自身を、そして自分のもつ内的な強みや知恵を相手と共有することは、「自分には価値がある」というあなた自身の感覚を強めます。また、あなたの身近にいるナルシシストが同じように振る舞えるよう手助けすることによって、彼の中に潜む「不安で傷ついたチャイルド」を癒すことができるようになります。それは、あなたとナルシシストとの関係がポジティブに変化する可能性をさらに広げてくれます。各ギフトは、それぞれ特定のコミュニケーション技法と関連しています。あなたがこれらを手本として示すことで、身近にいるナルシシストがより効果的なコミュニケーションをとれるようになり、その結果、これまでに二人の間にあった「悪循環」は断たれることになるでしょう。そして最終的には、ナルシシストがあなたに対して、同様の七つのギフトを与えてくれるようになります。コミュニケーションの技法は実際には数多くあり、それに伴うギフトも多種多様ですが、ここでは、ナルシシストとの関わりにおいて特に関連性の高い七つの技法とギフトに焦点を絞ることにします。

1. 「**相互尊重**」という技法からは、「寛容さ」というギフトが贈られます。
2. 「**自己開示**」という技法からは、「勇気」というギフトが贈られます。
3. 「**弁別**」という技法からは、「真実」というギフトが贈られます。
4. 「**協同**」という技法からは、「協力」というギフトが贈られます。
5. 「**対立の予測**」という技法からは、「見通し」というギフトが贈られます。
6. 「**謝罪**」という技法からは、「責任をとる」というギフトが贈られます。
7. 「**聞いて、返す**」という技法からは、「バランス」というギフトが贈られます。

技法1　相互尊重

「相互尊重」とは、ネガティブなレッテルを貼ることなく、自分と相手の違いを認め合うことを意味します。これによって「寛容さ」というギフトが与えられます。相互尊重においては、自分と異なるナルシシストの視点や好みを、批判することなく、自己防衛的になることもなく、あるいはあなた自身の意見を放棄することもなく受け入れます。これは二人の意見が一致しているときにはさほど難しいことではありません。しかし、意見が異なる場合の二人のやりとりは、まるで延々と続くドラマが繰り広げられる舞台のようになってしまいがちです。あなたはすでに、理解することと同意することは別であると知っているはずです。「相互尊重」においては、相手の考えや信念や欲求を理解することに焦点を当て、互いに譲り合い、尊重し合うことに力を注ぎましょう。相手にも同様の態度を求めましょう。

例を挙げます。あなたの夫が「うちの庭と芝生の手入れを頼む業者を僕はもう決めたよ」と言ってきたとします。しかしこの件についてあなたには別のプランがあります。相互尊重に基づくコミュニケーションで応じてみましょう。「庭の手入れをしてもらう業者について、真剣に考えてくれていることはよくわかるわ。私もあなたの選択や希望を尊重したいと思っている。こういうとき、あなたは一生懸命調べてくれるのよね。それに庭をきれいに保つことが、あなたにとって大事なことも知っているわ。だからあなたの意見を否定する気はまったくないけれど、実は私にも少し考えがあって、そのことについて話し合いたいの。というのも、友人のジュードを知っているわよね。ジュードの息子さんがちょうど今、仕事を探しているところで、私に何かできないかと考えていたところなの。友情と仕事をごっちゃにするのは、少し危険なことかもしれない。でも私は彼にチャンスをあげたいとも思うのよ。とてもよい息子さんだと聞いているから……このことについて一緒に考えてくれないかしら？　あなたなら、最善の選択肢が何か、納得のいく意思決定を手助けしてくれるに違いないと思うから」。

もしナルシシストの夫が、要求的に振る舞ったり、聞く耳をもたなかったり、押しつけがましい態度に出てきたりする場合は、第７章で紹介したさまざまな戦略を用いて、互恵的な関わりを何とか作っていくようにしましょう。

技法2　自己開示

「自己開示」は、自分の本当の気持ちを押し殺すという大きな負担を取り除いてくれます。自己開示によって得られるギフトは「勇気」です。自己開示においては、これまでのようにぶつぶつと不平を言うのではなく、また相手を無意味に侮辱することもなく、自分自身の内的な強みとしっかりとつながりながら、相手に対して自分自身をしっかりと示していきます。それができれば、あなたはナルシシストと共にいながらにして、より生き生きとした状態であり続けることが可能になります。とはいえ、ナルシシストに対して自分自身の脆弱な部分を開示することはかなり難しいのではないかと、直感的に思う人も少なくないでしょう。それはまるで唸っている犬を抱きとめようとするようなことだからです。しかしあなたは、ナルシシストのその唸り声は、「安全装置」のようなものであることをすでに学んでいます。たとえて言えば、彼は「オオカミの皮をまとった羊」のようなものなのです。

ただし「自分はひどい人間なのだ」とナルシシストに思わせるために、自己開示を用いるのはやめましょう。そうではなく、自分の振る舞いがあなたにどういう影響を与えているのかを、彼自身が認識できるように手助けしてください。あなたはこれまで彼のひどい振る舞いに対して、ただそれを甘んじて受けるだけだったかもしれません。あるいは彼からの人格攻撃をそのまま受け入れていたかもしれません。絶望の底で無力感にとらわれることもあったでしょう。しかし、もはやあなたは奴隷のように振る舞う必要はありません。自己開示をすればよいのです。自己開示のギフトである「勇気」によって、あなたは自分を解放し、真のコミュニケーションを手に入れることができます。

たとえば、あなたの夫が仕事から帰って来るや否や、しかめっ面で、こんなふうにガミガミ言ってきたとします。「何だよ！　こっちは仕事でくたくたになって帰ってきたというのに、何、電話なんかしているんだよ。家のことはどうなっているんだよ。今日届いた郵便物がなんでここにないんだ!?　俺とは口もききたくないってことか。ああ、もううんざりだ！」。

あなたはまずは一息ついてから、このように答えることができます。「家に帰ったら、私が電話中だったものだから、私があなたのことを気にも留めていないように感じて、気を悪くしてしまったのね。そんなふうに感じさせてしまったことについては、謝るわ。ごめんなさい。でも私だってあなたが帰ってくるのを楽しみに待っていたのよ。だから少し手助けが欲しいの。あなたが帰ってくる時間は、日によってマチマチだから、予測がつかないのよ。何時ぐらいに帰れそうか、今度から教えてくれると助かるわ。それに、さっきのような言い方をされると、私だって傷つくの。そのことをわかってほしい。あなたが私をわざと傷つけようとしているのではないことは知っているけれど、それでもやっぱりああいう言い方をされると傷ついてしまうのよ。そしてこんなふうに傷ついてしまうと、あなたへの愛情を示すことが難しくなってしまう。今まではこういうことがあると、我慢してあなたの言うことをそのまま受け入れるか、その場を離れるかしていたけれども、もうこれ以上私はそういうことをしたくないの。この件について、あなたが私と一緒に取り組んでくれることを願っているわ」。

技法3　弁　別

ナルシシズムの中心にあるスキーマを扱ったり、ナルシシストに対応したりする際に行う「弁別」とは、「今・ここ（here and now）」と「あの時あの場で（there and then）」を明確に区別するということを意味します。弁別が与えてくれるギフトは「真実」です。きちんと弁別を行うために必要なのは、「今・この瞬間」におけるありのままの現実を明晰に見ていくことです。ただし、ありのままの現実には、過去のさまざまな事象が蜘蛛の巣のように張りめぐらされています。私たちはその巣をかいくぐって、現実に近づかなければなりません。過去の歴史に対して、私たちはそれに屈服するのではなく、それをありのままに認めればよいのです。

あなたの身近にいるナルシシストは、私たちと同様に、記憶のもつ自動的な性質に導かれ、「自分自身にとっての真実」に簡単に入り込んでしまいます。あなたが彼に対してできることは、そのような「彼なりの真実」（すなわち自動的に活性化される信念や習慣）と「今・ここでの現実」を彼自身が弁別できるよう手助けすることです。あなたはすでに本書を通じて、「今・ここ」に注意を向けることの大切さを理解し、そのスキルを身につけています。今度は身近なナルシシストがそれをできるようになるために、あなたが導いてあげましょう。

たとえば、夫の実家に出かけて彼の父親と夕食を共にする予定があるときに、あなたが彼にこう聞いたとします。「何時頃に家を出る？」。彼はこう答えます。「俺たちはもう何回、俺の実家に行っているんだ？　数十回？　百回？　あそこに行くのにどれだけの時間がかかるかなんて、もうとっくに知っているだろう？　お前はなんでそんな馬鹿な質問をして、俺をイライラさせるんだよ！　俺は今、忙しいんだ。月曜日の重要な会議に向けてプレゼン資料を完成させなくてはならないんだ。これがどんなに重要なことか、お前は全然わかっていないようだな。俺は仕事に集中したいんだ。このプロジェクトは絶対に成功させなければならないんだ。大変なプレッシャーなんだよ！」。

ここであなたがするべきことは、お父さんを喜ばせようとして必死で頑張っている少年のイメージをしっかりと保つことです。その少年は懸命に頑張って父親を喜ばせようとしますが、父親から返ってくるのは、イライラした視線、容赦のない批判、冷酷な沈黙ばかりでした。この夫の反応は、あなたやあなたのした質問とはまったく関係がありません。あなたはそのことをはっきりと認識する必要があります。この場面で彼がまくしたてるようにした発言はもちろんすべて不適切ですし、そのような彼の心ない言動を不快に感じるでしょうが、それは彼を支配しているスキーマの作用によるものであることを、あなたは理解しています。少なくともあなた自身は、「現在」と「真実」とに自分をしっかりとつなぎとめておきましょう。あなた自身の感情について、あなたの生きてきた歴史を振り返ってみると、家族の平和を守るために、必死に頑張ってきた少女時代の自分の姿がイメージされるかもしれません。そのような過去の体験は、特急列車のように今のあなたに迫ってきて、さまざまな感覚を生じさせるでしょう。しかしそれらは実際には、過去の体験に基づく古いスキーマによる影響であることを、今のあなたは知っています。

深呼吸をして自分を落ち着かせ、夫のほうを見ましょう。彼は今もなお、自分の抱くさまざまな恐れに強く縛られたままです。あなたは彼に言います。「あなたが忙しいのはわかっているわ。でも私にも少しだけ時間をちょうだい。私にとってあなたとの関係はとても大切なの。私たちはあなたの実家に何度も行っていて、あそこに行くのにどれぐらいの時間がかかるのかはわかっているはずだ、というのは確かにそのとおり。あなたが正しいわ。あなたがプレッシャーを感じながら働いて、私たちの生活を守ってくれていることもわかっている。あなたは一生懸命に働いているし、そのことに感謝もしている。私がもうちょっと言葉を選んであなたに質問すればよかったわね。たとえば『夕食前にお父さんと一緒に時間を過ごすのであれば、いつもより少し早めに家を出る？』というように。こういうふうに聞いたら、あなたにも別の答えようがあったのではないかしら。ねえ、あなた。私はあなたを理解しているし、あなたがどんなに頑張って仕事をしているかということも知っている。あなたのお父さんとは違うのよ。あなたは気づいていないかもしれないけれど、お父さんに会いに行くということは、あなたにとって過去のつらかった記憶を呼び覚ますことになるのではないかしら？　小さかった頃のあなたにとって、あのお父さんとずっと一緒に時を過ごすのは、大変な体験だったに違いないと思うわ。今ではお父さんも少し穏やかになって、あなたがそういうお父さんと親しくしようと努力していることもわかっている。でもお父さんのことで、私たちの関係が駄目にならないようにしましょうよ。この件について何かあなたに話したいことがあれば、何でも私に言ってくれていいのよ」。

それでもなお緊迫した状況が続くのであれば、タイムアウトをとって、お互いにクールダウンしてから、再び話し合いをすることにしたほうがよいかもしれません。

技法4 協 同

「協同（コラボレーション）」とは、「他者とつながること」を意味し、「私たち（we）」というパワーを引き起こします。協同が与えてくれるギフトは「協力（相互努力）」です。私たちは皆、間違いを犯す可能性をもっていますが、私たちが共に何かに取り組むことで、互いに何かを与え合い、分かち合うことが可能になります。「私たち（we）」という表現を用いたコミュニケーションにおいては、「共同責任」という哲学的基盤のもとで、実に思慮深い対話が展開されることになるでしょう。すでにご存知のとおり、ナルシシストは、欠陥や恥の感覚に非常に敏感で、コントロールされたり相手に優位に立たれたりすることを恐れており、他者につながりを求めることができません。ナルシシストはまた、スキーマの活性化によってこれらの感情が惹起されそうになると、容易に「権利要求モード」「尊大モード」「いじめモード」「回避モード」に入ってしまいます。しかしながら、あなたと彼が協同的なモードでいることができれば、彼が衝動的にそれらのモードに入ることを阻止し、落ち着いた状態のままでいる助けになるでしょう。

認知療法およびスキーマ療法のセラピストは、クライアントに対して「私たち（we）」という言葉を多用します。そうすることで治療における上下関係をめぐる争いを回避することができるからです。そのような協同的な関係の中で、セラピストはクライアントに対して、自らの専門性を提供し、クライアントが自分自身をしっかりと体験できるように手助けします。その結果、クライアントは自らの感情を同定したり、過去と現在を関連づけたりすることができるようになっていきます。治療を通じてセラピストは、クライアントが自らをよりよく理解できるよう、さまざまなことに関して問いを立てたりチャレンジしたりできるよう、そして気づきやスキルを新たに獲得できるよう、クライアントを励まし続けます。このような関わりにおいて、勢力争いは無用です。協同することが目指すのは、セラピストとクライアントが共に問題をよりよく理解すること、そして互いに納得のいく変化のための戦略を見出すことです。

ナルシシストであるクライアントとの治療の中で、対応の困難な感情が生じた場合、セラピストの私は、次のように言うことがよくあります。「脳って本当に不思議ですね！　ついさっきまで、私たち、あなたの生活歴や現在抱えている困難について、好奇心と思いやりをもって、夢中で話し合うことができていました。なのにその次の瞬間には、こんなふうに互いに不愉快な気分でいっぱいになっているなんて！　いったい何が起きたのか、ぜひ一緒に考えてみましょう」。クライアントを責めたり恥をかかせたりすることなく、互いに協同的な態度を保って感情の変化に一緒に注意を向けることができれば、クライアントが自滅的なコーピングモードに入るのを防ぎ、互いの感情の引き金について話し合うことができます。

協同的なアプローチは、自らの脆弱性を分厚い自己防衛の壁に閉じ込めてしまいがちなナルシシストにとって特に有用です。あなた自身や身近なナルシシストの感情の変化を予測することは簡単なことではありませんが、たとえそのようなことがあった後でも、「私たち」という言葉を使うことが「協力（相互努力）」というギフトを与え、その結果、関係改善に向けての話し合いができるようになります。

たとえばあなたは、ナルシスティックな母親に対して、母親への罪悪感から、あるいは母親を恋しく思って、電話をかけることにします。あなたは電話で、「今日は一日、一緒に過ごさない？」と母親を誘いました。するとこんなふうに答えが返ってきました。「ぜひそうしましょう。でも、この前あなたと一緒に行ったあのとんでもないレストランだけはやめてちょうだいね。あれはお粗末だったわ。私はもっといいものを食べさせて、あなたを育ててきたはずよ。それに、買い物に行くのであれば、ランチの時間をもっと早めるか、ディナーの時間を遅らせるかする必要があるわね。そのぐらいの計画が立てられないの？　だってあなたは買い物に行っても、なかなか決められないし、そもそも自分に合うものを見つけることができないじゃない。正直言って、私自身はもっとおしゃれな場所で一日を過ごしたいけど、あなたはそういう所は落ちつかないのよね。だからあなたが行き先を決めるのでいいわ。きっと素晴らしい外出になるでしょうね」。

あなたはこれまで、母親との関係においてずいぶん頑張ってきました。本書を通じて、あなたに対する母親の愛情表現や感謝の示し方には、さまざまな問題があることを理解し、おおむね受け入れることができています。あなたはまた、他者との間に、愛情に満ち、健康的で癒される関係を築き、維持する方法を、本書を通じて学んできました。あなたはこの母親の発言に応じる前に、自分が彼女を愛していることを心の中であらためて確認します。明確な理由はわかりませんが、それでもあなたは母親を愛しているのです。あなたは、母親に対してどの程度の期待ができそうか、現実的に考えようとします。同時にユーモアのセンスも失わないようにします。「傷ついた小さな子ども」である自分自身をイメージし、愛情深くその子を抱きしめます。同時に、これまでに時間をかけて理解してきた、母親のナルシシズムとその起源についても、しっかりと再確認します。そして、たとえ口に出す言葉はいただけないものであっても、母親は自分を愛してくれているのだということを、あらためて感じます。

そこで再びあなたは電話口に戻り、こう言います。「ねえ、お母さん。自分が望んでいることを伝え合うのって、本当に難しいわね。私にとっては、お母さんと一緒に何をするかということはあまり重要じゃないの。だって私はただお母さんと一緒に過ごしたいだけなんだもの……それにね、自分の好みや選択を相手が好きじゃないということを知るのは、興味深いことではあるけれども、同時にちょっぴり悲しいことでもあるわ。私たちは、互いに批判的になったりイライラしたりすることなく、自分の求めるものを相手に伝えるためのよい方法を見つける必要があるかもしれないわね。もしこの会話をやり直せるなら、私はこういうふうに言うことにする。『何をするかは重要じゃないの。私はただお母さんと一緒に時間を過ごしたいだけなの』って。もちろんお母さんが私と一緒に何かしたいことがあれば、それを尊重するわ。一緒にプランを考えましょうよ。そのほうが簡単だし、お互いに正直でいられそうだわ。お母さんはどう思う？　この会話をもう一度やり直してみない？」。

技法５　対立の予測

私たちは、「対立の予測」をすることによって、対人関係において陥りがちな落とし穴にはまるのを防ぐことができます。「対立の予測」が与えてくれるギフトは「見通し」です。このギフトは、多かれ少なかれ、脳の生物学的な構造に基づいています。私たちの脳は、過去の記憶をたどることによって、未来に起こることを予測するという能力を有しています。たとえば、昔からよく知っている相手の場合、最後まで言わなくても相手が何を言いたいのかお互いにわかってしまう、ということがあるでしょう。あるいは車で職場に向かう際の、道路のとある急カーブについての記憶はどうでしょうか？　あなたは自分の記憶に基づいて、カーブに入る際はスピードを緩め、カーブを抜ける際はスピードを速めて、車がコントロールを失わないようにすることができます。これらの記憶は、起こりうる事態を知らせてくれ、自分を安全に保つのに役立ってくれます。私たちは無数の「体験の記憶」を自分の中にもっています。これらの記憶のおかげで、私たちは深く考えることなくトラブルをあらかじめ回避することができます。先天的に備わった記憶の仕組みとそれによるギフトである「見通し」に、マインドフルネスのスキルを加えると、あなたは体験に基づく知恵を得るだけでなく、体験の中で柔軟に、かつ強靭に対応することができるようになるでしょう。それが身近なナルシシストとの関わりにおいて、あなた自身のコミュニケーションの基盤となり、彼との関係を再構築するにあたっての力となるでしょう。

たとえば、もう何カ月も会っていない父親からランチの誘いがあり、約束をしたとします。ところがギリギリになって彼から電話があり、仕事の都合でランチをキャンセルしたいと言われてしまいました。このようなドタキャンはこれで三度目です。彼は電話でこう言います。「お前とのランチは残念ながらキャンセルだ。仕事だから仕方ないんだよ。その仕事のクライアントがね……（一方的にあれこれしゃべる）……、彼との打ち合わせを断ることもできたのだが……（さらに一方的にしゃべり続ける）……それに、お前はお父さんのことをよくわかっているだろう……（へらへら笑う）……悪く思わないでおくれ。また電話するから。いいね、じゃあもう行かなくちゃ」。

あなたには、二カ月前に父親にランチに誘われたときに、こうなることがもうすでにわかっていました。というのも、長年ずっと、父親との間でこの種のパターンを繰り返し体験してきたからです。父親はあなたと一緒に過ごすという約束を守ることはめったにありませんでした。彼があなたと共に過ごす気になる状況はごく限られていました。それは、あなたが父親からの「素晴らしい」アドバイスを受けることなく、自分の判断で、車を買おうとしたり、仕事を選ぼうとしたり、休暇をとろうとしたり、投資をしようとしたりするときです。父親はこういうときに限ってあなたと会うことで、父親としての威厳を保ち、彼自身が「いい思い」をしようとするのです。結局のところ彼が頼もしい人物であることは変わりなく、あなたは結果的に彼に感謝することになります。そして父親が自分や自分の人生に興味関心をもってくれていると感じ、あなた自身もちょっぴり「いい思い」をすることになります。あなたはこれまで、父親に対するさまざまな期待を手放してきましたが、彼を慕う気持ちそのものは手放したくありません。あなたは、特にあなた自身の子どもたちのために、そして多少なりとも自分自身のために、父親には身近にいてもらいたいと願っています。だからこそ彼に対して不満を感じたくないのです。

残念ながら、父親への対応は職場へ向かう道の急カーブのようにはいきません。本書を読む前のあなたは、父親との関係における諸問題を乗り越える術を知りませんでした。彼との関係の中で自分を安全に保つやり方もわかりませんでした。しかし本書を通じて、対立を予測することによって「見通し」というギフトが得られることを知った今、父親を非難したり攻撃したりすることなしに、そして彼に対して自分が不機嫌になったりすることもせずに、安定した声のトーンで彼に対峙することができるようになりました。あなたは、父親が「自分は不十分だ」という感覚を強く抱いていることや、父親が感情抑制的なコミュニケーションスタイルをもっていることを、おそらく父親以上によく理解しています。あなたは、父親が「自分は不十分だ」という感覚に過剰補償するために、仕事に没頭したり相手に競争的になったりすることもわかっています。また、家族に対して自分が適切な対応ができなかったことに直面すると、防衛的になってしまうことも知っています。さらに、父親が瞬時に物事に対応することが実は苦手で、さまざまな情報を統合的に理解するためには時間が必要であることも理解しています。

これらの知識や理解と、これまでの経験（父親に対して感じてきた無数の失望と失意の体験）をもとに、あなたは答えます。「お父さん、電話を切る前に、少しだけ時間をちょうだい。これから私が言うことは、もしかしたらお父さんを傷つけてしまうかもしれない。お父さんは、私がお父さんをどう思っているかということにとても敏感だし、お父さんが私のことを気にかけてくれていることはわかってる。お父さんにとって仕事がどれだけ重要かということもわかっているし、仕事がうまくいくことで、私たち家族がとても助かっていることも知っているわ。私はお父さんにとても感謝しているの。でもね、私が本当に望んでいるのは、お父さんとしばらく一緒に、ただのんびりと過ごすことなの。ちょっとしたおしゃべりをして、笑い合ったりするだけでいいの。こう言うと、お父さんは私を『感傷的だな』と思うだろうし、そういうのを好きじゃないことはわかっているけれど、でもやっぱり私はお父さんに会いたいから、今回のキャンセルにはとってもがっかりしてしまったの。もしキャンセルするのだとしても、もう少し早めに知らせてくれると嬉しかったわ。私だってお父さんとのランチのために、予定を調整しなければならなかったのだから。その予定は今となってはもう変更できないの。お父さん、私はあなたを非難しているのではないのよ。今回のキャンセルが私にどのような影響を与えたか、そのことを知ってもらいたいだけなの。私がどう感じているか、ということを理解してもらえればそれでいいの。罪悪感を抱いてほしくはないのよ。今すぐ返事をする必要はないわ。お父さんが忙しいのはよくわかっているから。話を聞いてくれてありがとう」。

技法6　謝　罪

心からの「謝罪」が焦点を当てるのは、罪を償うことではなく、傷ついた人へのコンパッション（思いやり）です。これからもたらされるギフトは「責任」です。責任というギフトを通じて、人は自分自身の言葉や感情、そして行動による他者への影響（それが他者を傷つける類のものである場合は特に）に対して主体的に関与することができるようになります。あなたがナルシシストに対して示す行動は、彼にあなたがどう接してほしいかということを示すお手本であるということを、すでにご存知ですね。あなたはまた、彼との関係が互恵的なものであることを望んでいます。ゆえに、彼に対するあなたの思いやりあふれた謝罪（なぜ、そしてどのようにしてあなたが彼を傷つけてしまったのか、ということについての十分な理解に基づく謝罪）が、彼にとってのお手本になる必要があります。それができれば、今度は彼自身があなたに対して、あなたの感受性を十分に尊重したうえでの謝罪ができるようになるでしょう。あなたは彼に対し、心からの悔恨の意を表しますが、その際に、あなた自身の自己嫌悪や自己中心的な罪悪感は必要ありません。あなた個人の贖罪ではなく、相手の体験に対する理解に基づく謝罪をします。あなた個人ではなく、あなたの言動による責任を重視します。

例を挙げます。あなたのボーイフレンドは、人が遅刻するのを許せず、待たされるのが大嫌いです。彼は、てきぱきと時間どおりに行動することを非常に重視しています。それは主に、社交家であった母親のせいでした。彼女は、場当たり的に行動する当てにならない人で、放課後や友人宅に息子（あなたのボーイフレンド）を迎えに行くことをしばしば忘れました。そんなとき彼は、とても怖くて心細い思いをしたり、恥ずかしい思いをしたりしたのです。相手がやむをえない事情で時間に間に合わない場合でさえ、彼は非常に厳しく対応します。そこであなたは、彼の心につきまとっている恐怖や恥辱感を引き起こす体験から、彼の「内なる子ども」を守ろうと試みます。あなただっててきぱきと行動したいと考えていますし、時間を守るのは大切なことだと知っています。

しかし最近のあなたは、忙しかったり、ストレスを感じていたりするせいで、予定に遅れがちで、彼との待ち合わせにも遅刻することが増えていました。あなた自身、ここ最近、時間管理がうまくいっておらず、彼のことをあまり気にかけられていないことに気がついていましたが、それに誠実に向き合うことができていませんでした。彼も明らかに不満を抱いていますが、それをあなたに伝えるよりは、あなたから距離を置こうとしていました。

あなたは彼にこう言います。「ごめんなさい、最近の私は、待ち合わせとなると、いつも時間に遅れてしまいがちで、本当に申し訳ないと思っている。あなたがそういう私に不満を抱いているのは、私自身、もちろんわかっているわ。なぜなら私は、あなたのお母さんのことやあなたの過去について知っているし、だからこそ、約束を守らない相手に対して、それが私である場合は特に、あなたがどんなに傷つくか、ということも知っているから。お母さんが時間どおりに迎えに来てくれないせいで、あなたがどれほど見捨てられたと感じたか、他の人の眼がどんなに怖かったか、ということを私は理解しているわ。でも、あなたは決して愚かな人間ではないし、私は決してあなたを見捨てたりはしない。時間が守れないというのは、私自身の問題だから、何とか修正するよう努力するわ。私の態度や言い訳が、どれだけあなたを傷つけるか、ということを今の私はよく理解しているつもり。これまで本当にごめんなさい。私はあなたを傷つけたくない。今後、あなたを二度とがっかりさせない、という約束はできないけれども、これからはもっと思いやりと注意深さをもって最善を尽くしたいと思っている」。

あなたが彼に期待してよいのは「ただ話を聞いてもらうこと」だけです。あなたが目指すべきことは、ボーイフレンドがあなたに大事にされていると感じて安らかになること、あなたの共感とコンパッションに包まれていると感じて安心できるようになることです。あなたが悪い人間でないことは、あなた自身がよく知っているはずです。そういう自分に罰を与え、打ちのめす必要はまったくありません。あなたは、彼との関係において自分が与えるポジティブな影響とネガティブな影響の両方に責任を負うことができます。そして同様の責任を相手にもりくく示し求めることができます。この「謝罪する」という効果的な技法は、困難な状況を乗り越えるための新たな道筋を示してくれます。また、あなたが彼に対して謝罪をすることは、二人の間でトラブルが生じた際に、彼にも等しく責任や思いやりをもって関係の修復を図ってもらうために、彼にどうしてほしいのかの手本を示すことにもなります。

技法7　聞いて、返す

「聞いて、返す」は、コミュニケーションの中で、相手の発言を鏡のように反映し、そこに隠されている感情を引き出すようなやり方で、相手の話を傾聴する技法です。これは「バランス」というギフトをもたらします。あなたはすでに、自分の興味関心は脇に置きつつ、正確な情報を相手に伝えたり、傾聴することによって相手の自己表現をうながしたりすることができるようになっています。あなたはコミュニケーションにおいて、相手に対して敬意をもち、忍耐強く相手の話を聞くことのできる、素晴らしい「聞き役」を果たすことができます。相手は、あなたから価値判断されることがないと知っており、安心して自分のことをあなたに語ることができるでしょう。あなたは相手の話を注意深く聞き、評価せずにそれをそのまま伝え返し、偏見ももつことなく受け止めます。そうやって相手の話を明確化し、承認していくのです。たとえ相手とは異なる考えをもっていたとしても、自分がそれを言うための順番を待ちます。

あなたは、率直なコミュニケーションがナルシシストにとっていかに脅威的であるかということを意識しつつ、彼の語りを聞き、語られないままになっていることについて聞き返すことによって、彼の内なる思いや脆弱性を引き出していきます。すでにご存知のように、傾聴し、聞き返すことを通じて、新たな発見が生まれ、それを相手と共有していくことが可能になります。この場合の「新たな発見」には、さまざまなことが含まれます。たとえばそれは、ある特定のテーマに関する知識かもしれませんし、互いのスキーマを活性化することなしに対立する意見を扱うやり方かもしれません。あるいは、怒りや無気力や回避の中に閉じ込められていた、互いに対する感情かもしれませんし、今まで気づいていなかった何らかの強み（ストレングス）に関することかもしれません。あるいはまた、「話を聞いてもらえた」とナルシシストが十分に感じられれば、彼自身が実は互恵的に振る舞えるという発見かもしれません。

たとえば、あなたの夫が仕事のアイディアがなかなか思い浮かばずに苦しんでおり、次年度の見通しについて話し合う次の会議をひどく恐れているとしましょう。欲求不満耐性が決して高いとは言えない彼は、その状況に対して多大なストレスを感じ、取り乱していました。彼はやけっぱちになって、次の会議に向けた資料作りを、経験の浅い後輩に丸投げしてしまいました。会議があった当日、彼は帰宅して食卓につき、それがいかに悲惨な会議であったか、という話をあなたにし始めます。

「最悪だ！　あの能なしのせいで、会議では俺がまるで『できない奴』であるかのように思われてしまったじゃないか！　『できない奴』は俺じゃなくて、あの能なし野郎なのに！　あいつこそが無能なんだ！　あいつのプレゼンはまったく意味不明だった。あいつが馬鹿丸出しのプレゼンをしている間、皆あっけにとられて、誰も何も言えなくなってしまったんだぞ。パートナーも、同僚も、部下も皆！　ちくしょう！　あろうことか、あいつはそれを俺のせいにしたんだ！　あのクソ野郎に思い知らせてやる！　あいつはなんでまだクビになっていないんだ⁉　わかるか？　俺はあいつのためにいろいろしてやって、出世もさせてやったのに。俺がいないと何もできない奴なんだぞ。俺だって、あの野郎が信用ならない奴だということは、わかっていたんだ……おいおい、説教はやめてくれよ。俺がどうすべきだったとか、そんな話をお前から聞きたくない。今はそんな気分じゃないんだ。お前の『だから言ったのに』っていう態度にはもううんざりなんだよ。この件についてお前と話し合う気はないからな」。

少し間を置いて、再び彼は話し始めます。「言ったよな⁉　パートナーがあいつをうちの部署に連れて来たいと言い出したとき、俺は了承すべきでなかったんだ！　去年、このマーケティングチームをトップにしたのは、この俺なんだぞ。たったひとりでトップにしてやったんだ！　なのにちくしょう！　今日の会議では黙っていたが、皆だってそのことは知っているはずなんだ！」。

　あなたは彼の話に静かに耳を傾けます。彼はたまにしかあなたのほうを見ませんが、あなた自身は彼をじっと見つめ続けます。彼があなたについて、「説教はいらない」「『だから言ったのに』という態度にはうんざり」と述べたことによって、あなたの心はチクリと痛みますが、今は心の中にそれをそっとしまっておくことにし、自己防衛的にならずに、彼の話を傾聴し続けます。あなたは、ナルシシストである夫の心の傷つきを明確に理解していることでしょう。あなたの夫は、大切なプロジェクトについての重要な会議の直前に、経験の乏しい後輩にプレゼンを押しつけるという誤った判断をしたことの責任に、向き合うことができていません。あなたはそのことも棚上げにし、価値判断をせずに、その場に留まり、彼の話に耳を傾け続けます。

　しかしながら、彼の気持ちを映し返す応答、自分の思いを引き出してくれる応答、あるいはサポーティブな応答であれば受け入れられる程度に、彼の心が落ち着いたと思われる瞬間が来たら、あなたは次のように言うことができます。「ひどく混乱しているようね。私はあなたがどれだけ懸命に働いてきたか、よくわかっているわ。それにその会議であなたがどれだけ悔しい思いをしたのかも、よく理解しているつもり。先週、会議に向けての準備に行き詰まってあなたが苦しんでいたことも。プロジェクトやプレゼンについて、あなたの感じる重荷を分け合える人が誰もいなくて苦しんでいたことも。後輩のプレゼンがうまくいっていないときに、チームから何のサポートも受けられなかったのは、あなたにとってさぞかしつらかったことでしょう。誰かの協力や助けを必要としていることを認めるのが、あなたにとってどれほど難しいことなのか、私には想像もつかないわ。あなたは自分で何でもやることにとても重きを置いているものね。でも、あなたが今日の出来事をさっき私に話してくれたとき、とてつもない緊張感が私の身体に伝わってきたわ。ねえ、何か私にできることはないかしら？」。

彼がさらに自分の話をした後で、少しクールダウンして、あなたが話をする余地が多少あるようであれば、彼とあなたの関係について話をするチャンスがあるかもしれません。「あなたはさっき、イライラしながら話している最中に、私に対して、『説教はやめてくれよ』とか『〝だから言ったのに〟というお前の態度にはうんざりだ』と言ったのを覚えているかしら？　あなたは本心からそういうことを言ったのかしら？　それとも、会社での会議があまりにもひどかったから、気持ちが動転して、思わずそう言ってしまったのかしら？」。

彼は、先ほどの言葉は自分の気が動転していたせいだった、でもときどき妻であるあなたが自分に対して、指を振って説教をしてくるかのように感じることがある、と答えます。あなたは彼の発言をそのまま受け止め、次にそのように感じることがあったらぜひその場で指摘してほしいと依頼します。というのも、あなたは彼を貶めたり冷たく接したりする意図はまったくなく、だからこそそのように誤解されたくないからです。そのことも彼に伝えます（この時点で、根拠のない話を追及しても意味はありません。「私はそんなことはしていない」「いや、お前はそうしている」といった押し問答になるだけです）。

次の展開には少しコツがいります。夫は自分自身に対して高い基準を設定しています。後輩に対する彼の怒りは、そのような基準を達せなかった自分への怒りが部分的に反映されたものでしょう。あなたはそのことを夫に伝えてみるのです。あなたは、彼が自らに対して非常に厳しいために、他の人の不完全さに耐えることが難しくなっていることを、優しい口調で指摘します。あなたは、「称賛されたい」という彼の渇望を満たすことはしません。代わりに、彼の正直さや頑張りや献身を認め、その部分を育むのです。あなたはそのために、彼の頭をあなたの肩にもたれかけさせるようにして、彼のガードを緩めていくとよいでしょう。この「聞いて、返す」という技法による「バランス」というギフトを与えることは、あなたの望む「互恵性」に関わるモデルを彼に示すことにもなります。それを通じて、今度は彼自身があなたの話に耳を傾けることができるようになっていくでしょう。

まとめ

この章では、あなたの身近にいるナルシシストとの間の良好なコミュニケーションに含まれる七つのギフトと、それらに関連する対人関係上の技法について説明しました。あなたが、柔軟で（Flexible）、オープンで（Open）、受容的で（Receptive）、信頼と自信に満ち（Competent）、啓発的な（Enlightened）態度で、これらの技法を誠実に自己表現するために活用すれば、あなたのフォース（FORCE）は確かに、あなたと共にあるものとなるでしょう。

コミュニケーションの七つのギフトを上手に活用すれば、人間関係はさらに健康的で満ち足りたものになり、そこにはより親密な関わりが生まれます。あなたはナルシシストに対して、思いやりがあり、言葉を選んだ話し方をすることができます。同時に、声のトーン、話のペース、アイコンタクトや顔の表情、ボディランゲージを工夫することができます。そのような話し方や聞き方をすることを通じて、ナルシシストに対し、あなたが彼に求めるコミュニケーションのお手本を示すことになります。自分自身について、そして自分の思いについて正しく語ることは、常にポジティブに機能し、あなたの役に立ちます。場合によっては、それだけで十分なのです。

というのも、「他人を変える」ための王道はなく、あなたにそれができる保証はないからです。一般的にナルシシストは、感情を覆う分厚い壁を打ち破るために、自ら援助や手助けを求めたり、コーチングを受けたりする人たちではありません。むしろそのような援助や手助けを断固として拒否するでしょうし、さまざまな代償を払ってまでも（たとえば、相手をあざける、誰かをあからさまに非難する、さまざまなやり方で気を逸らしたり感情を抑制したりする）、そのような人間的な関わりから逃れようとすることでしょう。

とはいえ、チャンスはあるのです。あなたは本書を通じて、身近なナルシシストに対し、さまざまな工夫をすることによって、そして優しさや思いやりをシンプルに示すことによって、変化の扉を開けるためにあなた自身が重要な役割を果たすことができることを学んできました。あなたはまた、自分の人生早期の体験に基づくスキーマや人生のテーマを理解し、スキーマを活性化する内外の引き金に注意を向け、限界を設定し、あなた自身やナルシシストの自動的な内的対話に適切に応答することができるようになっています。あなたと身近なナルシシストの関係がどうであれ、それらの気づきをあなた自身に活かすことによって、あなたは、自らの恐れや服従や自己犠牲性から、そして相手からの不適切な対応から、自らを守ったり解放したりできるようになっています。あなた自身が、このような「健全で、賢く、目覚めた自己」を守り解放できるようになったこと自体が、本書における最も素晴らしい達成だといえるでしょう。

本書で示したすべての戦略や技法は、あなたにとって非常に効果的なセルフヘルプのツールとして役立つでしょうし、それが結果的に身近なナルシシストとの関係をより満足のできるものに変えてくれることでしょう。しかしながら、セルフヘルプのツールを身につけ、使いこなせるようになるには、孤独で地道な努力を必要とします。時には自分ひとりで頑張るのではなく、専門のセラピストによる支援を受けることが、多大な効果をもたらすことがあります。スキーマは非常に強固で、あなたが最善の努力を尽くしても、打ち破ることができない場合もあるでしょう。もしあなたが専門家の力を借りたいというのであれば、認知行動療法を身につけ、スキーマ療法の訓練を受けたセラピストを探すことをお勧めします。

引 用 文 献

Brown, N. W. 2001. *Children of the Self-Absorbed: A Grown-Up's Guide to Getting Over Narcissistic Parents*. Oakland, CA: New Harbinger Publications.

Giesen-Bloo, J., R. van Dyck, P. Spinhoven, W. van Tilburg, C. Dirksen, T. van Asselt, I. Kremers, M. Nadort, and A. Arntz. 2006. "Outpatient Psychotherapy for Borderline Personality Disorder: Randomized Trial of Schema-Focused Therapy vs. Transference-Focused Therapy." *Archives of General Psychiatry* 63(6): 649-658.

Goleman, D. 2006. *Social Intelligence: The New Science of Human Relationships*. New York: Bantam.（土屋京子 訳［2007］SQ 生きかたの知能指数．日本経済新聞出版社）

Gottman, J., and N. Silver. 2004. *The Seven Principles for Making Marriage Work*. New York: Orion.（松浦秀明 訳［2017］結婚生活を成功させる７つの原則．第三文明社）

Hotchkiss, S. 2003. *Why Is It Always About You? The Seven Deadly Sins of Narcissism*. New York: Free Press.

Iacoboni, M. 2009. *Mirroring People: The New Science of How We Connect with Others*. New York: Farrar, Straus, and Giroux.

O'Donohue, J. 2000. *Eternal Echoes: Celtic Reflections on Our Yearning to Belong*. New York: Harper Perennial.

Scruton, R. 2010. "The Abuse of Sex." In *The Social Costs of Pornography: A Collection of Papers*. Princeton, NJ: Witherspoon Institute.

Siegel, D. J. 2001. *The Developing Mind: How Relationships and the Brain Interact to Shape Who We Are*. New York: Guilford Press.

Siegel, D. J. 2007. *The Mindful Brain: Reflection and Attunement in the Cultivation of Well-Being*. New York: W. W. Norton.

Siegel, D. J., and M. Hartzell. 2004. *Parenting from the Inside Out*. New York: Jeremy P. Tarcher.

Solomon, M. 1992. *Narcissism and Intimacy: Love and Marriage in an Age of Confusion*. New York: W. W. Norton.

Walsh, S. 2010. "20 Identifiable Traits of a Female Narcissist." June 28 blog post at *Hooking Up Smart*. http.hookingupsmart.com/2010/06/28/relationship strategies/20-identifiable-traits-of-a-female-narcissist. Accessed November 30, 2012.

Wordsworth, W. 1892. *The Complete Poetical Works of William Wordsworth*. New York: Thomas Y. Crowell.

Young, J. E., and J. S. Klosko. 1994. *Reinventing Your Life: The Breakthrough Program to End Negative Behavior ... and Feel Great Again*. New York: Plume.

Young, J. E., J. S. Klosko, and M. E. Weishaar. 2006. *Schema Therapy: A Practitioner's Guide*. New York: Guilford Press.（伊藤絵美 訳［2008］スキーマ療法――パーソナリティの問題に対する統合的認知行動療法アプローチ．金剛出版）

Siegel, D. J. 2012. *The Whole-Brain Child: 12 Revolutionary Strategies to Nurture Your Child's Developing Mind*. New York: Bantam Books.（森内　薫 訳［2012］しあわせ育児の脳科学．早川書房）

Siegel, D. J., and M. Hartzell. 2004. *Parenting from the Inside Out*. New York: Jeremy P. Tarcher.

Skeen, M. 2011. *The Critical Partner: How to End the Cycle of Criticism and Get the Love You Want*. Oakland, CA: New Harbinger Publications.

Twenge, J. M., and W. K. Campbell. 2009. *The Narcissism Epidemic: Living in the Age of Entitlement*. New York: Free Press.

Van Vreeswijk, M., J. Broerson, and M. Nadort (eds.). 2012. *The Wiley-Blackwell Handbook of Schema Therapy: Theory, Research, and Practice*. West Sussex: UK. John Wiley and Sons. (Includes a chapter on schema therapy for narcissism by W. T. Behary.)

Young, J. E. 1999. *Cognitive Therapy for Personality Disorders: A Schema-Focused Approach*. Sarasota, FL: Professional Resource Press.

Young, J. E., and J. Klosko. 1994. *Reinventing Your Life: The Breakthrough Program to End Negative Behavior ... and Feel Great Again*. New York: Plume.（鈴木孝信 訳［2018］自分を変えれば人生が変わる――あなたを困らせる10の［性格の癖］．金剛出版）

Young, J. E., Janet S. Klosko, and Marjorie E. Weishaar. 2006. *Schema Therapy: A Practitioner's Guide*. New York: Guilford Press.（伊藤絵美 訳［2008］スキーマ療法――パーソナリティの問題に対する統合的認知行動療法アプローチ．金剛出版）

参 考 文 献

Beck, A. T. 1991. *Cognitive Therapy and the Emotional Disorders*. London: Penguin Books.

Beck, A. T., A. Freeman, and D. D. Davis. 2006. *Cognitive Therapy of Personality Disorders*. New York: Guilford Press.（井上和臣・友竹正人 訳［2011］改訂第2版パーソナリティ障害の認知療法全訳版．岩崎学術出版社）

Beck, J. S. 2005. *Cognitive Therapy for Challenging Problems: What to Do When the Basics Don't Work*. New York: Guilford Press.（伊藤絵美・佐藤美奈子 訳［2007］認知療法実践ガイド 困難事例編 続ジュディス・ベックの認知療法テキスト．星和書店）

Behary, W. T. 2006. The art of empathic confrontation: Working with the narcissistic client. *Psychotherapy Networker*, March-April, 75-81.

Bennett-Goleman, T. 2001. *Emotional Alchemy: How the Mind Can Heal the Heart*. New York: Three Rivers Press.

Campbell, W. K., and J. D. Miller (eds.). 2011. *The Handbook of Narcissism and Narcissistic Personality Disorder: Theoretical Approaches, Empirical Findings, and Treatments*. Hoboken, NJ: John Wiley and Sons. (Includes a chapter on schema therapy for narcissism bv W. T. Behary and E. Dieckmann.)

Fortgang, L. B. 2002. *Living Your Best Life: Ten Strategies for Getting from Where You Are to Where You're Meant to Be*. New York: Jeremy P. Tarcher.（米山裕子 訳［2005］生き方のコーチング――あなたの中の「黄金の地図」が見つかる．PHP 研究所）

Fortgang, L. B. 2004. *Now What? 90 Days to a New Life Direction*. New York: Jeremy P. Tarcher.

Goleman, D. 1997. *Emotional Intelligence: Why It Can Matter More Than IQ*. New York: Bantam Books.（土屋京子 訳［1996］EQ――こころの知能指数．講談社）

Gottman, J. M. 2001. *The Relationship Cure: A 5 Step Guide to Strengthening Your Marriage, Family, and Friendships*. New York: Three Rivers Press.

Layden, M. A. 2010. "Pornography and Violence: A New Look at the Research." In *The Social Costs of Pornography: A Collection of Papers*. Princeton, NJ: Witherspoon Institute.

Ogrodniczuk, J. S. (ed.). 2012. *Understanding and Treating Pathological Narcissism*. Arlington, VA: American Psychiatric Publishing. (Includes a chapter on schema-focused therapy by W. T. Behary.)

Siegel, D. J. 2001. *The Developing Mind: How Relationships and the Brain Interact to Shape Who We Are*. New York: Guilford Press.

Siegel, D. J. 2007. *The Mindful Brain: Reflection and Attunement in the Cultivation of Well-Being*. New York: W. W. Norton.

Siegel, D. J. 2010. *Mindsight: The New Science of Personal Transformation*. New York: Bantam Books.（山藤奈穂子・小島美夏 訳［2013］脳をみる心，心をみる脳：マインドサイトによる新しいサイコセラピー――自分を変える脳と心のサイエンス．星和書店）

監訳者あとがき

翻訳書で、監訳者がまえがきもあとがきもたっぷり添えるというのはあまりないことだと思いますが、それだけ伊藤絵美先生も私もこの本とウェンディ先生への思い入れが強いということで、どうぞ笑ってお許しください。

私は、心理士になって今年で一三年目になります。一般的には「中堅」といわれるところでしょうか。伊藤絵美先生のもとで共にスキーマ療法を勉強し始め、その強力なパワーに魅了され、自分自身にも適用しながら、それを今も続けています。スキーマ療法によって、じわじわと少しずつですが、それでも長いスパンで振り返ってみると、大きく、本当に大きく「生き方」が変わりました。

心理療法の、最もシンプルで、しかしながら最も難しくもある究極の目標は、クライアントさんに「ありのままの自分を愛する」感覚を回復していただくことです。日々臨床を行いながら、この大切さをひしひしと感じます。人間が「ありのままの自分を愛する」ことがなかなかに難しいのは、何かを獲得し、変化しようとする学習や発達の要素を生得的に備えていることも関係しているでしょうし、多数が序列を作って社会生活を営む性質を持っていることとも無関係ではないでしょう。そしてもちろん、この感覚には、子と養育者の関係も色濃く影響を与えます。養育者と子どもの気質的な相性も重要ですが、養育者が「愛情」と「甘やかし」の違いがわからずスキルが不足していたり、「励まし」や「助言」のつもりの発言も、子どもには「重圧」や「価値観の押しつけ」と感じられてしまったりすることもあるでしょう。そして、こうしたさまざまな要因がもつれ合い、子どもはしだいに自分自身に向ける「条件つきのまなざし」に苦しみ始めるのです。養育には元来、それこそ太古の昔から、ある程度の「不適応的スキーマ養成関係」が存在し、それはある意味不可避なのかもしれません。

しかし、この本の主人公であるナルシシストの人々は、一見したところ、そうしたことにはまったく無関心で、自分には問題がないと信じています。けれども、ある意味「最もありのままの自分を愛せない人たち」でもあるのです。ナルシシストは、常に自分と何かを比較し、勝負し、実際に勝利し、賞賛を切望しながら生きています。彼／彼女らの「私はイケてる」アピール（あからさまなものも、控えめなものも）は、周囲も半分辟易しつつも、どこか羨望や憧れを抱いてしまうこともあります。本当は、「イケてる」彼／彼女の裏にある、深い孤独や恥の感覚こそ手当てが必要な部分であるのに、それにナルシシスト自身も気づかず、認めず、やせ我慢しながら生きています。また、能力の高い人も多く、地位や権力を獲得することで、横柄であっても、自己中心的であっても、共感的でなくても、あまり困ることがなく生活できてしまうのも実際のところです。

長きに渡り、ナルシシストは、私にとっては「怖い」あるいは「不快感を与えてくる」存在でした。それが、この本に書かれている成り立ちや仕組みを理解してその人々を捉えることができるようになったとき、彼／彼女らの表面的な「鎧」（これが実に邪魔をしています！）を超えて、「小さな彼／彼女」に対して深い情のこもった共感がもてるようになりました。そして、正直なところ、今なお接していて少々の不快は感じるのですが、その感覚は相手のナルシシズムに気づくための重要な「ヒント」として機能するようになりました。

本書は、ナルシシストという、周囲が最も寄り添いにくい人々に対して、いかに共感的に、しかも自然な気持ちからそうできるにはどうしたらいいか（「うそ臭さ」は、どんな相手にも見抜かれてしまいます）、について解説しています。また、それによって彼／彼女たちを情状酌量するのではなく、読者自身が自分の権利を守り、ナルシシストに対して適切に自己表現する力を身につけていくことを目指しています。各章では、ナルシシストとの向き合い方について、さまざまな例を用いて具体的に解説がなされています。なかでも、事例の当事者（つまり読み手の皆さん）がどういう表現で自分の気持ちをナルシシストに伝えてみるか、そのセリフがかなり細かく例示されています。なかには、「到底こんな言い方はできないな」と思う方もいるかもしれません。しかし、一章ずつ、慌てずゆっくりと、マインドフルに読み進めてください。そして、落ち着いて、繰り返しそのセリフを練習してみてください。かならずや自分のものにでき、実際のやりとりに活かせることでしょう。

本書の邦訳を通して、ナルシシズムとナルシシストという人間にとって根源的なテーマについて、またひとつ理解を深める機会をいただけたことに本当に感謝しています。伊藤絵美先生、誠信書房の布施谷友美さん、小寺美都子さん、本当にありがとうございました。

二〇一八年六月　吉日

監訳者　吉村　由未

監訳者紹介

伊藤　絵美（いとう　えみ）序文，謝辞，イントロダクション

1996年　慶應義塾大学大学院社会学研究科博士課程修了

現　在　洗足ストレスコーピング・サポートオフィス所長，千葉大学子どものこころの発達教育研究センター特任准教授，博士（社会学），臨床心理士，精神保健福祉士

著　書　『認知療法・認知行動療法カウンセリング　初級ワークショップ』（星和書店，2005年），『認知療法・認知行動療法　面接の実際』（星和書店，2006年），『事例で学ぶ認知行動療法』（誠信書房，2008年），『スキーマ療法入門』（編著）（星和書店，2013年），『自分でできるスキーマ療法ワークブック　Book 1/2』（星和書店，2015年），『ケアする人も楽になる　マインドフルネス＆スキーマ療法　BOOK 1/2』（医学書院，2016年），ほか多数

訳　書　『スキーマ療法』（監訳）（金剛出版，2008年），『認知療法実践ガイド：基礎から応用まで［第２版］』（共訳）（星和書店，2015年），『スキーマ療法実践ガイド』（監訳）（金剛出版，2015年），『グループスキーマ療法』（監訳）（金剛出版，2016年），『スキーマ療法最前線』（監訳）（誠信書房，2017年），ほか多数

吉村　由未（よしむら　ゆみ）第１章，第２章

2004年　立教大学大学院文学研究科心理学専攻臨床心理学コース博士課程前期課程修了

現　在　洗足ストレスコーピング・サポートオフィス シニアCBTセラピスト，臨床心理士

著　書　『チーム医療のための最新精神医学ハンドブック』（分担執筆）（弘文堂，2006年），『認知行動療法，べてる式。』（分担執筆）（医学書院，2007年）

訳　書　『スキーマ療法』（分担訳）（金剛出版，2008年），『成人アスペルガー症候群の認知行動療法』（共訳）（星和書店，2012年），『スキーマ療法実践ガイド』（金剛出版，2015年），『スキーマ療法最前線』（監訳）（誠信書房，2017年）

訳者紹介

小林　仁美（こばやし　ひとみ）第６章，第７章

2012年　早稲田大学大学院人間科学研究科博士課程修了

現　在　洗足ストレスコーピング・サポートオフィスCBTセラピスト，博士（人間科学），臨床心理士

訳　書　『スキーマ療法最前線』（分担訳）（誠信書房，2017年）

津髙　京子（つだか　きょうこ）第３章，第８章

2004年　立教大学大学院文学研究科心理学専攻臨床心理学コース博士課程前期課程修了

現　在　洗足ストレスコーピング・サポートオフィス シニアCBTセラピスト，臨床心理士

著　書　『認知行動療法，べてる式。』（分担執筆）（医学書院，2007年），『スキーマ療法入門』（共著）（星和書店，2013年）

訳　書　『スキーマ療法』（分担訳）（金剛出版，2008年），『認知行動療法における事例定式化と治療デザインの作成』（分担訳）（星和書店，2008年），『スキーマ療法実践ガイド』（分担訳）（金剛出版，2015年），『スキーマ療法最前線』（分担訳）（誠信書房，2017年）

森本　雅理（もりもと　まり）第４章，第５章

2006年　東京成徳大学大学院心理学研究科臨床心理学専攻修士課程修了

現　在　洗足ストレスコーピング・サポートオフィスCBTセラピスト，臨床心理士

著　書　『スキーマ療法入門』（共著）（星和書店，2013年）

訳　書　『スキーマ療法最前線』（分担訳）（誠信書房，2017年）

ウェンディ・ビヘイリー著
あなたを困《こま》らせるナルシシストとのつき合《あ》い方《かた》
――病的《びょうてき》な自己愛者《じこあいしゃ》を身近《みぢか》にもつ人《ひと》のために

2018年 7 月25日　第 1 刷発行

監 訳 者	伊	藤	絵	美
	吉	村	由	未
発 行 者	柴	田	敏	樹
印 刷 者	田	中	雅	博

発行所 株式会社 誠 信 書 房
〒112-0012 東京都文京区大塚 3-20-6
電話 03 (3946) 5666
http://www.seishinshobo.co.jp/

印刷/製本　創栄図書印刷㈱
検印省略

Printed in Japan
ISBN978-4-414-41470-7 C3011